Katrin Hille, Petra Evanschitzky, Agnes Bauer

Das Kind –
Die Entwicklung in den ersten drei Jahren

Katrin Hille, Petra Evanschitzky, Agnes Bauer

Das Kind –
Die Entwicklung in den
ersten drei Jahren

Katrin Hille, Petra Evanschitzky, Agnes Bauer
Das Kind – Die Entwicklung in den ersten drei Jahren
ISBN 978-3-03822-019-0

Illustrationen: Tim Többe, Münster
Umschlaggestaltung: Salzmann&Gertsch, Bern
Layoutentwurf: Hannes Saxer, Bern
Satzgestaltung: Die Werkstatt Medien-Produktion GmbH, Göttingen

Bibliografische Information der Deutschen Nationalbibliothek:
Die Deutsche Nationalbibliothek verzeichnet diese Publikation
in der Deutschen Nationalbibliografie; detaillierte bibliografische
Daten sind im Internet über http://dnb.dnb.de abrufbar.

1. Auflage 2016
Alle Rechte vorbehalten
© 2016 hep verlag ag, Bern/Köln

www.hep-verlag.com

Zusatzmaterialien und -angebote zu diesem Buch:
www.hep-verlag.com/das-kind-0-3

Vorab

Ein Buch für Erzieherinnen und Erzieher von Kindern in den ersten drei Jahren sollte die Krippe mit in den Blick nehmen. Dies war unser Anspruch. Deshalb haben wir Spuren aus der Praxis in dieses Buch einfließen lassen: Geschichten und Fotos von Kindern, Fotos und Zitate von pädagogischen Fachkräften sowie Erzählungen und Beobachtungen von Eltern. **Danke** den Eltern und pädagogischen Fachkräften für ihre Bereitschaft und ihre unkomplizierte Unterstützung. **Danke** der Fotografin. **Danke** den Kindern, dass wir fotografieren durften und so an Eurem Alltag teilhaben konnten. **Danke** auch den Kindern, deren Geschichten oder sprachliche Äußerungen in dieses Buch aufgenommen werden durften.

Ein Buch über die Entwicklungen von Kindern bis drei Jahren sollte auch wissenschaftlich fundiert sein. Da wir nicht in allen diesen Entwicklungsbereichen selber forschen, haben wir die Expertise unserer Kolleginnen aus dem ZNL TransferZentrum für Neurowissenschaften und Lernen der Universität Ulm mit eingebunden. Wir haben von den Literaturtipps, Anregungen und Korrekturen profitiert. Das Buch auch. Weil Schokolade allein das nicht aufwiegt: hier unser offizielles **Danke**.

Auch standen uns erfahrene Weiterbilderinnen als Sparringspartnerinnen zur Seite. Sie haben unseren Blick immer wieder für die kindlichen Stärken und Kompetenzen geschärft und uns darin bestärkt, auch kritische Standpunkte einzunehmen und gut zu begründen. **Danke** dafür.

Ein Buch, das Brücken zwischen Wissenschaft und Praxis schlagen soll, gewinnt durch den Blick von Menschen, die beides gut kennen. Eine Erzieherin und Kindheitspädagogin zeigte uns immer wieder auf, wo wir noch weitere Brücken bauen können. **Danke** dafür.

Ein Buch, das Erzieherinnen und Erzieher einen Einstieg in die Psychologie des Kindes geben soll, profitiert auch von der Blickrichtung der Ausbildung. Wir haben all unsere Texte zur kritischen Prüfung einem Dozenten aus einer Fachschule für Sozialpädagogik zum Gegenlesen gegeben. Deshalb gibt es in diesem Buch jetzt ein paar wichtige Abschnitte, die wir sonst übersehen hätten. **Danke** dafür.

Unsere Partner und Familien ließen sich jeweils bereitwillig in Diskussionen um die kindliche Entwicklung verwickeln und ertrugen unsere zeitliche Beanspruchung durch das Buch. Auch ihnen und allen anderen unerwähnten Mitwirkenden sagen wir: **Dankeschön!**

Die Autorinnen stellen sich vor

Katrin Hille, Psychologin, Jahrgang 1968

Meine Mutter war mit mir und meiner kleinen Schwester zu Hause. Aber ich erinnere mich nicht mehr daran. Ich erinnere mich aber an den Tag, an dem ich mit drei Jahren zum ersten Mal in den Kindergarten ging. Ich musste eine große Herausforderung meistern. Ich sollte von der Hand meiner Mutter weg und ganz allein durch den großen Raum zu den fremden Kindern und Erwachsenen gehen. In den folgenden Jahrzehnten hatte ich noch weitere Herausforderungen zu bestehen. Das hat wie damals im Kindergarten auch ganz gut geklappt. Mittlerweile leite ich das ZNL TransferZentrum für Neurowissenschaften und Lernen der Universität Ulm und bleibe damit den Herausforderungen verbunden.

Petra Evanschitzky, Sozialpädagogin, Jahrgang 1970

Weit in das Jahr 1973 reicht meine Erinnerung zurück: Opa, der mich auf ein kleines Fahrrad setzte, eine Nachbarin, die mich zu ihren Kindern einlud, wasserspuckende Steinpinguine (oder waren es Seehunde?) im Hof. Ich hatte alles, was heute eine Krippe bietet: liebevoll umsorgende Erwachsene – nicht nur die Eltern –, andere junge und ältere Kinder, viel Platz zum Spielen und Erkunden. Vor allem die anderen Kinder hatten es mir angetan. Den Erzählungen meiner Familie nach führte ich im Sandkasten gerne Regie. Eine Bauleiterin ist aus mir nicht geworden, aber dafür eine Regisseurin in der Welt der Pädagogik. Nach vielen inspirierenden und bereichernden Jahren im ZNL, an der Schnittstelle zwischen Wissenschaft und Praxis, begleite ich nun Kita-Teams in ihrer Entwicklung.

Agnes Bauer, Psychologin, Jahrgang 1981

Während meiner ersten drei Lebensjahre betreute mich meine Mutter, wie auch meine älteren Geschwister, wenn diese nicht im Kindergarten waren. Besonders mit meiner Schwester habe ich mich gut verstanden, von ihr habe ich damals wohl vieles übernommen. Außerdem gab es in der Nachbarschaft und im Freundeskreis einige kinderreiche Familien. So war ich häufig mit anderen Kindern zusammen, von denen die älteren mitunter auch die Betreuung übernahmen. Letzteres war nicht immer ganz einfach – es heißt, ich war sehr lebhaft und neugierig, bis hin zu draufgängerisch. Mindestens die Neugierde ist mir geblieben: Als wissenschaftliche Mitarbeiterin am ZNL arbeite ich mich tief in unterschiedliche Themen ein, um Lernen und Entwicklung in verschiedenen Kontexten zu unterstützen.

Inhalt

Vorab   5

Die Autorinnen stellen sich vor   6

Zu diesem Buch   11

Grundlagen

1 Wahrnehmung – Mit allen Kanälen auf Empfang   16
- 1.1 Eins, zwei, drei, vier, viele – Einführung   20
- 1.2 Touching for Knowing – Fühlen   21
- 1.3 Hoppe, hoppe Reiter, wenn er hopst, dann lacht er – Gleichgewichtssinn   25
- 1.4 Eine Nasenlänge voraus – Riechen   26
- 1.5 So süß – Schmecken   28
- 1.6 Schau mir in die Augen – Sehen   29
- 1.7 Spitz die Ohren – Hören   35
- 1.8 Jetzt alles zusammen – Intermodale Wahrnehmung   39

2 Lernen – Zum Lernen ist man nie zu jung   44
- 2.1 Lernen statt pauken – Wesensmerkmale kindlichen Lernens   48
- 2.2 Die Schatztruhe füllen – Weltwissen entsteht   52
- 2.3 Lernen ist kinderleicht – Hilfsmittel kindlichen Lernens   57

3 Bedürfnisse und ihre Regulation – Ich brauch, ich will, ich mache etwas   70
- 3.1 Auf das rechte Maß kommt es an – Bedürfnisse und ihre Regulation   74
- 3.2 K(l)eine Selbstverständlichkeiten – Physiologische Bedürfnisse regulieren   76
- 3.3 Der Mensch lebt nicht von Brot allein – Psychische Bedürfnisse regulieren   84
- 3.4 Vom Selberwollen und Selberkönnen – Selbstregulation   94

Kindliche Entwicklung

4 Motorische Entwicklung – Kein Halten mehr — 104
- 4.1 Von null auf hundert in 18 Monaten – Die motorische Entwicklung — 108
- 4.2 Anders ist normal – Unterschiede in der motorischen Entwicklung — 109
- 4.3 Auf die Beine kommen, einmal und dann immer wieder – Körpermotorik — 111
- 4.4 Die Welt be-greifen – Hand- und Fingermotorik — 115
- 4.5 Möglich? Nötig? Nützlich? – Motorische Förderung — 120

5 Sprachliche Entwicklung – Sprich mit mir! — 130
- 5.1 Die Entwicklung der Sprache – Ein Überblick — 134
- 5.2 Was ist das für ein Krach? – Sprachwahrnehmung — 138
- 5.3 Das muss mal gesagt werden – Laute und Wörter bilden — 140
- 5.4 Ich weiß jetzt, was soll es bedeuten – Sinn — 144
- 5.5 Die (Wort-)Schatztruhe füllen – Neue Wörter kennenlernen — 150
- 5.6 Der Ball, des Balls, dem Ball, den Ball – Grammatik — 156

6 Kognitive Entwicklung – Ich denke, also bin ich — 162
- 6.1 Alles im Kopf – Kognitive Prozesse — 166
- 6.2 War da was? – Frühe Gedächtnisleistungen — 168
- 6.3 Ran ans Werk! – Grundpfeiler des Denkens — 173
- 6.4 Was Kleinkinder über unbelebte Dinge wissen – Frühe Physik — 177
- 6.5 Ich und du und das Denken – Soziale Kognition — 181
- 6.6 Alles andere als Autopilot – Selbststeuerung — 187

7 Beziehung und Interaktion – Miteinander und füreinander — 194
- 7.1 Von Beginn an in Kontakt – Der Aufbau erster sozialer Beziehungen — 198
- 7.2 Ein Kosmos voller Menschen und Dinge – Das Beziehungsgefüge — 201
- 7.3 Bindung in der Kita? – Kritik der Bindungstheorie — 204
- 7.4 Andere Länder, andere Sitten – Kultur der Beziehungsgestaltung — 209
- 7.5 Gemeinsam sind wir besonders stark – Beziehungen der Kinder untereinander — 212

Brückenschlag zur Pädagogik

8 Entwicklung begleiten – You never walk alone 222

    8.1 Aha! So geht's! – Das Lernen verstehen 226

    8.2 Hilf mir, es selbst zu tun! – Das Lernen unterstützen 233

    8.3 Mehr als Frage-Antwort-Sätze – Merkmale dialogorientierter Interaktionen 242

    8.4 Ich bin da, wenn du mich brauchst – Verlässliches Begleiten 247

Anhang

    Quellenverzeichnis 260

    Bildquellenverzeichnis 269

    Stichwortverzeichnis 270

Zu diesem Buch

Dies ist ein Buch über die kindliche Entwicklung. Ein Psychologiebuch. Aber wenn Sie bei *Psychologie* jetzt an Pawlows Hund und Skinners Ratten denken, liegen Sie falsch. Hier geht es um kleine Kinder – ihre Entwicklung und deren optimale Unterstützung und Begleitung.

Die Psychologie hat mehr zu bieten als Theorien losgelöst vom Praxisalltag. Wir haben unser Fach auf Praxistauglichkeit für Kindergarten und Krippe geprüft. Und wir haben es durch die Brille unserer langjährigen Zusammenarbeit mit Fachkräften der Frühpädagogik betrachtet. Das Ergebnis ist eine Zusammenstellung von psychologischen Theorien und empirischen Befunden, die Ihnen als Fachpersonal helfen soll, Ihre beruflichen Aufgaben zu bewältigen.

Vieles davon ist relativ neu. Vieles davon stützt sich auf Erkenntnisse, die (noch) nicht Teil unseres eigenen Studiums waren. Viele Befunde wurden erst in den letzten Jahren durch die Forschung aufgezeigt oder erst vor Kurzem wiederentdeckt. Die Wissenschaft der kindlichen Entwicklung hat sich in den letzten Jahrzehnten, insbesondere im Bereich der Säuglingsforschung, rasant entwickelt. Und sie ist, auch unter Berücksichtigung der internationalen Literatur, angewandter geworden. Von diesem Fortschritt sollte auch die frühkindliche Erziehung profitieren. Darum haben wir dieses Buch geschrieben.

> „Böse Zungen behaupten, die Psychologie sei eine Wissenschaft, die Fragen beantworte, die niemand gestellt hat, da entweder die Antworten längst bekannt sind oder die Fragen niemanden interessieren."
> *(Dietrich Dörner)*

Ihre Ausbildung zur Erzieherin oder zum Erzieher soll Sie dazu befähigen, auch Kinder in den ersten drei Jahren professionell zu begleiten. Unser Buch dient dabei als Einstieg in die relevanten Themen der Entwicklung des Kindes in diesem Alter. Die Altersgrenzen sind der Institution Krippe geschuldet.

Sie bekommen durch das Buch Zugang zu einem strukturierten Wissensbestand, auf den Sie im weiteren Verlauf Ihrer beruflichen Aus- und Weiterbildung aufbauen können. Gedacht als Einstieg, haben wir in dem Buch mehr Befunde, Theorien und Namen weggelassen als aufgenommen. Die Altvorderen, die sich einen Platz in der Geschichte der Psychologie erworben haben, wurden nicht zwangsläufig nur deshalb mit aufgenommen, weil sie eben bekannt sind. Kritisch eingeordnet wird die Bindungsforschung, die derzeit in allen Bildungsplänen Bestandteil ist und auf deren Grundlage pädagogische Konzepte fußen. Wir rütteln an diesem Fundament – empirisch begründet und bestärkt durch die Reflexion mit erfahrenen Weiterbilderinnen. Theorien, deren praktische Anwendung im Kindergarten selbst uns verschlossen blieb, sucht man hier auch vergeblich. Aufgenommen wurden hingegen Befunde aus Studien, die praktisches Handeln zu leiten vermögen, und natürlich auch solche Studien, die dazu beitragen, ein Verständnis der zugrundeliegenden kindlichen Entwicklungsprozesse zu legen und zu festigen. Einerseits fiel uns das Einschränken nicht immer leicht. Andererseits gibt es bereits eine Fülle empfehlenswerter Spezialliteratur, die vertiefende Einblicke ermöglicht. Was wir bisher vermisst haben, ist ein Einstiegswerk. Auch darum haben wir dieses Buch geschrieben.

Das Buch gliedert sich in drei Teile: Im ersten Teil befinden sich die **Grundlagen**, aufgeteilt in die drei Kapitel: Wahrnehmung, Lernen sowie Bedürfnisse und ihre Regulation. Der zweite Teil widmet sich der **kindlichen Entwicklung** mit den Kapiteln motorische, sprachliche und kognitive Entwicklung sowie die soziale Entwicklung im Kapitel Beziehung und Interaktion. Der dritte Teil bietet mit seinem Fokus auf die Begleitung der Entwicklung einen **Brückenschlag zur Pädagogik**.

Jedes der Kapitel beginnt mit einem **Appetizer**, der Ihnen Appetit auf das Thema machen soll. Dies sind kleine Geschichten, die Neugier wecken, schmunzeln lassen oder vielleicht auch irritieren. Sie sind als emotionale Türöffner für die darauffolgenden Ausführungen gedacht. Oft, aber nicht immer, werden sie im Kapitel wieder aufgegriffen.

Der breite Rand des Buches wird vielfältig genutzt. Zum einen werden hier Fachbegriffe und Fremdwörter erläutert, die im nebenstehenden Text hervorgehoben sind. Zum anderen finden Sie dort immer wieder Zitate oder Angaben, die das Thema des Kapitels metaphorisch aufgreifen, untermalen oder weiterführen.

metaphorisch:
bildlich, im übertragenen Sinne

„Glaube denen, die die Wahrheit suchen, und zweifle an denen, die sie gefunden haben."
(André Gide)

Innerhalb des Buches werden diverse **Studien** beschrieben. Studien sind die Bausteine wissenschaftlicher Erkenntnisse. Über ihr Verständnis gelangt man zu einem Verständnis der Wissenschaft. Sie, liebe Leserinnen und Leser, sollen mit diesem Buch nicht zu Wissenschaftlern ausgebildet werden. Aber es ist uns wichtig, dass Sie sich mit einzelnen Studien auseinandersetzen. Sie sollten Studien und wissenschaftliche Erkenntnisse verstehen, um sie in ihren Grenzen und Aussagemöglichkeiten einschätzen zu können. Altersangaben sind hier manchmal wichtig und sehen z. B. so aus (1;3) – dieses Kind ist also ein Jahr und drei Monate alt.

Jedes Kapitel beginnt mit einer **Themenlandkarte**. Sie gibt Ihnen einen Überblick über die Inhalte des Kapitels, indem sie die wichtigen Begriffe benennt und zueinander in Beziehung setzt. Diese Themenlandkarte kann von Ihnen auch zur Selbstkontrolle genutzt werden: Kann ich mit allen Begriffen etwas anfangen? Kann ich sie genauer erläutern? Verstehe ich, warum die Beziehungen untereinander so und nicht anders dargestellt sind?

Zur Selbstkontrolle sind am Ende einzelner Unterkapitel auch **Fragen** angegeben. Sie sollen Ihnen helfen, das Gelesene zu verinnerlichen. Sie können damit prüfen, was Sie schon verstanden haben. Am Ende eines Kapitels stehen **Transferfragen**. Das sind Fragen und Aufgaben, die über die Sachinformationen des Kapitels hinausgehen. Hier sollen Sie angeregt werden, sich vertiefter mit der Thematik auseinanderzusetzen und eigene Erfahrungen mit dem Gelesenen zu verbinden.

Weil das Buch nur ein Einstieg in die kindliche Entwicklung in den ersten drei Jahren sein will, endet jedes Kapitel mit kommentierten **Lesetipps**. Wenn Sie noch mehr erfahren wollen – und wir hoffen, mit diesem Buch Ihr Interesse an Vielem zu wecken –, finden Sie hier Verweise auf Links und Literatur zur Vertiefung und Weiterführung.

Die Lesetipps und die gesamte Literaturliste sind auch auf der Website des Verlags zu finden. Das erleichtert Ihnen die eigene Recherche im Internet.

„Die Kunst des Lehrens ist die Kunst, entdecken zu helfen."
(Unbekannt)

Grundlagen

1

Wahrnehmung – Mit allen Kanälen auf Empfang

Nach dem Regen erkunden Luca und Noah, beide ein knappes Jahr alt, den Garten der Krippe *Villa Kunterbunt*. Dort riecht es intensiv nach Erde und Gras.
Luca reißt ein Büschel Gras aus und verteilt die Halme zwischen den Händen. Er beobachtet, wie die Halme durch die Finger fallen.
Noah setzt sich derweil auf eine Waschbetonplatte. Er fährt mit den Händen über die Oberfläche, mit den Fingerspitzen tastet er in die feinen Ritzen. Schließlich leckt er die Platte hingebungsvoll ab. „Nicht essen, das ist bah!", sagt die Erzieherin.
Nun entdeckt Luca die Gießkannen: Sie klingen ganz hohl. „Hu", ruft er in eine Kanne hinein. „Huhu!" Noah horcht auf und blickt dann zu seinem Freund hinüber.
In einer der Gießkannen ist noch etwas Wasser, wie Luca feststellt. Er taucht seine Hand immer wieder hinein und patscht ins kühle Nass. Schließlich schüttet er das Wasser auf die Wiese. Eine Matschpfütze entsteht, in die Noah kräftig hineingreift. Er formt den Schmutz zu einem kleinen Haufen, streicht die Seiten sorgfältig glatt und steckt sich dann, dabei hoch konzentriert, etwas Erde in den Mund. Lächelnd greift er nach der nächsten Portion. So könnte er den ganzen Tag verbringen!

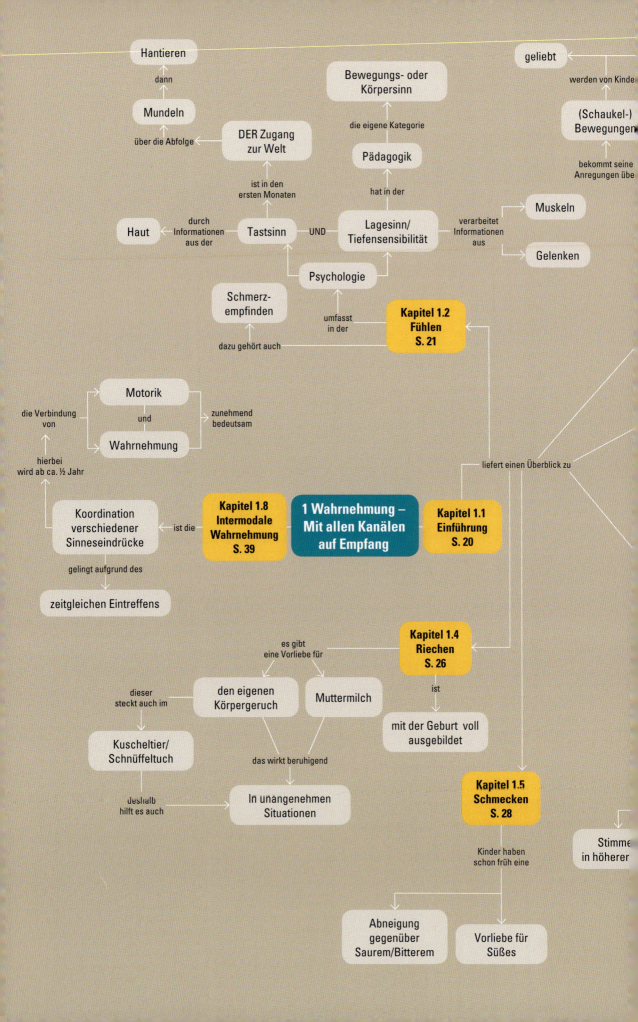

In diesem Kapitel erfahren Sie:

- mit welchen Sinnen die Kinder ihre Welt erkunden,
- wie diese Sinne zusammenspielen.

1.1 Eins, zwei, drei, vier, viele – Einführung

„Nichts ist im Verstand, was nicht vorher in den Sinnen gewesen wäre."
(John Locke)

Rezeptor:
eine Zelle zum Auslösen einer Sinneswahrnehmung

Die sinnliche Wahrnehmung ist unser Zugang zur Welt. Sie hilft uns, das wahrzunehmen, was um uns herum und in unserem Körper geschieht. Physiologisch betrachtet ist ein Sinn dadurch bestimmt, dass wir spezifische Rezeptoren dafür haben. Im Alltag sprechen wir oft von unseren fünf Sinnen und meinen damit das Sehen, Hören, Riechen, Schmecken und Fühlen. Die vier erstgenannten sind jeweils klar mit einem entsprechenden Sinnesorgan verbunden. Hingegen wird es beim Fühlen schon komplexer: Hier geht es um die Wahrnehmung von Druck, Temperatur und Schmerz. Die Rezeptoren dafür verteilen sich über den ganzen Körper – auf der Haut und durch Sinneszellen an Muskeln und Gelenken im Körperinneren. Gemeinsam mit dem Gleichgewichtssinn, an den wir im Alltag meist nicht denken, geht es hier auch um die Wahrnehmung unseres Körpers im Raum: Wo ist oben? Wo ist unten? Wie weit bin ich von einem Gegenstand entfernt? Passe ich durch das Loch im Zaun?

Der Gleichgewichtssinn nimmt Informationen über spezifische Rezeptoren im Innenohr auf. Somit kennt die Psychologie sechs Sinne. In der Pädagogik wird die Wahrnehmung für die Lage im Raum hingegen gerne als eigenständiger Sinn definiert, auch als Körpersinn oder Bewegungssinn bezeichnet.

Wo ist der Fuß nur wieder? Das erfahren wir über das Fühlen gleich mehrfach.

Ein Ungeborenes erfährt Berührung, Geräusche, Gerüche, Geschmäcker. Es spürt auch das Schaukeln, wenn seine Mutter sich bewegt. Zu sehen gibt es hingegen noch nicht viel. Die Welt im Mutterleib unterscheidet sich stark von der Welt außerhalb. Sie ist der Ausgangspunkt für sinnliche Erfahrungen beim Neugeborenen. Entsprechend sind die Sinne, insbesondere im ersten Lebensjahr, qualitativ ganz anders ausgeprägt als bei Erwachsenen. Im ersten Lebensjahr, speziell in den ersten Lebensmonaten, finden rasante

Reifungs- und Entwicklungsschritte statt. Babys eignen sich in kurzer Zeit Dinge an, die uns mitunter sehr komplex erscheinen, beispielsweise verknüpfen sie Eindrücke unterschiedlicher Sinne miteinander, wenn sie in die Richtung blicken, aus der ein Geräusch kommt. Kurzum: Bezogen auf ihre Sinneswahrnehmungen, sind Babys ausgesprochen kompetent.

> **Prüfen Sie Ihr Wissen:**
> 1. Welche sechs Sinne zählt die Psychologie?
> 2. Warum sind die Sinne beim Säugling zunächst anders ausgeprägt als beim Erwachsenen?

1.2 Touching for Knowing – Fühlen

Touching for Knowing: Fühlen, um zu wissen

Touching for Knowing ist auch Titel eines Fachbuchs zu Denkprozessen, die vom Tasten ausgehen.

Unseren Tastsinn empfinden wir meist als so selbstverständlich, dass wir ihn nur dann bewusst wahrnehmen, wenn er ausfällt. Zum Beispiel wenn uns ein Bein einschläft und wir schwanken, weil wir in diesem Moment nicht über ein zuverlässiges Tastempfinden verfügen. Die Wahrnehmung dieses Sinnes erstreckt sich über den gesamten Körper – an der Oberfläche wie in der Tiefe: Über unsere Haut verspüren wir Druck, nehmen Wärme oder Kälte wahr und erkennen, wenn etwas schmerzhaft ist. Darüber hinaus erhält unser Gehirn aus unseren Muskeln und Gelenken Informationen, mit deren Hilfe wir erfassen, welche Gliedmaßen welche Stellung eingenommen haben. Dieser Lagesinn wird auch als Tiefensensibilität oder Propriozeption bezeichnet.

Propriozeption: bezeichnet die Wahrnehmung der Körperbewegung und -lage im Raum bzw. der Stellung einzelner Körperteile zueinander

Besonders im ersten Lebensjahr machen Babys in erster Linie über den Mund und die Hände viele wichtige Erfahrungen. So lernen sie die Gegenstände ihres Alltags kennen. Auch in den Folgejahren eröffnet der Tastsinn kleinen Kindern den wichtigsten Zugang zu ihrer Umwelt, während sich Erwachsene oft auf die Sinne Sehen und Hören verlassen. In der Konsequenz brauchen Kinder den *direkten* Kontakt mit den Dingen, die sie interessieren. Um sie gründlich zu erkunden, müssen sie diese Dinge drehen und wenden bzw. ihre Hände und ihren Mund um die Dinge herum bewegen.

Der Tastsinn ist bereits vor der Geburt sehr weit entwickelt, während das Sehvermögen noch reifen muss. Zugleich trainieren Babys ihre Mundmotorik schon im Mutterleib und lernen, diese zu kontrollieren. Entsprechend beginnt der Säugling, seine Welt in einer bestimmten Abfolge zu erkunden: Am Anfang steht das Mundeln, dem folgen das Hantieren und schließlich das Betrachten.

Beim Mundeln für gut befunden – dann erkundet Pascal (1;3) mit Hand und Auge weiter.

Das Mundeln sorgt bei Erwachsenen schnell für Unverständnis und teilweise auch Sorge – schließlich stecken Säuglinge alles, was sie erreichen können, in den Mund. Beobachtenden stellen sich mitunter folgende Fragen: Hält mein Baby die Dinge, die es sich in den Mund steckt, für Nahrung? Ist dies nicht unhygienisch und sollte daher unterbunden werden?

Säuglinge erkunden Gegenstände mit dem Mund. Sie lernen diese nicht zuerst mit den Augen kennen, sondern durch das Betasten mit Lippen und Zunge. So erspürt das Kind Form, Größe, Konsistenz und Oberfläche des Objektes. Dieses Mundeln ist notwendig, um den ersten Zugang zur dinglichen Welt zu erlangen.

Aufgabe der Erwachsenen ist es also, geeignete und ungefährliche Gegenstände auszuwählen und bereitzustellen. Ungefährlich bedeutet, insbesondere die Gefahr durch Verschlucken und Ersticken zu minimieren: Dinge, die etwa erdnussgroß sind, gehören ohne Aufsicht nicht in die Hände eines Kleinkindes.

Unter Aufsicht sind Kirschkerne für Dennis (1;3) tolle Erkundungsobjekte.

Sobald sich Babys liegend oder sitzend aufrechthalten können, greifen sie nach Gegenständen, die sie in ihrer Umgebung entdecken, um diese an den Mund zu führen oder näher zu betrachten. Letztlich erkunden die Kinder ihre Umgebung zeitgleich über zwei unterschiedliche Sinne: Sehen und Tasten. Zudem ist das Gehirn gefordert. Es muss die Informationen unterschiedlicher Sinneskanäle zugleich verarbeiten, um so einen ganzheitlichen Eindruck vom untersuchten Gegenstand zu erhalten. Das feine Gespür in Fingerspitzen und Mundorganen nehmen wir bis ins Erwachsenenalter mit (vgl. Box).

Der sensorische Cortex und die Bedeutung des Tastsinns beim Erwachsenen

Die nebenstehende Abbildung zeigt einen Ausschnitt aus dem sensorischen Cortex, jenem Teil der Großhirnrinde, in dem die Tastempfindungen unseres Körpers verarbeitet werden. Bestimmte Körperregionen (z.B. Lippen, Zunge, Zeigefinger) beanspruchen dort, im Verhältnis gesehen, deutlich mehr Platz, als sie es an unserem Körper tun. Es handelt sich hierbei um jene Körperteile, die dem Säugling wichtige Tasterfahrungen ermöglichen und bei uns Erwachsenen immer dann zum Einsatz kommen, wenn es darum geht, ganz besonders fein wahrzunehmen (z. B. beim Austausch von Zärtlichkeiten oder Lesen der Blindenschrift).

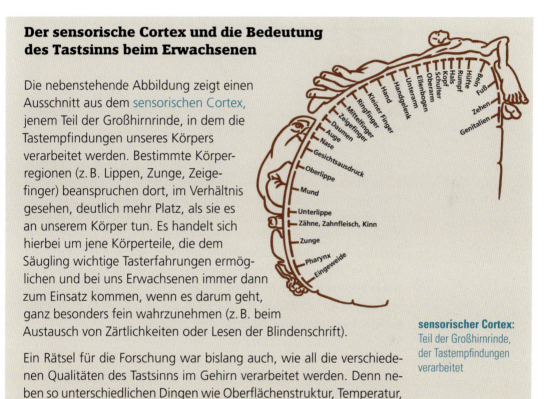

sensorischer Cortex: Teil der Großhirnrinde, der Tastempfindungen verarbeitet

Ein Rätsel für die Forschung war bislang auch, wie all die verschiedenen Qualitäten des Tastsinns im Gehirn verarbeitet werden. Denn neben so unterschiedlichen Dingen wie Oberflächenstruktur, Temperatur, Druck, Schmerz oder Vibration benötigen wir unseren Tastsinn auch für die Lagewahrnehmung unserer Gliedmaßen, also um zu spüren, dass wir mit beiden Füßen fest auf dem Boden stehen, oder zu fühlen, ob wir einen Pappbecher fest genug halten, um ihn nicht fallen zu lassen, und ihn zugleich locker genug umfassen, um ihn nicht zu zerdrücken.

Auch das Schmerzempfinden gibt der Forschung noch immer Rätsel auf, da es sich hierbei um eine subjektive Empfindung handelt. Schmerzwahrnehmung und -reaktion sind komplexe Vorgänge, die nicht in einem einheitlichen Sinnsystem verarbeitet werden: Der Schmerz geht nicht von einem bestimmten Sinnesorgan aus – wie beispielsweise beim Sehen oder Hören –, das ihn dann an eine spezialisierte Hirnregion weiterleitet. Sondern die Schmerzwahrnehmung beinhaltet auch Gedanken und Gefühle und unterliegt vielfältigen weiteren Einflüssen.

Müde und hungrig? Dann tut es besonders weh.

Zum Beispiel können Hunger und Müdigkeit den leichten Aufstoß beim Sturz in großem Geschrei enden lassen, während ein sattes und ausgeschlafenes Kind den Aufprall kaum bemerkt. Sogar Gerüche verändern die Schmerzwahrnehmung. Besonders bei kleinen Kindern erfolgt die Reaktion mitunter auch deutlich zeitverzögert. Letztlich kann sogar die Reaktion der Bezugsperson entscheidend sein: Der Blick in das erschreckte oder entspannte Gesicht des Erwachsenen hilft dem Kind, zu bewerten, ob es sich nur leicht gestoßen hat und einfach weiterspielen kann oder ob es sich ernsthaft verletzt hat, Trost oder gar Erste Hilfe benötigt.

Prüfen Sie Ihr Wissen:

1. Aus welchen Körperteilen erhält das Gehirn Informationen für das Fühlen?

2. Was ist mit dem Begriff *Lagesinn* gemeint?

3. Warum nehmen Babys fast alles in den Mund?

4. Im Gehirn ist die Region, die für Lippe, Zunge oder Zeigefinger zuständig ist, besonders groß. Warum ist das so?

1.3 Hoppe, hoppe Reiter, wenn er hopst, dann lacht er – Gleichgewichtssinn

Babys lieben das Gefühl von Bewegung. Ob wir sie schaukeln, wiegen, hopsen lassen oder einfach herumtragen – sie genießen das Gefühl rhythmischer Bewegungen. Und ältere Kinder lachen und rufen begeistert: „Noch mal! Noch mal!", wenn wir sie herumwirbeln, wie ein Pendel schwingen lassen oder auf den Kopf stellen. Der Grund dafür, dass Babys und Kinder Bewegung so gerne haben, liegt in ihrem Gleichgewichtssinn, der bereits mit der Geburt auf Empfang ist.

„Die drei wichtigsten Dinge im Leben: Mut, Liebe, Hüpfen."
(André Loibl)

Unser Gleichgewichtssinn sitzt im Innenohr und ist ständig im Einsatz: Wir brauchen ihn für die Ausrichtung von Kopf und Körper, insbesondere dafür, unsere Augen richtig zu bewegen. Wenn wir beispielsweise rennen, müssen unsere Augen ausgleichende Bewegungen machen, ansonsten würde die Welt ständig auf und ab hüpfen. Für diese Bewegungen brauchen wir Informationen unseres Gleichgewichtsorgans. In der Regel wird uns die permanente Arbeit unseres Gleichgewichtssinns nicht bewusst, außer wir drehen uns schnell und empfinden in der Folge Schwindel.

Schaukeln macht Spaß!

In der Erfahrungswelt von Babys machen vestibuläre Eindrücke einen großen Anteil der sinnlichen Wahrnehmung aus. So wirkt gleichmäßige Bewegung auf Neugeborene beruhigend. Bei Säuglingen ab etwa sechs Monaten kann zudem beobachtet werden, wie sie durch rhythmische Bewegungen selber für Gleichgewichts-Input sorgen: Sie schaukeln und taumeln, hüpfen (mit Hilfsmitteln), wiegen den Körper oder schütteln ihren Kopf rhythmisch hin und her.

vestibulär: den Gleichgewichtssinn betreffend

> **Prüfen Sie Ihr Wissen:**
>
> 1. Wo befindet sich unser Wahrnehmungsorgan für den Gleichgewichtssinn?
> 2. Wie trainieren Kleinkinder ihren Gleichgewichtssinn?

1.4 Eine Nasenlänge voraus – Riechen

Welcher Geruch ist der wichtigste in Ihrem Leben? Eine schwierige Frage? Für Erwachsene durchaus. Für ein Neugeborenes ist sie ganz einfach zu beantworten: Es ist der Geruch von Muttermilch. Und diesen kennt ein Baby von Anfang an ausgesprochen gut, denn im Gegensatz zu anderen Sinnen ist der Geruchssinn bei der Geburt bereits ausgereift. Neugeborene kommen mit einem außerordentlich sensiblen Spürsinn auf die Welt, den sie binnen weniger Lebenstage noch weiter verfeinern.

Schon im Alter von zwei Tagen erkennen Kinder den Milchduft und drehen ihren Kopf häufiger und länger zu einem Stückchen Stoff, das nach einer stillenden Mutter riecht. Haben Babys die Wahl zwischen Stoffstücken, die nach der eigenen oder einer anderen stillenden Mutter riechen, dreht sich die Mehrzahl der Neugeborenen gleich häufig zu beiden Stoffeinlagen. Aber bereits nach sechs Tagen wird der Geruch der mütterlichen Brust von über der Hälfte der Babys bevorzugt. Diese starke Vorliebe für den Geruch von Muttermilch ergibt Sinn, schließlich hängt das Überleben der Babys davon ab, ihre Mutter und damit ihre Nahrungsquelle zuverlässig zu erkennen. Dieses Phänomen lässt sich bei vielen Säugetierarten beobachten.

Babys und Kleinkinder zeigen bei Gerüchen Präferenzen und Abneigungen, die denen von Erwachsenen gleichen: Während sie beim Geruch fauler Eier Grimassen ziehen und sich abwenden, genießen sie den Duft von Honig und Vanille – mitunter so sehr, dass sie mit einem Lächeln reagieren.

Justus, sechs Wochen alt, reagiert bei einer „Geruchssafari" mit einem ruckartigen Abwenden des Kopfes und einem deutlichem „Bäh". Alba schnuppert mit dreieinhalb Wochen interessiert an Minzblättern und Mangostücken; mit sechs Wochen weckt frisches Basilikum ihr Interesse.

Was riecht hier so gut? Neugeborene im Alter von sechs Tagen bevorzugen Stoffstücke, die nach ihrer Mutter riechen.

Eine Nasenlänge voraus

Babys können nicht nur gut riechen, vertraute Gerüche helfen ihnen sogar, schmerzhafte Situationen besser zu ertragen: Im Rahmen der routinemäßigen Vorsorgeuntersuchungen wird Babys auch Blut aus der Ferse entnommen. Dazu ist ein kurzer, aber schmerzhafter Stich notwendig. Diesem Leid verleihen Babys Ausdruck, indem sie weinen, das Gesicht verzerren und zuweilen wild strampeln. Babys, die bei der Fersenblutentnahme den Geruch von Mamas Milch in der Nase haben, zeigen eine geringere Schmerzreaktion als jene, die den Milchgeruch von fremder Muttermilch, Säuglingsanfangsnahrung oder nichts zu riechen bekommen. Dass der Geruch von Mamas Milch Schmerz leichter ertragen lässt, zeigt sich nicht nur in der Reaktion der Kinder, sondern auch im Speichel der Babys: Das Stresshormon Cortisol steigt trotz der schmerzhaften Behandlung nicht an. Eine ähnlich beruhigende Wirkung kann auch mit Vanilleduft erreicht werden, vorausgesetzt die Babys kennen den Geruch bereits vor der Fersenblutentnahme, sodass es sich um einen vertrauten Duft handelt.

Cortisol: Hormon, das in Belastungssituationen vermehrt vom Körper ausgeschüttet wird

„Nicht ohne mein Schnuffeltuch!" Viele Kleinkinder nutzen vertaut riechende Tücher und Kuscheltiere zur Beruhigung.

Im Laufe der ersten beiden Lebensjahre wird für viele Kinder ein Kuscheltier oder ein Schnuffeltuch zum ständigen Begleiter, insbesondere in Situationen, in denen das Kind müde oder unsicher ist oder Trost braucht. Diese Übergangsobjekte sind aus Sicht der kindlichen Nase vor allem aufgrund einer Eigenschaft bedeutsam: Sie riechen vertraut, tragen den körpereigenen Geruch. Wer also aus hygienischen Gründen ein heiß geliebtes Schnuffeltuch waschen möchte, sollte sich dies gut überlegen.

Prüfen Sie Ihr Wissen:
1. Ab wie vielen Tagen können Babys den Geruch von Mamas Milch von der anderer Mütter unterscheiden?
2. Was macht für ein Kind den Wert eines Schnuffeltuchs aus?

1.5 So süß – Schmecken

Wie auch der Tastsinn entwickelt sich der Geschmackssinn eines Babys bereits im Mutterleib. Vermittelt durch die Lebensmittel, die die Mutter in der Schwangerschaft zu sich nimmt, entstehen schon vor der Geburt Vorlieben und Abneigungen. Neugeborene können mit süß, sauer, bitter und salzig die gleichen Unterscheidungen wie Erwachsene treffen. Angeboren sind die Bevorzugung von Süßem und die Ablehnung von Saurem oder Bitterem. Für kleine Kinder kann allerdings problematisch werden, dass sie noch keine eindeutige Abneigung gegen zu salzigen Geschmack haben. Hier besteht Lebensgefahr, denn bereits drei Gramm Salz pro Kilo Körpergewicht gelten als tödlich.

Die vierjährige Angelina hat zwei Esslöffel Salz – das sie offenbar für Zucker hielt – in einen Puddingbecher gerührt. Ihre Stiefmutter nutzt die harmlose Panne für eine drastische Erziehungsmaßnahme: Angelina muss den widerwärtig schmeckenden Pudding auslöffeln. Danach lebt Angelina noch anderthalb Tage, eine sofortige Notfallbehandlung ist vergebens.

„Was der Bauer nicht kennt, isst er nicht." Dieses Sprichwort trifft auch für die Ernährungsvorlieben von Kleinkindern zu: Sie essen bevorzugt das, was sie schon kennen. Im Umkehrschluss heißt das für eine gesunde Ernährung, dass Kinder die Möglichkeit haben sollten, viele unterschiedliche Lebensmittel immer wieder zu probieren, damit ihnen diese vertraut werden. Erwachsene oder ältere Kinder, die sich neugierig an Unbekanntes wagen, sind hier gute Vorbilder.

Am liebsten süß!

Prüfen Sie Ihr Wissen:

1. Wie erklären Sie sich, dass Säuglinge bereits kurz nach der Geburt ganz bestimmte Geschmacksvorlieben haben?

2. Welche allgemeinen Geschmacksvorlieben sind angeboren?

1.6 Schau mir in die Augen – Sehen

Babys können in ihren ersten Lebensmonaten nur unzusammenhängende Schatten erkennen, so dachten Psychologen einige Jahrzehnte lang. Und eine heute noch weitverbreitete Annahme ist, dass Neugeborene nur auf einer Entfernung von etwa 20 Zentimetern scharf sehen können, weil sich in diesem Abstand das Gesicht der Mutter beim Stillen befindet. Mittlerweile wissen wir jedoch, dass Neugeborene zunächst überhaupt nicht scharf sehen, egal, bei welchem Abstand. Denn in der Fovea des kindlichen Auges sind noch nicht genug Sehsinneszellen ausgebildet – vergleichbar mit einer Digitalkamera, die keine scharfen Bilder erzeugt, da sie über zu wenig Pixel verfügt. Zugleich sind die für die Verarbeitung zuständigen Hirnregionen bei Neugeborenen noch nicht ausgereift. Das verwundert wenig, da es vor der Geburt kaum relevante Reize gibt und die Augen beim Ungeborenen sogar zeitweise geschlossen sind. Nach der Geburt reift der Sehsinn dann in kürzester Zeit von null auf hundert, sodass sich die Wahrnehmungsmöglichkeiten eines sechsmonatigen Babys bereits stark von denen eines Neugeborenen unterscheiden.

Fovea: Ort in der Hornhaut, durch den wir am schärfsten sehen, da sich hier viele Sehsinneszellen auf kleiner Fläche befinden

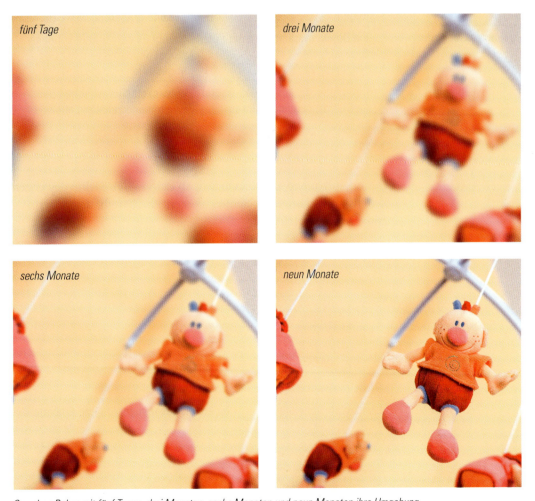

So sehen Babys mit fünf Tagen, drei Monaten, sechs Monaten und neun Monaten ihre Umgebung.

Unser Sehen beruht auf zahlreichen Teilfähigkeiten, die sich in den ersten Lebensmonaten und -jahren rasch entwickeln. Die nachfolgende Tabelle fasst die einzelnen Entwicklungsschritte zusammen. So bilden sich zunächst grundlegende Fähigkeiten aus, die uns ermöglichen, unsere Umwelt in feinen Abstufungen wahrzunehmen:

Entwicklungsschritte des Sehvermögens im ersten Lebensjahr

Teilfähigkeit	Bedeutung	Entwicklung
Fokussierung	beide Augen (dauerhaft) auf einen Punkt richten	etwa ab dem vierten Lebensmonat
Sehschärfe	scharf sehen	ab der Geburt bis etwa zum siebten Lebensmonat stetige Zunahme, anschließend ähnlich leistungsfähig wie bei Erwachsenen
Farbwahrnehmung	Farben unterscheiden	
Kontrastsensitivität	Kontraste unterscheiden (auch ähnliche Farbnuancen und Flächen, z. B. Unterscheidung von Hellgrau und Mittelgrau)	
Blickfolgebewegung	einem bewegten Gegenstand auch durch Augenbewegungen folgen	bis etwa zum fünften Lebensmonat nur reflexhaft, dann erst gezielte Steuerung vom Großhirn
visuelles Scannen	ein Objekt systematisch mit dem Blick abtasten	gelingt ab dem dritten Lebensmonat deutlich schneller und abgestufter
stereoskopisches Sehen	Informationen aus beiden Augen im Gehirn zusammenführen	entwickelt sich zwischen dem zweiten und zehnten Lebensmonat

stereoskopisch:
räumlich wirkend, körperlich erscheinend

Darauf aufbauend entwickeln sich ab der zweiten Hälfte des ersten Lebensjahres komplexe Sehfähigkeiten, die bereits den Übergang zum Denken darstellen.

Komplexe Sehleistungen

Sehfähigkeiten	Bedeutung
Tiefenwahrnehmung	Erkennen, dass sich Dinge unterschiedlich weit entfernt befinden
Gesichterwahrnehmung	Gesichter als solche erkennen
Objektwahrnehmung	Objekte als zusammenhängend erkennen

„Kuckuck!" – Gesichter erkennen, ist nicht immer leicht.

Neugeborene können noch nicht gut sehen, aber sie betrachten Gesichter gerne. Eine Studie untersuchte das Verhalten von Neugeborenen beim Betrachten von Zeichnungen, die schematische Gesichter, durcheinandergebrachte Gesichter und leere Gesichter darstellten (vgl. Abb. unten). Die Babys lagen auf dem Schoß ihrer Mütter, während die gezeichneten Gesichter über ihrem Kopf bewegt wurden. Dabei wurde festgehalten, wie stark die Neugeborenen ihre Augen und ihren Kopf drehen, um die jeweilige Zeichnung zu betrachten. Das Ergebnis der Untersuchung zeigt deutlich, dass Neugeborene die schematischen Gesichtszeichnungen gegenüber anderen Mustern bevorzugen (vgl. Diagramm S. 32). Wichtig dabei ist, dass die ungefähre Anordnung der geometrischen Figuren einem menschlichen Gesicht entsprechen.

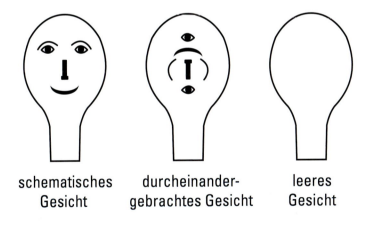

Schematische Gesichter und Musteranordnungen

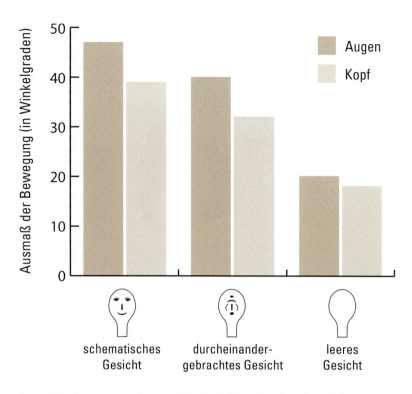

Ausmaß der Bewegung von Augen und Kopf beim Betrachten der schematischen Gesichter und Musteranordnungen

Neugeborene blicken besonders gerne das Gesicht ihrer eigenen Mutter an, denn mit wenigen Tagen können sie es bereits von anderen Gesichtern unterscheiden. Diese Fähigkeit zeigt sich, selbst wenn die Babys neben dem Gesicht der Mutter ein Gesicht einer ähnlich aussehenden Frau zur Auswahl haben. In einem Folgeexperiment ließen die Forscher sowohl die Mütter als auch die fremde Frau eine Kopfbedeckung tragen. Sie kamen zu dem Ergebnis, dass die Babys das Gesicht ihrer Mutter nun nicht mehr von dem Gesicht der fremden Frau unterscheiden konnten. Die Neugeborenen sahen beide Gesichter gleichhäufig und gleichlange an. Daraus lässt sich schlussfolgern, dass der Verlauf des Haaransatzes Neugeborenen maßgeblich dabei hilft, Gesichter zu unterscheiden. Hier gibt es in der Regel einen deutlichen Kontrast zwischen Hautfarbe und Haarfarbe, den Babys offenbar zur Unterscheidung und Erkennung brauchen, da ihre Kontrastsensitivität noch nicht gut entwickelt ist. Fehlt ihnen diese Information, erkennen sie das Gesicht ihrer Mutter nicht.

Die folgenden Abbildungen zeigen, wie sich die Sehvorlieben von Babys bereits in den ersten beiden Lebensmonaten verändern. Mit einem Monat (linkes Bild) konzentriert sich der Blick besonders auf Ränder und Kanten. Erst ab dem zweiten Lebensmonat sind die Babys in der Lage, auch geringer ausgeprägte Kontraste und Konturen zu erkennen, sodass sie dann beispielsweise auch gerne die Augen oder den Mund ihres Gegenübers betrachten (rechtes Bild).

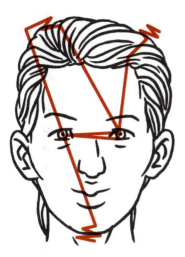 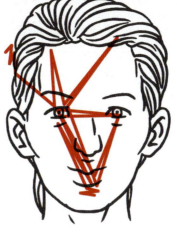

„Schau mir in die Augen, Kleines" (Humphrey Bogart im Film *Casablanca*) – das ist im ersten Lebensmonat noch gar nicht so leicht.

Darauf fällt der Blick eines einmonatigen Babys beim Betrachten eines Gesichts.

Darauf fällt der Blick eines zweimonatigen Babys beim Betrachten eines Gesichts.

Die Fähigkeit, Dinge dreidimensional zu sehen, also zu erkennen, dass manches näher und anderes weiter entfernt ist, stellt einen wichtigen Teil unseres Sehsinns dar. In einem unbekannten Raum können wir Abstände zwischen und zu verschiedenen Dingen abschätzen, da beispielsweise nahegelegene Objekte andere Dinge verdecken oder weil sie schlicht größer scheinen. Das gelingt uns auch dann noch, wenn wir ein Auge schließen, jedoch wirkt die Welt dann flacher, ähnlich wie auf einem Foto. Ein echter dreidimensionaler Eindruck des Raumes entsteht erst, wenn wir mit beiden Augen schauen. Für diese Tiefenwahrnehmung muss unser Gehirn die leicht unterschiedlichen Informationen aus beiden Augen gut aufeinander abstimmen und verarbeiten. Diese Fähigkeit wird als stereoskopisches Sehen bezeichnet. Voraussetzung dafür ist, dass ein Baby beide Augen auf ein Objekt ausrichten kann. Das vermögen Kleinkinder im Alter von etwa vier Monaten. Nur dann können bestimmte Nervenzellen – die binokularen Zellen – lernen, den Input aus beiden Augen zu kombinieren und zu verarbeiten. Wenig später nutzen Babys dies, um mithilfe beider Augen zu erkennen, welches Spielzeug weiter entfernt ist. Somit können sie räumlich sehen und richten beispielsweise ihre Greifbewegungen danach aus. Voraussetzung dafür ist, dass die Informationen beider Augen im Gehirn auch gemeinsam verarbeitet werden. Jedoch kommt es vor, dass die Augen eines Babys unterschiedlich gut funktionieren. In der Folge liefern sie unterschiedlich gute Informationen an die Sehrinde im Gehirn und der nötige Lernprozess findet nicht statt. Das Gehirn – genauer gesagt die binokularen Zellen – lernt nicht, räumlich zu sehen. Deswegen sollten Babys, die übermäßig stark schielen, gut beobachtet werden.

Schielen ist in den ersten Lebenswochen normal (schließlich können die Babys ihre Augenmuskeln noch nicht so gut steuern), doch wenn ein Säugling auch mit vier bis fünf Monaten noch vermehrt schielt, sollte noch im ersten Lebensjahr etwas dagegen unternommen werden. Häufig kommt eine Augenklappe zum Einsatz, die das gut funktionierende Auge abdeckt. So wird das schwächere Auge trainiert und liefert zunehmend besseren Input an die binokularen Zellen. Im Ergebnis erhält das Gehirn aus beiden Augen wieder gleichwertigen Input und lernt stereoskopisches Sehen.

Ohne stereoskopisches Sehen sieht die Welt nicht nur flach aus, sie kann auch gefährlich werden, beispielsweise wenn Höhen nicht richtig eingeschätzt werden. Eine Studie aus den 1960er-Jahren untersuchte die Tiefen- und damit auch Höhenwahrnehmung bei Krabbelkindern im Alter von sechs bis 14 Monaten. Dafür konstruierten die Forscher eine visuelle Klippe (dargestellt in der folgenden Abbildung).

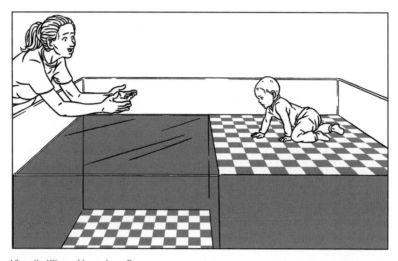

Visuelle Klippe: Versuchsaufbau

„Sage es mir und ich werde es vergessen. Zeige es mir und ich werde es vielleicht behalten. Lass es mich tun und ich werde es können."
(Konfuzius)

Sie bauten einen Spezialtisch, der auf der einen Seite ein bestimmtes Muster trug und auf der anderen Seite durch eine starke Glasplatte fortgesetzt wurde, durch die die Babys einen gleichermaßen gemusterten Boden sahen. Die Babys wurden anschließend auf den Tisch gesetzt und von ihren Müttern zu sich gerufen. Die Babys mussten entweder über den Tisch oder über die Glasplatte krabbeln. Die Kinder krabbelten ohne größere Probleme zu ihren Müttern, wenn sie sich dazu ausschließlich auf dem Tisch bewegen mussten. Aber kein einziges Baby folgte dem Ruf der Mutter über die Glasplatte, manche weinten sogar oder krabbelten in die andere Richtung. Die Kinder hatten augenscheinlich Angst vor der Höhe und waren also in der Lage, zu erkennen, dass es vor ihnen vermeintlich – nämlich unter der Glasplatte – in die Tiefe geht.

Im nächsten Schritt untersuchten die Forscher gleichaltrige Babys, die noch nicht krabbeln konnten: Diese zeigten keine Angst vor der Tiefe. Sie konnten diese schlicht nicht wahrnehmen, da ihr stereoskopisches Sehen noch nicht weit genug entwickelt war. Den Unterschied macht also die eigene Erfahrung der Kleinkinder. Erst durch ihre Bewegungen im Raum sammeln krabbelnde Babys Eindrücke und entwickeln eine Idee davon, was es mit Höhe auf sich hat.

> **Prüfen Sie Ihr Wissen:**
>
> 1. Warum sehen Säuglinge zunächst unscharf?
> 2. Welche grundlegenden Teilfähigkeiten gehören zum Sehen?
> 3. Was vermuten Sie: Warum stellen die Fähigkeiten Tiefenwahrnehmung, Gesichterwahrnehmung und Objektwahrnehmung einen Übergang zum Denken dar?
> 4. Was hilft Säuglingen dabei, Gesichter zu unterscheiden?
> 5. Wie hat man herausgefunden, ab wann Kinder stereoskopisch sehen können?
> 6. Räumliches Sehen: Warum wird mit der Augenklappe das stärkere Auge abgedeckt? Dann sieht das Baby doch noch weniger. Oder?

1.7 Spitz die Ohren – Hören

Mit unserem Gehörsinn nehmen wir Geräusche, Sprache und Musik wahr. Das Hören ist bereits im letzten Schwangerschaftsdrittel gut entwickelt, schließlich bietet auch der Mutterleib eine vielfältige Geräuschkulisse. Allerdings sind Neugeborene noch etwas schwerhörig. Damit sie auf ein Geräusch reagieren, muss dieses etwa viermal lauter sein, als das leiseste Geräusch, das ein Erwachsener wahrnehmen kann. Erst im Alter von fünf bis acht Jahren hat das Hörvermögen das Niveau eines erwachsenen Gehörs erreicht.

Auf laute Geräusche reagieren Babys jedoch bereits im Mutterleib. Und vielmehr noch: Sie lernen die Stimme ihrer Mutter kennen, sodass sie diese bereits wenige Tage nach der Geburt von anderen weiblichen Stimmen unterscheiden können. In einer Studie bekamen Neugeborene wenige Tage nach ihrer Geburt einen speziellen Sauger in den Mund und Kopfhörer auf die Ohren gesetzt. Durch die Sauggeschwindigkeit jedes Babys konnte bestimmt werden, ob es die Stimme seiner Mutter oder eine andere weibliche Stimme zu hören bekam. Die Ergebnisse der Untersuchung zeigten, dass die Neugeborenen nicht nur zwischen den Stimmen unterscheiden können, sondern dass sie sich sogar anstrengen, häufiger die mütterliche Stimme zu hören.

Neugeborenes mit Spezialschnuller und Kopfhörern

Habituation:
Gewöhnung

Besonders genau können Babys sprachliche Laute unterscheiden. Neugeborene bemerken den Unterschied zwischen „ti, ti, ti" und „pah, pah, pah". Babys im Alter von einem Monat bemerken sogar schon den feinen Unterschied zwischen „pah, pah, pah" und „bah, bah, bah". Wie Forscher das herausgefunden haben? Durch ein Habituationsexperiment. Aus einem seitlich angebrachten Lautsprecher hörten die Babys einen Laut so lange, bis sie sich gelangweilt abwendeten. Sie hatten sich an den Reiz habituiert, also gewöhnt. Ein neuer Laut hingegen weckte auch wieder Interesse und sie drehten ihren Kopf entsprechend. Als neu oder anders erkennen Babys einen Laut (z. B. „bah") jedoch nur dann, wenn sie auch erkennen, dass er sich von dem alten Laut (z. B. „pah") unterscheidet.

Babys sind gut darauf vorbereitet, Sprache zu verarbeiten. Sie unterscheiden Laute sogar feiner als Erwachsene. Denn Babys können Laute unterscheiden, die in ihrer Muttersprache gar nicht vorkommen: Eine Studie mit kenianischen Babys zeigte, dass die Babys zwischen Lauten unterscheiden konnten, die in ihrer Muttersprache Kikuyu als ein Laut behandelt werden – also nicht unterschieden werden. Aus unserem Alltag ist uns dieses Phänomen vertraut: Beispielsweise haben erwachsene Chinesinnen und Chinesen oftmals Schwierigkeiten damit, *r* und *l* auseinanderzuhalten, denn für sie hören sich die beiden Laute gleich an. Sie haben diese Unterscheidungsfähigkeit verloren, weil der Unterschied in ihrer Muttersprache keine Rolle spielt.

„Fuchs, du hast die Gans gestohlen" – Singen gehört zum (Kita)-Alltag.

Überall auf der Welt wird Babys gerne vorgesungen. Möglicherweise liegt dies auch daran, dass Babys Musik ähnlich wahrnehmen und verarbeiten wie Erwachsene. In den 1970er-Jahren galt unter Wissenschaftlern noch die Annahme, dass Babys nur einzelne Töne wahrnehmen und nicht eine zusammenhängende Melodie erkennen können. Doch es zeigte sich, dass bereits fünf Monate alte Babys kurze Melodien als zusammengehörig wahrnehmen. Sie erkennen diese sogar, auch wenn die Tonabfolge in einer höheren oder tieferen Tonlage gespielt wird. Hingegen erkennen Babys die Melodie als anders, wenn dieselben Noten in einer anderen Reihenfolge gespielt werden. Es ist also egal, ob Piccoloflöte oder Basstuba das vertraute Gutenachtlied spielt, wichtig ist, dass die Tonabfolge gleich bleibt. Auch bevorzugen viermonatige Babys konsonant gespielte Musik und wenden sich dieser über einen längeren Zeitraum zu als dissonant gespielter Musik. Da Kleinkinder bereits so frühzeitig die gleiche Vorliebe wie erwachsene Musikhörer zeigen, geht die Forschung davon aus, dass unser Gehör bereits von Natur aus auf konsonante Musik ausgerichtet ist.

konsonant:
harmonisch zusammenklingend

dissonant:
unstimmig, unharmonisch, misstönend

Beim Klatschen und Singen ist Sina ganz Ohr.

Weiterhin kann beobachtet werden, dass auch Säuglingen Musik in die Beine geht. In einer Studie hörten Säuglinge im Alter von neun bis 13 Monaten unterschiedliche Instrumentalstücke: einerseits fröhliche, marschähnliche Musik (Mc Namara's Band), andererseits ein langsames, melodisches Stück (Schumanns Träumerei). Im Anschluss bekamen Erwachsene die Videos der Babys zu sehen – aber ohne Ton. Diese konnten ohne Probleme zuordnen, ob das Baby im Film gerade eine ruhige oder lebhafte Melodie hörte, allerdings konnten sie nicht recht erklären, woran sie es erkannt hatten. Eine systematische Analyse der Videos zeigte dann, dass die Babys bei der lebhaften Musik durchschnittlich etwa viermal mehr hüpften als bei der langsamen Musik. Babys können Musik demnach nicht nur hören und verarbeiten, sie wirkt sich auch merklich auf ihr Verhalten aus.

Eine weitere wichtige Fähigkeit unseres Gehörsinns ist es, erkennen zu können, aus welcher Richtung ein Geräusch kommt. In den 1960er-Jahren untersuchte ein besonders eifriger Wahrnehmungspsychologe diese Fähigkeit in den ersten Lebensminuten seines frisch geborenen Kindes. Es zeigte sich, dass sein Neugeborenes bereits die akustische Lokalisation beherrschte. Dabei handelt es sich jedoch um einen Reflex, der kurze Zeit später wieder verloren geht. Erst mit etwa vier Monaten können Babys dann wieder die Geräuschquelle verorten und ihre Bewegungen danach ausrichten. Im Alter von sieben Monaten erkennen Babys dann nicht nur, aus welcher Richtung ein Geräusch kommt, sondern auch, ob das Geräusch in Greifnähe oder weiter entfernt entsteht.

akustische Lokalisation: den Ort einer Schallquelle wahrnehmen

Wer mit Babys spricht, stellt sich meist intuitiv auf das kindliche Hörvermögen ein: Babys hören gut im Frequenzspektrum der menschlichen Stimme und bevorzugen dabei höhere Töne. Daher sprechen Erwachsene und Kinder kulturübergreifend mit Babys oft in einer Art Singsang und verwenden bestimmte Melodien, um zu beruhigen (z. B. „Ist schon gut.") oder Aufmerksamkeit zu wecken (z. B. „Schau mal!"). Dem Baby ist es fast egal, in welcher Sprache zu ihm gesprochen wird, solange wir im leichten Singsang sprechen. In einer Studie reagierten Babys mit entsprechendem Gesichtsausdruck auf zustimmende Äußerungen (z. B. „So brav bist du."/ „You're so good."), egal, in welcher Sprache gesprochen wurde. Wichtig scheint folglich zu sein, wie wir mit Babys sprechen, und nicht, was wir genau sagen.

Prüfen Sie Ihr Wissen:

1. Ab welchem Alter erreichen Kinder das Hörvermögen von Erwachsenen?
2. Was versteht man unter akustischer Lokalisation?
3. Wie hat man herausgefunden, dass Babys Melodien und nicht nur einzelne Töne wahrnehmen?

1.8 Jetzt alles zusammen – Intermodale Wahrnehmung

Wenn Luca und Noah wie zu Beginn dieses Kapitels den Garten erkunden, tun sie dies über verschiedene Sinne: Sie sehen den Matsch, spüren seine Beschaffenheit, riechen die feuchte Erde und hören das Patschen der eigenen Hände im Wasser oder Schlamm. All diese Sinneswahrnehmungen gehören zu diesem einen Erlebnis des Herummatschens. Dahinter steckt jedoch die Koordination und Verarbeitung verschiedener Sinneseindrücke – das verstehen wir unter intermodaler Wahrnehmung.

„Es ist egal, mit welchem Sinn ich erkenne, dass ich im Dunkeln in einen Schweinestall gestolpert bin."
(Erich Moritz von Hornbostel)

intermodale Wahrnehmung: die Kombination von Informationen aus zwei oder mehr Sinnen

Matsch fühlen – zugleich sehen, hören, riechen und oft auch schmecken.

Piaget war der Überzeugung, dass Babys zunächst überhaupt nicht in der Lage sind, Informationen aus verschiedenen Sinneskanälen miteinander in Verbindung zu bringen. Er war der Ansicht, dass Kinder erst viele Erfahrungen sammeln müssen, um bestimmte Klänge und Anblicke als zusammengehörig zu erkennen. Doch wie bereits zu Beginn der 1970er-Jahre ein Experiment zeigte, wissen schon 30 Tage alte Babys, dass die Stimme der Mutter und ihr Gesicht zusammengehören. Wenn einem Baby dieser Zusammenhang vertraut ist, dann müsste es irritiert sein, sobald es die Stimme und das Gesicht seiner Mutter an verschiedenen Orten wahrnimmt, so die Überlegung der Forscher. Folglich legten sie Babys so hin, dass diese durch eine Glasscheibe ihre Mutter sehen konnten, während deren Stimme aus zwei Lautsprechern – links und rechts des Kindes – ertönte. Zunächst hörten die Babys die Stimme der Mutter gleichstark aus beiden Lautsprechern (Variante 1). Das klang so, als käme die Stimme von vorne, also von dorther, wo sie die Mutter auch sehen konnten. Dann wurde die Lautstärke so verändert, dass die Stimme von einer der Seiten zu kommen schien, obwohl das

Als fernsehende Erwachsene kennen wir die Irritation, wenn bei einem synchronisierten Film gesehene Sprache (also Lippenbewegungen) und gehörte Sprache nicht zusammenpassen.

taktil:
das Tasten, Berühren betreffend

visuell:
über das Sehen vermittelt

Baby seine Mutter weiterhin vor sich sah (Variante 2). Kurz nach dem Wechsel zu Variante 2 zeigten sich nun oftmals dramatische Verhaltensänderungen bei den Kindern. Die Babys begannen, mit ihren Armen zu rudern, verzogen das Gesicht und zeigten weitere Anzeichen von Unruhe und Unwohlsein. Einige Babys bewegten sich heftig, andere weinten. Die Babys hatten also bereits nach ihrem ersten Lebensmonat gelernt, dass Gesicht und Stimme der Mutter zusammengehören.

Damit wir intermodal wahrnehmen, ist wichtig, dass die Informationen zeitgleich eintreffen. Darüber hinaus zeigen Dauer, Tempo und Rhythmus an, dass Informationen zusammengehören könnten. Luca und Noah, die mit ihren Händen in den Matsch patschen, spüren, sehen und hören dies zeitgleich und im selben Rhythmus.

Bereits vier Monate alte Säuglinge können taktile und visuelle Erfahrungen zusammenbringen, wenn sie die Möglichkeit haben, Dinge auch mit den Händen zu erkunden: In einer Studie bekamen vier Monate alte Babys Ringe, die sie festhalten und betasten, aber nicht sehen konnten. Dieses Ringspielzeug gab es in zwei Varianten. Entweder waren die Ringe durch einen starren Stab fest oder durch ein dehnbares, flexibles Band miteinander verbunden. Durften die Babys im Anschluss beide Spielzeugvarianten sehen, erkannten sie wieder, mit welchem sie zuvor blind gespielt hatten. Sie blickten länger auf das neue Spielzeug, mit dem sie noch nicht gespielt hatten. Das bekannte Spielzeug hatte durch die (tastende) Habituation seinen (visuellen) Reiz verloren.

Wenn die Körner in die Kiste rieseln, sind die Augen ganz Ohr.

Säuglinge zeigen sogar noch komplexere Integrationsleistungen, denn sie stellen Beziehungen zwischen visuellen Informationen und der eigenen Körperwahrnehmung her. Babys im Alter von drei bis fünf Monaten wurden dabei gefilmt, wie sie ein Spielzeug mit ihrer rechten Hand erkundeten. Zugleich blickten sie auf zwei Monitore: Einer zeigte die Live-Aufnahme der eigenen Hand, der andere Monitor bildete die Aufzeichnung der Hand eines anderen Babys ab. Dabei fanden die Babys das Unbekannte, also den Film mit den Bewegungen eines anderen Babys, interessanter als den eigenen Film. In einer Variation dieses Experimentes wurden die eigenen Bewegungen dann seitenverkehrt dargeboten. Nun interessierten sich die Babys auch wieder für ihre eigenen, spiegelverkehrten Bewegungen.

Bei Babys im Alter ab etwa einem halben Jahr wird die Verbindung zwischen Wahrnehmung und Motorik immer wichtiger: Das Greifen nach Objekten wird durch das Sehen unterstützt und gelenkt, das Aufrechtstehen und das Sichfortbewegen gelingen im Wechselspiel. Auch die räumliche Orientierung und das Suchen von Dingen verlangt eine Zusammenarbeit von Sehen und Bewegen. Möglicherweise gelingt die Zusammenführung von multimodaler Wahrnehmung und Bewegung bei manchen Kindern schlecht. Häufig fällt hier dann das Schlagwort „sensorische Integration" (vgl. Box).

> **Sensorische Integration (Störungen, Erklärungsmodell, Theorie und Therapie)**
>
> Der Begriff *sensorische Integration* hat zwei Bedeutungen. Einerseits wird er synonymisch für die Bezeichnung der soeben beschriebenen intermodalen Wahrnehmung gebraucht, andererseits bezeichnet *sensorische Integration* ein umfassendes Konzept, das maßgeblich von der US-amerikanischen Ergotherapeutin und Psychologin Anna Jean Ayres (1920–1988) erarbeitet wurde.
>
> Bereits in den 1960er-Jahren untersuchte sie Beziehungen zwischen Gehirn und Verhalten, um darauf aufbauend eine Theorie, Diagnoseinstrumente und einen Therapieansatz zu entwickeln. Die Theorie führt vielfältige Störungen, die sich in Alltagstätigkeiten, Motorik oder auch der Leistungsfähigkeit ausdrücken, auf eine fehlerhafte Verarbeitung und Integration von unterschiedlichen Wahrnehmungsreizen zurück. Zur Therapie dieser Störungen setzt Ayres am Erlernen grundlegender Verarbeitungsmechanismen an.
>
> Mittlerweile ist die sensorische Integrationstherapie (SIT) ausgesprochen verbreitet und wird von vielen Ergotherapeuten eingesetzt. Aber ihre Wirksamkeit ist wissenschaftlich umstritten. Zwar weisen immer wieder einzelne Studien auf Therapieerfolge hin, jedoch sind die Untersuchungen häufig methodisch unzureichend und messen nur geringe Effekte.

Prüfen Sie Ihr Wissen:

1. Was heißt *intermodale Wahrnehmung* und welche Voraussetzung muss gegeben sein, damit sie stattfindet?
2. Welche verschiedenen Sinnesinformationen können zusammenkommen, wenn ein Kind sich immer wieder in eine Kiste setzt und mit ihr hantiert?
3. Bei welchen Handlungen wird erkennbar, dass Wahrnehmung und Motorik zusammenspielen?
4. Was will die sensorische Integrationstherapie erreichen? Konnte sie wissenschaftlich belegt werden?

Vertiefung und Transfer

1. Verschluckungsgefahr im ersten Lebensjahr – insbesondere durch erdnussgroße Gegenstände: Was in Ihrem Umfeld ist gefährlich? Wie können Sie jungen Kindern dennoch ihre sinnliche Erfahrung ermöglichen?
2. „Gucken tut man mit den Augen." Diskutieren Sie, inwieweit das für Kinder im ersten Lebensjahr zutrifft.
3. Vom Begreifen zum Begriff: Erklären Sie, was mit diesem Ausdruck gemeint sein könnte. Welche Rolle spielt hier die Wahrnemumg?
4. Testen Sie an sich selbst die Wirkung unterschiedlicher Musik: Was beruhigt Sie? Was bringt Sie in Bewegung? Tauschen Sie sich darüber mit Kolleginnen und Kollegen aus. Überlegen Sie, was das für den Musikeinsatz in der Krippe bedeutet.
5. Forschen Sie selbst einmal, welche Handlungen Ihnen bei Kindern zeigen, dass diese Melodien oder Tonabfolgen erkennen oder gar selbst produzieren.
6. Auch als Erwachsene unterstützen wir unsere Wahrnehmung durch Bewegungen (z. B. Hand ans Ohr, vorbeugen, um genau hinzuschauen). Nennen Sie weitere Beispiele.
7. Wie würden Sie beim Essen damit umgehen, dass Kinder zunächst nur das essen, was sie bereits kennen?
8. Das Zusammenspielen von Sinnen und Motorik selbst erleben: Halten Sie das Buch mit ausgestreckten Armen vor sich und lesen Sie im Text weiter. Nun halten Sie den Blick starr geradeaus und bewegen das Buch langsam ein wenig hin und her. Machen Sie Ihre Armbewegungen schneller und größer, bis Sie den Text nicht mehr lesen können. Geben Sie nun das Buch einer anderen Person, die es im gleichen Abstand – erst wenig und langsam,

dann immer schneller und weiter – vor Ihren Augen bewegt, bis Sie nicht mehr lesen können. Was fällt Ihnen dabei auf? Wie können Sie Ihre Beobachtungen im Bezug auf die intermodale Wahrnehmung erklären?

9. „Der Mensch ist eine physiologische Frühgeburt", wurde der Schweizer Biologe Adolf Portmann häufig zitiert. Mittlerweile ist immer häufiger vom „kompetenten Säugling" die Rede. Nehmen Sie mit Bezug auf die Entwicklung der frühkindlichen Wahrnehmungsfähigkeiten Stellung.

Lesetipps

Eliot, L. (2010). *Was geht da drinnen vor? Die Gehirnentwicklung in den ersten fünf Lebensjahren.* **Berlin: Berlin Verlag.**
- Unterhaltsam, anschaulich und gut verständlich beschreibt die Autorin (nicht nur) die Entwicklung unserer Sinne.
- Für jeden Sinn werden die jeweiligen Sinnesorgane in ihrem Aufbau und ihrer Funktion beschrieben. Die Entwicklung der Sinnesmodalitäten sind mit ihrem pränatalen Beginn bis zum fünften Lebensjahr beschrieben.

Pauen, S. (2006). *Was Babys denken: eine Geschichte des ersten Lebensjahres.* **München: CH Beck.**
- Schwerpunkt des Buchs ist die die Denkentwicklung von Säuglingen im ersten Lebensjahr, die anhand zahlreicher Experimente beschrieben wird. Die Entwicklung der Wahrnehmung als Voraussetzung für das Denken wird knapp und fundiert geschildert.

Schwarz, R. (2014). Die Bedeutung der Wahrnehmung für die Bewegungsentwicklung. *KiTa Fachtexte.*
- Dieser Kitafachtext zeigt die enge Verbindung insbesondere des Sehens und der Motorik auf. Anhand ausgewählter Studien wird aufgezeigt, wie sich Sehen und Greifen sowie Krabbeln und Tiefenwahrnehmung gegenseitig bedingen.

2

Lernen – Zum Lernen ist man nie zu jung

Als mein Sohn gerade wenige Wochen alt war, fuhr ich mit ihm erstmals in Berlin S-Bahn. Der Kinderwagen stand gleich neben der Tür und an jeder Station gab es ein schrilles Dadüda, bevor die Tür laut krachend zuflog. Das lärmende Rumsen der Tür schreckte meinen Sohn aus seinem Schlaf auf. Zum Glück schlief er aber gleich wieder ein. Doch da kamen die nächste Station und das schrille Dadüda, gefolgt vom krachenden Rums. Es dauerte ein paar Stationen, dann wurde das Hochschrecken weniger. Schließlich schlief mein Sohn friedlich – wie ein Baby – neben der laut zuschlagenden Tür. Der Lärm schien ihn nun weder aufzuwecken noch zu beeindrucken. Er hatte gelernt, dass auf Dadüda ein Rums folgt: Das Rumsen erschreckte ihn in der Folge nicht mehr.

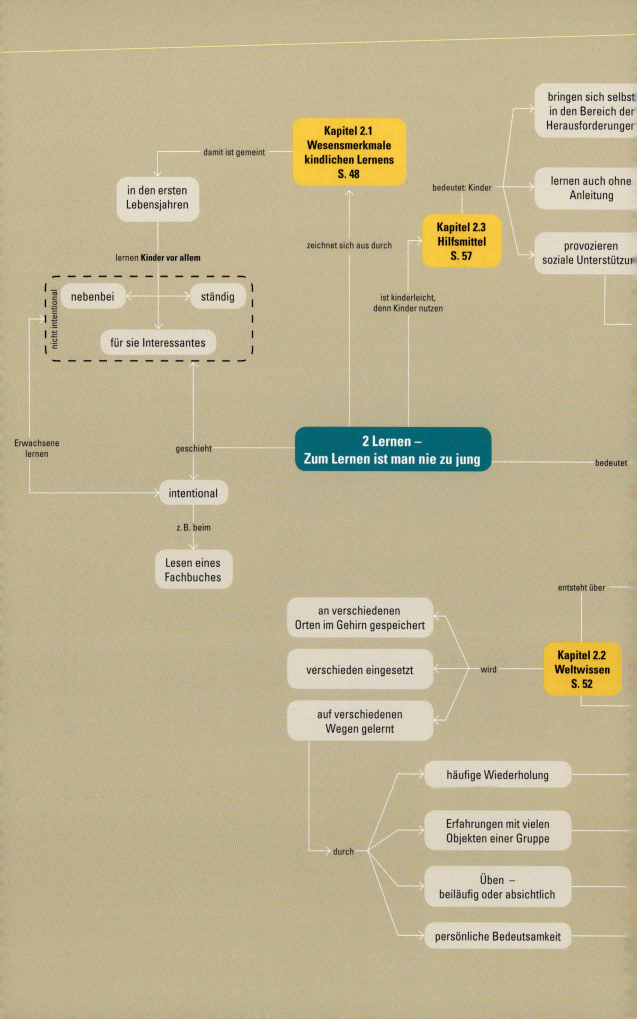

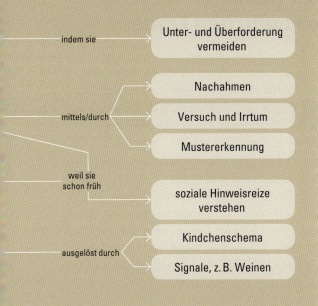
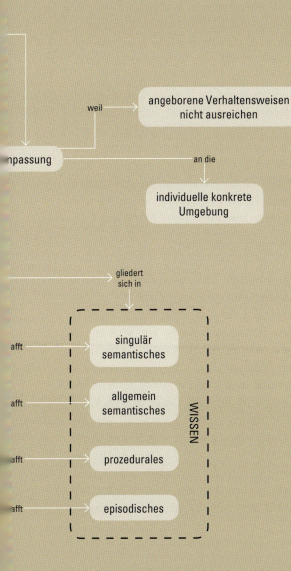

In diesem Kapitel erfahren Sie:

- dass Kinder in ihren ersten drei Lebensjahren ständig lernen,
- was dieses Lernen ausmacht,
- warum und wie Kinder in ihren ersten drei Lebensjahren lernen,
- welche Hilfsmechanismen den Kindern dabei zur Verfügung stehen.

2.1 Lernen statt pauken – Wesensmerkmale kindlichen Lernens

Das Englische unterscheidet zwei Worte, die im Deutschen beide mit „lernen" übersetzt werden:
- *to study* als ein Wiederholen von Informationen, damit man sich diese einprägt;
- *to learn* als der Erwerb von Wissen oder Fertigkeiten (auch durch Erfahrungen).

Vielleicht haben Sie das Buch aufgeschlagen, um etwas über die Entwicklung des Kindes bis zu seinem dritten Lebensjahr zu erfahren. Vermutlich ist dieses Thema sogar Teil Ihrer Ausbildung. Deshalb haben Sie sich schon länger vorgenommen, sich damit zu beschäftigen, und nun tun Sie es. Sie haben sich bequem hingesetzt und alle störenden Einflüsse minimiert. Und jetzt lernen Sie. Vielleicht würden Sie sich lieber mit Freunden treffen, aber nein, Sie lernen. Das, was Sie gerade machen, wird als *lernen* bezeichnet; das, was Kinder bis zu ihrem dritten Lebensjahr machen, ebenso. Doch damit erschöpfen sich schon fast die Gemeinsamkeiten. Erwachsene können zwar auch wie kleine Kinder lernen, aber die Art des Lernens, die Erwachsene meist anwenden, wenn sie „lernen" meinen, bleibt den Jüngsten noch verschlossen. Auf Englisch würde man sagen, Sie studieren *(to study)*, während Kinder lernen *(to learn)*.

„Kinder und Erwachsene stellen verschiedene Formen des Homo sapiens dar."
(Alison Gopnik)

Das Lernen der Jüngsten hat also nichts mit dem zu tun, was Sie augenblicklich mit diesem Buch machen. Es hat auch nichts mit Arbeitsblättern, Vokabellisten oder Merksätzen, wie wir sie aus der Schule kennen, zu tun. Das Lernen der Kleinkinder erscheint darüber hinaus auf den ersten Blick auch ein anderes zu sein als das älterer Kinder (ab fünf Jahren). Bei den Älteren kann man gut beobachten, wie sie nach dem Lernen etwas Neues wissen (z. B. das Gerät heißt *Akkuschrauber*) oder können (z. B. einen Purzelbaum). Bei den Jüngsten geschieht lernen oft unbemerkt. Zwar kann ein aufmerksamer Beobachter eine Menge neuer Fähigkeiten bei seinem Kind entdecken. Doch einiges wird auch ihm verborgen bleiben, beispielsweise dass ein Kind das Tiefensehen gemeistert hat, sich auf die Laute der Muttersprache eingeschossen hat oder Autos von LKWs unterscheiden kann. Ob die Lernresultate bemerkt werden oder nicht, die Kinder lernen – und zwar von Anfang an.

Kinder lernen ständig

Vielleicht haben Sie sich vorgenommen, heute zwei Stunden zu lernen und dieses Buch aufzuschlagen. Babys lernen nicht nur zu festgesetzten Zeiten, sie lernen ständig. Bei dem, was sie lernen, wie zum Beispiel räumliches Sehen, ist das auch gut so. Die Kleinen lernen, beide Augen gleichzeitig auf denselben Gegenstand zu lenken. Im Prinzip können das schon Neugeborene, aber für ein scharfes Bild ist die Fähigkeit anfangs noch nicht präzise genug ausgebildet. In den ersten Lebensmonaten erlernt ein Baby vieles, was im Kapitel Wahrnehmung bereits beschrieben wurde: Es erlernt, wie die Milch der Mutter riecht, den Unterschied zwischen „pah" und „bah", kurze Melodien und auch, dass die Stimme der Mutter und ihr Gesicht zusammengehören. Diese Lernleistungen sind nicht trivial. Um zum Beispiel Gesichter erkennen zu können, müssen Babys auf relevante Merkmale (wie Mund und Augen) achten. Dabei muss niemand einem Kleinkind sagen, welche die relevanten Merkmale sind. Niemand muss erklären, wie sie zueinander in Beziehung stehen, um das eine von dem anderen Gesicht zu unterscheiden. Das Erkennen und Zuordnen von Gesichtern ist eine außerordentlich komplexe Leistung. Babys meistern sie mühelos. Sie erkennen das Gesicht der Mutter und das des Vaters. Sie bilden sogar Kategorien von vertrauten und fremden Gesichtern. Mit wenigen Monaten haben sie allgemeine Gesichtszüge erfasst und merken, wenn etwas neu und interessant ist.

Weil wir im Normalfall nur Gesichter unserer Volksgruppe sehen, werden wir zu Spezialisten für diese Gesichter, zugleich aber auch zu Laien für die Gesichter anderer Volksgruppen. Diese sehen wir seltener und deshalb haben wir den Eindruck, dass beispielsweise Asiaten oftmals mehr oder weniger gleich aussehen. Für die Asiaten hingegen sind wir Mitteleuropäer kaum voneinander zu unterscheiden.

Frühe Lernprozesse umfassen verschiedenste Entwicklungsbereiche: Im ersten Lebensjahr lernen die Babys, beispielsweise die Bewegungen ihrer Arme und Hände unter Kontrolle zu bringen. Zum ersten Geburtstag schaffen es dann schon viele, sich auf den eigenen Beinen zu halten. Ebenfalls im ersten Lebensjahr werden Kleinkinder Experten für die Laute der eigenen Muttersprache(n). Sie lernen damit auch, die eigene von anderen Sprachen zu unterscheiden. Im zweiten Lebensjahr sind die Kinder in der Lage, zum Beispiel Auto und Flugzeug, Hund und Fisch auseinanderzuhalten. Etwas später Auto und Motorrad, Hund und Hase. Dreijährige können dann noch ähnlichere Dinge voneinander abgrenzen, wie Auto und LKW, Hund und Pferd.

Mit 2½ Jahren unterscheidet die Hälfte der Kinder ein Auto von einem Flugzeug, hat aber noch Schwierigkeiten, ähnliche Dinge wie ein Auto von einem LKW zu unterscheiden.

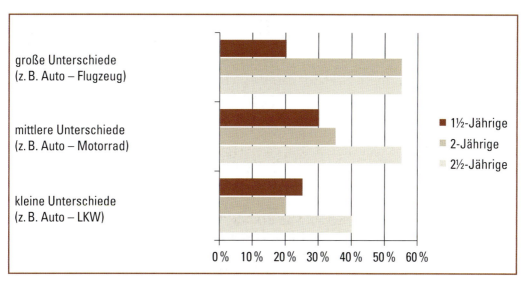

Prozentsatz der Kinder, die große, mittlere und kleine Unterschiede zuverlässig erkennen.

Kinder lernen, was sie wollen

„Man kann in Kinder nichts hineinprügeln, aber vieles herausstreicheln."
(Astrid Lindgren)

Kinder beschäftigen sich mit dem, was für sie bedeutsam ist. Sie lernen dabei, diese Dinge immer feiner zu unterscheiden. Dabei ist egal, um was für eine Sache es sich handelt, solange die Kleinkinder viele Beispiele davon in ihrer Umgebung finden und die Dinge eine Bedeutung für sie haben.

Lernen ist die Grundlage der Entwicklung im motorischen, sprachlichen, kognitiven und sozio-emotionalen Bereich. Aber ohne eine relevante Umgebung, ohne entsprechende Umweltreize, kann nicht gelernt werden. Lernen ist insofern von der Umwelt abhängig. Das räumliche Sehen entwickelt sich erst, wenn es etwas Dreidimensionales zu sehen gibt. Die relevanten Merkmale von Gesichtern können nur erkannt werden, wenn es Gesichter in der Umwelt des Kindes gibt. Und wo es keine Sprache gibt (oder sie zumindest nicht in den Hörzentren des Gehirns ankommt), wird es keine Experten für die Laute einer Muttersprache geben. Die Umwelt spielt demzufolge eine zentrale Rolle, denn sie bestimmt, was gelernt werden kann und was nicht. Natürlich lernen Kinder das, was sie auch lernen wollen, sofern es dafür einen Reiz in ihrem Umfeld gibt. Meist wird dieser von den Bezugspersonen angeboten. Kinder lernen Autos und Flugzeuge nur dann voneinander zu unterscheiden, wenn sie ähnlich wie wir aufwachsen. Dort, wo weder Autos fahren noch Flugzeuge fliegen, werden Kinder beides nicht zu unterscheiden lernen. Da, wo weder Hunde laufen noch Fische schwimmen, werden sie diese nicht kennenlernen. Vielleicht lernen sie stattdessen, im Wald spielend, Traubeneiche und Stieleiche voneinander abzugrenzen. Oder sie unterscheiden am Computer Pokémon Nr. 675 namens *Pangoro* von Pokémon Nr. 676 namens *Furfrou*.

Kinder lernen nebenbei

In Ihrem Leben haben Sie viel gelernt und Sie wissen, wie das geht. Heute nehmen Sie sich dazu dieses Buch vor. Kleine Kinder wissen noch nicht, wie das Lernen funktioniert. Kleinkinder lernen laufen, ohne dass sie überhaupt wissen, was lernen ist. Sie lernen sprechen, ohne dass sie es sich vornehmen: Tausende Wörter und die Regeln ihrer Benutzung. Wenn eine Einjährige sich auf zwei Beinen hält, ohne umzufallen, dann lernt sie, ihre Muskeln zu steuern und damit ihr Gleichgewicht auszubalancieren. Wenn ein Zweijähriger verschmitzt mit einem fremden Erwachsenen das Spiel Hin- und Wegschauen „Kuckuck, da bin ich!" spielt, legt er erstaunliche soziale Fertigkeiten an den Tag. Wenn eine Dreijährige das Wort *Schokolade* ausspricht, erfordert das eine komplizierte Abstimmung der Atmung mit der Zungen- und Lippenstellung. All das muss gelernt werden. Keine dieser Fähigkeiten ist angeboren. Und noch viel mehr lernen Kinder bis zu ihrem dritten Lebensjahr – beiläufig. Dabei steht das Lernen selbst nicht im Fokus.

„Die Dinge aber erziehen uns durch die Erfahrung, die wir mit ihnen machen, und durch die Anschauung."
(Jean-Jacques Rousseau)

Ein Baby versucht seine ersten Schritte nicht, um laufen zu lernen, sondern um von der Bank zum Tisch zu gelangen, weil dort vielleicht ein Kuscheltier liegt. Ein Kind spielt immer wieder „Kuckuck, da bin ich!", weil es ihm einen Riesenspaß macht, und nicht, weil es das Ziel verfolgt, seine sozialen Fähigkeiten auszubauen. Es formt Wörter und erste Sätze, weil es sich mit seinen Wünschen verständlich machen möchte. Beiläufiges Lernen ist also im Gegensatz zum intentionalen Lernen ein Nebenprodukt des Handelns des Kindes.

intentionales Lernen: planmäßiges, beabsichtigtes Lernen

Unser Leben lang lernen wir beiläufig. In den ersten drei Lebensjahren ist es jedoch die Hauptform des Lernens und meist in Spielhandlungen eingebettet. Das unterstreicht auch die Wichtigkeit des Spiels in jungen Jahren.

Dennis (1;3) interessiert sich für die reflektierenden Eigenschaften des Löffels: Kinder erlernen ständig und nebenbei, das, was sie interessiert.

Prüfen Sie Ihr Wissen:

1. Beschreiben Sie Unterschiede beim Lernen von Erwachsenen und von Kindern im Alter unter drei Jahren.

2. Nennen Sie je ein Beispiel für etwas, das beiläufig im ersten, zweiten und dritten Lebensjahr gelernt wird.

3. Mit 1½ Jahren kann ein Drittel der Kinder ein Auto von einem Motorrad unterscheiden, mit 2½ Jahren ist es über die Hälfte der Kinder. Was hat das mit dem Lernen zu tun?

2.2 Die Schatztruhe füllen – Weltwissen entsteht

Warum müssen Babys eigentlich so viel lernen? Oder anders gefragt: Warum können sie nur so wenig, wenn sie geboren werden? Manche Tierarten können sich sofort nach der Geburt in ihrer Umwelt allein zurechtfinden und versorgen. Menschenkinder dagegen kommen – bis auf ein paar Reflexe – hilflos zur Welt und sind viele Monate lang auf die Unterstützung anderer angewiesen. Was als Nachteil erscheint, ist tatsächlich ein Vorteil. Die Natur hat uns zwar nicht mit vielen Verhaltensweisen ausgestattet, die wir bereits nach der Geburt beherrschen, aber mit etwas viel Wertvollerem: Mechanismen zum Erlernen von Verhaltensweisen. So sind wir in der Lage, nicht nur Verhaltensweisen zu lernen, die allgemein für Menschen nützlich sind, sondern können insbesondere auch jene lernen, die zu jedem einzelnen Menschen in seiner ganz konkreten Umgebung passen. Beispielsweise sind für ein kleines Mädchen aus der amerikanischen Oberschicht ganz andere Verhaltensweisen sinnvoll als für einen kleinen Jungen im Bürgerkriegsgebiet. Mutter Natur gibt uns mit den Lernmechanismen nicht einen Fisch in die Hand, der uns ein Mal satt macht, sondern eine Angel zum Fischen.

„Gib mir einen Fisch und ich bin einen Tag lang satt. Gib mir eine Angel und ich muss nie wieder hungern."
(chinesisches Sprichwort)

Für Menschenkinder gibt es demnach viel zu lernen, bevor sie einigermaßen selbstständig in ihrer Umwelt zurechtkommen. Es gilt, die Regeln ihrer Welt zu erkennen (nicht nur die der Berliner S-Bahn), um Geschehnisse vorauszusehen und darauf vorbereitet zu sein. Es gilt, das Greifen, Stehen und Laufen mit den vorhandenen, ständig wachsenden Knochen und Muskeln auszutarieren. Es gilt, soziale Situationen zu erfassen, um die Unterstützung anderer in den ersten hilflosen Jahren sicherzustellen. Es gilt, zu kommunizieren, also die Sprache, Zeichen, Gestik und Mimik der Mitmenschen zu verstehen und sich selbst damit auszudrücken. All das braucht ein Menschenkind, um sich in seiner Welt sicher zu bewegen.

Gehirnentwicklung

Für das Entstehen von Verbindungen im Gehirn sind die ersten drei Jahre eine besondere Zeit. Bei der Geburt sind bereits fast alle Nervenzellen vorhanden. Die Zahl der Verbindungen zwischen ihnen nimmt jedoch bis zum zweiten Lebensjahr deutlich zu. Es entsteht ein gleichmäßiges, dichtes Netz. Impulse aus einer Nervenzelle werden in alle Richtungen weitergeleitet. Doch damit ist dann Schluss.

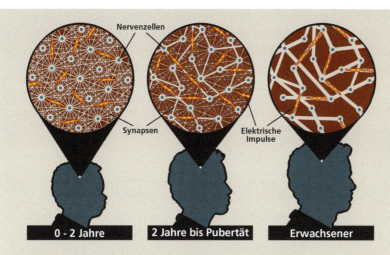

Nervenzellen und ihre Verbindungen im Laufe der Gehirnentwicklung

Das Gehirn löst die Aufgaben, die ihm seine Umwelt stellt. Es erkennt Gesichter, bewegt gezielt Arme und Beine, spezialisiert sich auf die Muttersprache. Das führt dazu, dass jene Verknüpfungen zwischen den Nervenzellen verstärkt werden, die häufig gebraucht werden. Andere Verbindungen hingegen verkümmern oder sterben ab, weil sie nicht benötigt werden. Das Gehirn entwickelt sich, indem es zunächst sehr viele Verbindungen anlegt. Jene, die sich als wichtig herausstellen, werden ausgebaut; die unwichtigen abgeschafft. Nach der Pubertät steht dem Erwachsenen dann mehr oder weniger nur noch das bis dahin ausgebildete Netz zur Verfügung, wie im rechten Bild dargestellt. Dieser „Wegeplan" ist nun individuell an die jeweilige Umwelt des Menschen angepasst.

Der ganze Entwicklungsprozess gleicht einer kostspieligen, aber sehr effektiven Art und Weise, ein Schienennetz auszubauen. Schienen und Trassen werden zunächst zwischen allen Ortschaften angelegt, egal, wie klein diese und wie bedeutend die Verbindungen zwischen ihnen sind. Die Reisenden, in dem Falle die Informationen, die von einer Nervenzelle zur nächsten geschickt werden, können somit in alle Richtungen fahren. Auf der Strecke des Zuges, in den viele Passagiere einsteigen, wird die Linienführung ausgebaut, bald gibt es zahlreiche Hochgeschwindigkeitszüge. Dort, wo wenige Fahrgäste unterwegs sind, gibt es ab und zu mal eine Bummelbahn. Strecken, für die sich keine Passagiere finden, werden stillgelegt. Es entsteht ein Verkehrsnetz, das an die Bedürfnisse der Fahrgäste angepasst ist.

Der Blick auf die Gehirnentwicklung von Kindern unter drei Jahren hat immer wieder die Gemüter erhitzt. Nicht der Fakt, dass die ersten Jahre für die Gehirnentwicklung fundamental sind. Darin herrscht Einigkeit. Die Gemüter erhitzen sich an der Frage, was das zu bedeuten hat. Heißt es, dass nach dem dritten Lebensjahr alle Weichen schon gestellt sind? Nein, das heißt es nicht. Lernen findet während der gesamten Kindheit statt und darüber hinaus ein ganzes Leben lang. So können im Gehirn immer neuer Pfade angelegt werden, jedoch werden mit zunehmendem Alter größerer Aufwand und mehr Zeit nötig.

Noch vor wenigen Jahren haben Bildungsverantwortliche gefragt: „Was hat denn das Gehirn mit dem Lernen zu tun?" Diese Zeiten sind vorbei.

Damit sich ein Kind in seiner Welt zurechtfindet, häuft es schon in den ersten drei Jahren eine Menge Wissen an. Dieses Wissen kommt in unterschiedlichen Bereichen zum Einsatz, wird auf verschiedenen Wegen gelernt und im Gehirn auch an unterschiedlichen Orten gespeichert.

Wissen lässt sich in verschiedene Kategorien untergliedern, wie die nachfolgende Tabelle zeigt.

Arten des Wissens und wie es erworben wird

Arten des Wissens			Beispiel	Lernen erfolgt durch …
episodisches Wissen	wissen, was	Einzelnes	Ich saß auf der Ladefläche des Traktors und Papa neben mir.	persönliche Bedeutsamkeit.
singulär semantisches Wissen			Konkretes benennen/erkennen: „Opa Toni, da!"	häufige Wiederholung.
allgemein semantisches Wissen		Verallgemeinertes	Die Dinge in der Keksdose schmecken gut.	Erfahrungen mit vielen Objekten dieser Gruppe.
prozedurales Wissen	wissen, wie		Wenn man den Becher langsam kippt, kommt immer mehr Trinken nach; wenn man zu schnell kippt, wird man nass.	Üben – beiläufig oder absichtlich.

Das **singulär semantische Wissen** umfasst Einzelheiten, die miteinander verknüpft sein können. Mit diesen Wissensbestandteilen kann man sich austauschen, auch wenn es augenblicklich nicht im Blickfeld ist. So kann ein Kind auch dann über den Opa reden, wenn dieser nicht anwesend ist. Zum Beispiel dass er einen großen Rasenmäher gekauft hat, auf dem man sitzen kann. Das singulär semantische Wissen schließt Namen und Eigenschaften von Dingen und Menschen ein.

extrahieren: etwas aus einer Mischung herausziehen

Das **allgemein semantische Wissen** beinhaltet alle extrahierten Regeln, die aus wiederkehrenden Erfahrungen gewonnen wurden. Es ist die Basis für das erlebte Weltwissen und hilft dabei, dass sich ein Kind in seiner Umwelt auskennt. Ein Beispiel: Rasenmäher sind laut und Kinder dürfen sie nicht allein benutzen.

„Was man lernen muss, um es zu tun, das lernt man, indem man es tut." (Aristoteles)

Das **prozedurale Wissen** besteht aus durchführbaren Handlungsabläufen, die durch mehrmaliges Üben gelernt werden, beispielsweise aus einem Becher zu trinken oder sich an einen Rasenmäher heranzuschleichen. Mit prozeduralem Wissen kann ein Kind die Umwelt beeinflussen und sich in ihr bewegen.

Das **episodische Wissen** umfasst die persönlichen Geschichten, also Erlebnisse und einzelne bedeutsame Erfahrungen. Diese Versatzstücke aus der Vergangenheit bilden die Bausteine für die Zukunftspläne einer Person.

Lernen mit Bildschirmen

Kinder unter drei Jahren sollen weder Fernsehen noch mobile Mediengeräte, wie Smartphones oder Tablets, nutzen, empfiehlt der Medienratgeber „SCHAU HIN! Was dein Kind mit Medien macht". Andere Stimmen meinen, Bildschirmmedien seien aus unserem Leben nicht mehr wegzudenken, deshalb sollten Kinder den sinnvollen Umgang damit möglichst früh erlernen.

Ganz wichtig bei der Diskussion ist es, die Altersgruppe der Mediennutzer zu beachten. Wenn PCs am Arbeitsplatz unentbehrlich sind, heißt das noch nicht, dass sie es auch an der Wiege sind. Hier geht es um die Kinder im Alter von unter drei Jahren. Das Leben hält für sie ganz bestimmte Entwicklungsaufgaben bereit, die mit Bildschirmmedien nicht bewältigt werden können.

Bildschirme und motorische Entwicklung

Wenn Kleinkinder vor Bildschirmen sitzen oder liegen, wird ihre Körpermotorik nicht herausgefordert. Zwar werden für das Wischen und Tippen an Smartphone und Tablet Hand- und Fingermotorik gebraucht. Diese Bewegungen sind für Kleinkinder (übrigens auch für Hunde und Katzen, für die es eigene Apps gibt) allerdings leicht zu lernen. Es sind keine motorischen Meisterleistungen. Eine halbe Stunde vor dem Bildschirm unterstützt auf diese Weise weniger die Hand- und Fingermotorik als eine halbe Stunde Spielen mit Bausteinen oder Puppen.

Bildschirme und sprachliche Entwicklung

Kinder im Alter von unter drei Jahren lernen Sprache nicht von Bildschirmen. Sie lernen Sprache nur in der Interaktion mit jemandem, der zu ihnen spricht. Das Sprechen kann auch medial vermittelt sein, beispielsweise durch Videotelefonie. Aber es darf keine Einbahnstraße sein. Die Kommunikation muss gezielt auf das jeweilige Kind ausgerichtet sein und damit einen echten gemeinsamen Austausch, ein echtes Aufeinandereingehen darstellen. Sobald eine Abstimmung der beiden Akteure fehlt und die Sprache nur aus der Konserve kommt, kann ein Kind nicht daraus lernen. Kleinkinder sind darauf angewiesen, dass ihre Aufmerksamkeit in der Interaktion auf das Wichtige der Situation gelenkt wird. Eine halbe Stunde vor dem Bildschirm unterstützt die sprachliche Entwicklung daher nicht.

Bildschirme und Selbststeuerung

Bildschirme fesseln die Aufmerksamkeit der Kinder, sie lenken ab und unterhalten. Dies wird oftmals dazu genutzt, kleine Kinder während langer Fahrten oder im Restaurant „ruhigzustellen". Im englischen Sprachraum gelten mobile Mediengeräte deshalb auch als *Shut Up Toys*. Doch Kleinkinder müssen auch lernen, ihr Verhalten der Situation anzupassen, selbst wenn Situationen manchmal etwas anderes fordern, als sie gerade mögen. Man spricht hier von Selbststeuerung. Wenn immer gleich ein *Shut Up Toy* zur Hand ist, gibt es bald immer weniger Situationen, in denen sich das Kind anpassen und die Selbststeuerung lernen kann. Das hat möglicherweise längerfristig negative Folgen.

Shut Up Toy: Halte-den-Mund-Spielzeug

Kinder im Alter von unter drei Jahren lernen von Bildschirmen nicht in gleichem Maße wie in der realen Welt. Mehr noch: Es verdrängt wichtige Erfahrungen mit echten Dingen und echten Menschen. Daher zeugt es von Professionalität und Kompetenz, wenn Erwachsene Kleinkindern viele positive Erfahrungen mit realen Gegenständen in der realen Welt ermöglichen und den Kontakt mit virtuellen Welten beschränken.

Pascal füllt seine Weltwissensschatztruhe.

Prüfen Sie Ihr Wissen:

1. Begründen Sie, warum Kinder überhaupt viel lernen müssen.

2. Wie entwickelt sich die Anzahl der Nervenzellen und ihrer Verbindungen (Synapsen) von der Geburt bis zur Pubertät?

3. Nennen Sie mindestens drei verschiedene Arten von Wissen. Finden Sie dazu jeweils ein Beispiel, das nicht schon im Buch erwähnt wurde.

4. Welche Art des Wissens wird durch persönliche Bedeutsamkeit gelernt? Welche durch viele Erfahrungen mit bestimmten Objekten?

5. Sehen Sie sich das Foto „Pascal füllt seine Wissensschatztruhe" oben an und überlegen Sie, welches Wissen sich der kleine Junge in diesem Augenblick aneignet.

2.3 Lernen ist kinderleicht – Hilfsmittel kindlichen Lernens

Damit Kleinkinder ihr Lernpensum auch bewältigen können, sind sie mit wertvollen Hilfsmitteln ausgestattet, die in der folgenden Tabelle aufgelistet werden. Diese Hilfsmittel und Mechanismen sorgen dafür, dass der Mensch nach der Geburt zwar nicht sofort loslaufen, aber sofort loslernen kann.

Der Mensch lernt bereits vor der Geburt. Babys entwickeln schon im Mutterleib Vorlieben und Abneigungen.

Hilfsmittel kindlichen Lernens

Hilfsmittel zum Lernen	sorgt für	Erkennungsmerkmal
Vermeidung von Überforderung	Herausforderung	Babys bevorzugen Bekanntes (z. B. Geschmack, Geräusch).
Vermeidung von Langeweile		Babys beachten Neues gezielt.
Kindchenschema	soziale Unterstützung	Erwachsene und andere Kinder finden die Kleinen niedlich und anziehend.
Weinen		Erwachsene versuchen, zu helfen.
frühes Verstehen sozialer Hinweisreize	Lernen ohne Anleitung	Babys können Handelnde und deren Absichten deuten.
Nachahmen		Babys kopieren Verhalten unaufgefordert.
Versuchs- und Irrtumslernen		Babys probieren unermüdlich, bis das, was sie erreichen möchten, klappt. Dieses Verhalten behalten sie dann bei.
Mustererkennung		Menschen filtern Regeln aus Umweltreizen heraus. Babys können das besonders gut.

Kinder suchen sich selbst Herausforderungen

Babys mögen das, was sie schon kennen. Sie wählen lieber Nahrung mit dem bekannten Geschmack. Sie hören lieber die Muttersprache als andere Sprachen und auch lieber die Stimme der Mutter als andere Stimmen. Damit meiden sie – wenn auch nicht bewusst – Situationen, die möglicherweise beängstigend sind. Aber Langeweile mögen Babys auch nicht. Auf dem sicheren Schoß einer bekannten Bezugsperson erkunden sie die unbekannten Facetten der Welt: Sie hören besonders auf die neuen Sprachen, die neuen Stimmen, sie betrachten die neuen Muster und die unerwarteten Szenen. Babys zu langweilen, ist ein beliebtes Versuchsdesign der Säuglingsforschung (vgl. Kap. 1.7, S. 35 f.). Dafür bekommen die Kleinen immer wieder dieselbe Szene zu sehen oder dieselben Klänge zu hören, bis sie sich langweilen. Wenn es dann aber etwas Neues zu sehen oder zu hören gibt, wird das Interesse wieder geweckt. Das passiert allerdings nur, wenn das Neue für das Kleinkind wirklich neu ist. Weil Babys noch nicht sagen können: „Das finde ich jetzt aber interessant!", nutzen Forscher stellvertretend dafür die Orientierungsreaktion.

Orientierungsreaktion: ein Kind lenkt seine Aufmerksamkeit auf etwas Neues, es orientiert sich.

Ein drei Monate altes Mädchen beim Habituationsexperiment. Im ersten Foto (oben links) sieht es ein neues Bild vor sich. Es schaut interessiert darauf. Im Laufe der Zeit verliert es das Interesse daran. Erst im letzten Foto (unten rechts) erscheint ein neues Bild vor ihm.

Mihaly Csikszentmihalyi gab seinem Buch „Das flow-Erlebnis" den Untertitel „Jenseits von Angst und Langeweile". In diesem Bereich finden nicht nur die Jüngsten beste Lern- und Wohlfühlbedingungen.

Mit der Vorliebe des Bekannten und der Abneigung gegen Langeweile bringen sich die Kleinen selbstständig in einen ungefährlichen, aber herausfordernden Lernbereich. Damit schaffen sie für sich selbst die besten Lernbedingungen – jenseits von Angst und Langeweile.

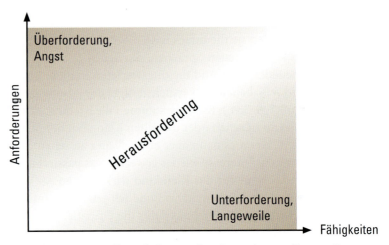

Lernen kann man nur an Herausforderungen, jenseits von Angst und Langeweile.

Kindern wird gern geholfen

Kindchenschema

Kleine Kinder sehen so süß aus. Das finden nicht nur deren Mütter. Schönheit liegt zwar immer im Auge des Betrachters, doch Kinder haben einen Vorteil: Ihr Äußeres folgt dem sogenannten Kindchenschema. Das heißt, der typische Kleinkindkopf ist voller Schlüsselreize: Die großen, runden Augen zusammen mit der kleinen Nase, dem kleinen Kinn und der hohen Stirn lösen im Betrachter Schutz- und Pflegeverhalten aus. Wenn Erwachsene ein Gesicht mit den Merkmalen des Kindchenschemas sehen, verhalten sie sich beschützender, fürsorglicher und weniger aggressiv.

Das Kindchenschema ist keine Erfindung der Anthropogenese. Es findet sich auch im Tierreich: Ein junges Kätzchen, ein Welpe und selbst ein kleines Vögelchen aktivieren den Beschützerinstinkt. Einem kleinen Wesen, ausgestattet mit den Merkmalen des Kindchenschemas, fällt es leichter, soziale Unterstützung sowie Ansprache anderer zu bekommen. Nützlich ist das nicht nur für das Überleben, sondern auch für das Lernen. Das Kleinkind ist zum Beispiel darauf angewiesen, dass mit ihm gesprochen wird, um seine Muttersprache zu erlernen.

Anthropogenese: Entwicklung zum Menschen

Das Kindchenschema

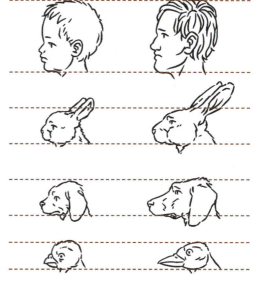

Das Kindchenschema im Verhältnis zu einem artverwandten älteren Tier

Kindchenschema in Comics

Das Kindchenschema löst den Beschützerinstinkt aus. Weil es so gut funktioniert, werden Frauen, beispielsweise in Comics, oft mit übertriebenem Kindchenschema dargestellt.

Weinen

Soziale Unterstützung erweckt das Kleinkind nicht nur durch sein Aussehen, sondern auch durch sein Weinen. Selbst wer keine Kinder hat, würde eine Menge dafür tun, dass ein weinendes Kind sich wieder beruhigt. Das Weinen eines Kindes lässt niemanden kalt. Das wissen die Mitfahrer im Zugabteil, Nachbarn hinter hellhörigen Wänden und besonders auch die Eltern des Kindes, die sich für das „Abstellen" des Schreiens verantwortlich fühlen. Abgesehen von den Problemen, die das Weinen der Kleinen für die Großen mit sich bringt, ist genau dies ein wirksamer Mechanismus, damit Kleinkinder soziale Unterstützung heraufbeschwören. Auch das funktioniert artübergreifend: Immer wieder wird berichtet, dass Muttertiere, zum Beispiel weibliche Schafe, weinenden Menschenbabys zu Hilfe eilen.

Kleinkinder sind hilflose Wesen. Aber mit ihrem Aussehen und Weinen schaffen sie es, uns Erwachsene für ihre Zwecke einzuspannen. Ein kurzer Blick, ein entschiedener Fingerzeig und schon springen wir. Während der eigene Körper noch nicht so funktioniert, schaffen es die Kleinen, sich der Möglichkeiten der anderen zu bedienen. Um beispielsweise zu beobachten, wie ein Löffel immer wieder herunterfällt, wird auch jemand gebraucht, der ihn immer wieder aufhebt. Und das tun wir, öfter als es uns selbst lieb ist. Dass Kleinkinder uns dazu bringen können, kommt auch ihrem Lernen zugute. Schließlich bedarf sowohl die genaue Beobachtung als auch die Ableitung von Mustern und Regeln der Wiederholung.

Absichten verstehen

Doch die Kleinen haben mehr als nur Zuckerbrot (das niedliche Aussehen) und Peitsche (das nervige Weinen), um andere zum Helfen zu verführen. Sie beginnen schon früh, die Intentionen anderer zu verstehen. Dazu wurde ein Experiment durchgeführt, in dem neun Monate alte Säuglinge, wie oben schon einmal beschrieben, erst einmal gelangweilt wurden. Immer wieder sahen sie einen kurzen Trickfilm, in dem ein kleiner Kreis über ein Hindernis springt und dann bei einem großen Kreis liegenbleibt. Dann aber kam ein neuer Trickfilm, wieder mit dem großen und dem kleinen Kreis, jedoch diesmal ohne Hindernis.

Mehrere Säuglinge sind während des Experiments eingeschlafen. Sie standen somit der Forschung an dieser Stelle nicht mehr zur Verfügung.

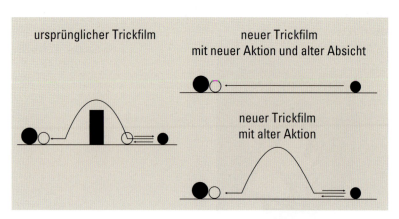

Der ursprüngliche Trickfilm und die beiden Varianten der neuen Trickfilme

Die Säuglinge, die im zweiten Schritt den kleinen Kreis einfach zu dem großen Kreis hinrollen sahen, waren eher gelangweilt. Das schien ihnen offenbar klar zu sein: Der kleine Kreis will zum großen. Aber so klar ist das nicht. Nur wenn die Säuglinge die Absicht des Kreises (zum großen Kreis zu wollen) verstanden haben, langweilte das Hinrollen sie. Andere Säuglinge sahen nach dem ersten Film eine geringfügig andere Szene: Der große Kreis hüpfte auf derselben Bahn wie zuvor durch die Luft – diesmal allerdings ohne ein Hindernis, er sprang also grundlos. Diese Szene betrachteten die Säuglinge aufmerksamer. Vor dem Hintergrund der Absicht (zum großen Kreis zu wollen) war das hüpfende Verhalten des kleinen Kreises unerwartet und neuartig. Neun Monate alte Säuglinge verstehen demnach die Absichten anderer Akteure. Das ist äußerst hilfreich, denn wer andere versteht, kann sie besser für seine Zwecke einspannen. Wer andere versteht, weiß auch, wann es sich lohnt, sich für etwas einzusetzen.

Das belegt ein weiteres Experiment mit neun Monate alten Säuglingen. Sie bekamen von einer Versuchsleiterin verschiedene Spielzeuge gereicht. Doch immer mal wieder kam ein Spielzeug nicht zum Kind. Entweder, weil es die Versuchsleiterin offensichtlich nicht wollte und lieber selbst mit dem Spielzeug spielte. Oder weil die Versuchsleiterin es nicht zum Kind bringen konnte, weil sich das Spielzeug in einem Glasgefäß befand und sie nicht heranreichte. War die Versuchsleiterin nicht fähig, dem Kind das Spielzeug zu geben, verhielten sich die Säuglinge geduldiger. War sie dagegen nicht willig, dem Kind das Spielzeug zu überlassen, so waren sie unzufriedener. Sie zeigten das durch Greifbewegungen zum Spielzeug hin und durch Klopfen auf den Tisch. Schon mit neun Monaten also lernen die Kleinen, die „Bedienungsanleitung" für ihre Mitmenschen zu verstehen: Sie erkennen ihre Absichten und wissen, zu beeinflussen. Das hilft ihnen, sich in ihrer sozialen Umwelt zurechtzufinden. Sie können dadurch ihre eigenen Möglichkeiten mithilfe anderer erweitern.

Kinder brauchen keine Anleitung

Nachahmen

Die Intentionen der Mitmenschen verstehen zu können, hat einen weiteren großen Vorteil für das Lernen: Wer Intentionen erfasst, ohne dass sie erklärt werden müssen, kann schon vom Zuschauen den Sinn einer Handlung erkennen. Mit Erklärungen („Der kleine Kreis ist gerne bei dem großen.") wäre ein Säugling überfordert. Wären die Kleinen beim Lernen auf Erläuterungen angewiesen, gäbe es kein Lernen, bevor sie nicht ein solides Sprachverständnis (Was ist ein Kreis? Was bedeutet *gerne*?) entwickelt hätten. Doch wie sollte das Kind zu diesem Sprachverständnis kommen, wenn es dafür schon komplizierte Erklärungen verstehen müsste?

Es ist also gut, dass Kinder beim Lernen nicht auf Beschreibungen angewiesen sind. Sie haben Hilfsmittel zum Lernen ohne Instruktion. Sie sind geborene Nachahmer: Kleinkinder imitieren die Menschen und deren Handlungen in ihrer Umgebung. Schon wenige

Erziehung ist zwecklos. Kinder machen alles nach.

Dass Kleinkinder mit Erklärungen überfordert sind, hält Erwachsene meist nicht davon ab, Sachverhalte zu erläutern. Dies kommt jedoch dem Sprachverständnis und dem Wortschatz der Kleinen entgegen.

Tage nach der Geburt können Babys Erwachsene nachahmen: Sie strecken zum Beispiel die Zunge heraus oder öffnen den Mund, wenn der Erwachsene dies in ihrem Sichtfeld vorführt. Sie sind aber auch clevere Nachahmer, besonders dann, wenn sie Intentionen verstehen können. In einem Experiment sehen Einjährige einen Erwachsenen, der eine Lampe mit der Stirn anschaltet. In der einen Version hat die Frau dabei keine Hand frei, da sie eine Decke festhält, die sie um ihre Schultern gelegt hat. In einer anderen Version sind die Hände frei. Und nun passiert das Erstaunliche: Sehen die Kleinen die Version mit den freien Händen, betätigen sie die Lampe eher mit der Stirn. Sehen sie die andere Version, nutzen sie vermehrt ihre Hände zum Einschalten des Lichtes. Sie haben die Intention erkannt: Das Licht soll leuchten und muss angeschaltet werden. Da die Frau aber keine Hand zur Verfügung hat, behilft sie sich anders. Das Kleine hat aber die Hände frei und nutzt diese.

Experiment: Licht einschalten

Das Experiment zeigt eine Meisterleistung kindlichen Nachahmens. Die Handlung des Erwachsenen wird beobachtet. Die Intention, das Licht einzuschalten, wird verstanden. Die Einschränkung, dass keine Hand frei ist, wird bemerkt. Beim Nachahmen lassen sich die Kleinen jedoch selbst nicht behindern. Weil sie ihre Hände frei haben, nutzen sie sie auch. Sie imitieren die intentionale Handlung, nicht die Ausführung.

„Kinder haben den Älteren noch nie besonders gut zugehört, aber sie versäumen es nie, sie nachzuahmen."
(James Baldwin)

Nicht für jeden ist das mit dem Nachahmen so einfach.

Kinder sind clevere Nachahmer. Sie verstehen auch Intentionen.

Neurowissenschaftliche Studien werfen Licht auf die Mechanismen, die dem Nachahmen zugrundeliegen: Wenn 14 Monate alte Babys sehen, wie ein Erwachsener mit der Hand auf ein Spielzeug drückt, wird das Handareal des Babygehirns aktiviert. Drückt der Erwachsene mit dem Fuß, zeigt der Bereich für die Füße mehr Aktivierung. Diese Aktivierungen kommen allein durch das Zuschauen zustande, ohne dass das Baby selber die Hand oder den Fuß bewegt.

Kinder machen alles nach.

63

Affen äffen nach?
Menschenkinder sind die besseren Imitatoren!

Als Donald Kellogg zehn Monate alt war, bekam er eine kleine Schwester: die sieben Monate alte Gua, eine Schimpansin. Auf Initiative des Vaters und Wissenschaftlers Winthrop Kellogg wurden die beiden Kleinen in der Familie völlig gleich behandelt. Sie wurden gleich angezogen, gebadet, gefüttert und erzogen. Winthrop Kellogg wollte herausfinden, wie viel Mensch aus einem Affenbaby werden kann, wenn es wie ein Menschenbaby aufwächst. Tatsächlich lernte Gua menschliche Verhaltensweisen. Und Donald lernte auch von Gua: Er kopierte nicht nur Spiele, sondern auch Guas „Sprache". Er nutze ihren Futterruf und bat jeweils mit Keuchlauten um eine Orange. Mit anderthalb Jahren sprach Donald erst drei Worte. Zu diesem Zeitpunkt wurde das Experiment abgebrochen. Kritiker kommentierten, Winthrop Kellogg wolle aus einem Affen einen Menschen machen und mache dabei aus einem Menschen einen Affen. Das Menschenbaby war einfach zu gut im Nachahmen.

Donald und Gua beim Ballspiel

Übrigens: Donald Kellogg holte seinen Rückstand in der Sprachentwicklung schnell auf, studierte später Medizin und wurde Psychiater.

Versuch-Irrtum-Lernen

Jonas kann noch nicht sicher laufen. Er stolpert. Erzählen Sie ihm als Hilfestellung etwas über Gewichtsverlagerung und Fußabrollbewegungen? Marie schnappt ein neues Wort auf. Sie sagt: „Dadel", und hält stolz die Gabel in die Höhe. Würden Sie ihr erklären, dass sie für den *g*-Laut die Zunge nach hinten fallen lassen muss und für den *b*-Laut die Lippen schließen soll bei gleichzeitigem Luftstrom durch den Mund? Unsere Hilfestellungen beim Sprechen wie beim Laufen verraten viel über das Lernen solch komplexer Fertigkeiten.

„Die Menschen, die den richtigen Weg gehen wollen, müssen auch von Irrwegen wissen."
(Aristoteles)

Wir regen an, weiter zu probieren. Niemand käme auf die Idee, mit Gaumenstellung des Artikulationsapparates oder Winkelgrad des Fußes zu argumentieren. Es ist auch nicht nötig. Solche Dinge werden durch Versuch und Irrtum gelernt.

Das Prinzip des Versuch-Irrtum-Lernens (englisch *trial and error*) wurde erstmals vom Psychologen Edward Thorndike untersucht. Er steckte Katzen, Hunde und Hühner in verschiedene Käfige, die sich auf bestimmte Art und Weise öffnen ließen. In einem Käfig musste das Tier eine Art Knopf drücken, in einem anderen an einer Schlaufe ziehen. Letztlich gab es sogar einen Käfig, der genau dann geöffnet wurde, wenn die Katze anfing, sich zu putzen, oder wenn das Huhn seine Federn mit dem Schnabel ordnete. Die Tiere hatten keine Chance, den Mechanismus zu verstehen, der letztendlich zur Öffnung des Käfigs führte. Doch die meisten Tiere, besonders die jungen hungrigen Katzen, schafften es irgendwann durch Zufall, den Käfig zu öffnen. Wurden sie später wieder in diesen Käfig gesetzt, stellten sich die Tiere schon besser an. Je öfter sie in dem Käfig saßen, desto früher gelang es ihnen, sich zu befreien. Ein fünf Monate altes Kätzchen brauchte in dem Käfig mit einer Schlaufe beim ersten Versuch fast drei Minuten, ab Versuch 15 nur noch zehn Sekunden oder weniger. Es hatte gelernt, indem es so lange versucht und geirrt hatte, bis der Käfig schliesslich aufging. Die erfolgreiche Strategie wurde dann beibehalten und perfektioniert.

Das Lernen durch Versuch und Irrtum funktioniert, indem man irgendetwas probiert und danach bewertet, wie nah man damit dem gewünschten Ziel gekommen ist. So haben die Tiere gelernt, Thorndikes Käfige zu öffnen. So lernt auch der Säugling Jonas, seine Arme und Beine zielgerichtet zu bewegen oder bestimmte Laute von sich zu geben. Beim Brabbeln oder Lallen (z. B. „wa, wa" oder „ga, ga") formt er unterschiedliche Laute und Lautkombinationen. Damit erkundet er die Möglichkeiten des komplizierten, kaum erklärbaren Zusammenspiels von Lippen, Zunge und Kehlkopf.

Mustererkennung

Kleine Kinder sind begabte Nachahmer und unermüdlich beim Versuch-Irrtum-Lernen. Sie haben aber noch ein Ass im Ärmel: Sie sind gute Mustererkenner. Das müssen sie auch. Stellen Sie sich vor, Sie probieren zum ersten Mal eine Spielkonsole aus. Sie drücken auf *Start* und eine Folge verschiedener, Ihnen unbekannter Geräusche und bunter, bewegter Bilder strömt auf Sie ein. Es ist ein heilloses Durcheinander. Ständig verändert sich etwas. Ob Sie diese Szenen durch Ihr eigenes Zutun verändern, wissen Sie nicht. Sie können (noch) keinen Sinn in den Geräuschen und Bildern erkennen. Ungefähr so dürfte ein Neugeborenes unsere Welt erleben. Ihnen könnte eine Bedienungsanleitung helfen, bevor Sie zur Spielekonsole greifen. Oder auch jemand, der Ihnen erklärt oder zeigt, wie alles funktioniert. Diese Optionen hat ein Neugeborenes nicht. Es gibt keine Gebrauchsanweisung, selbst wenn, könnte es diese nicht verstehen. Das kleine Kind muss sich selbst helfen. Das tut es, indem es die Muster herausfiltert, mit denen die Geräusche, Bilder,

Artikulationsapparat:
Artikulation bezeichnet den Vorgang, durch den aus Stimmgeräuschen die Wörter einer Sprache geformt werden. Zum Artikulationsapparat gehören Lippen, Zunge, Zähne, Kiefer und Gaumen.

„Never will you get a better psychological subject than a hungry cat."
(Edward Thorndike)

Sogar Programmierer nutzen trial and error unter dem Namen evolutionäre Algorithmen. Dabei produzieren Computerprogramme zufällige Lösungen. Die besten werden erneut durch bis eine befriedigend gute Lösung herauskommt. Elektrotechniker sind stolz darauf, nun auch schon einen Roboter entwickelt zu haben, der durch trial and error lernt – fast wie ein Kind.

Gerüche und Empfindungen zusammen oder nacheinander auftreten. Zwei Dinge, die immer nacheinander auftreten, werden zu einem zusammengefasst.

Das können schon die ganz Kleinen. Bei Säuglingen, die nur wenige Tage alt waren, wurde dies in einer Untersuchung nachgewiesen. In ihrem Sichtfeld präsentierten sich vier verschiedene Formen, die einem logischen Muster folgten:

Musterabfolge, aus der Säuglinge im Experiment Regelmäßigkeiten erkennen.

„Im Grunde ist jedes Gehirn ein Gerät zur Antizipation."
(Daniel C. Denett)

Nach dem Quadrat kommt immer ein X, nach dem Kreis ein Dreieck. Auch in diesem Versuch wurden die Formenabfolgen so lange präsentiert, bis sich die Babys langweilten. Wurden daraufhin Formen gezeigt, die das Muster verletzten (z. B. nach dem Kreis ein Quadrat), dann betrachteten die Kleinen die Formen länger. Daraus kann geschlossen werden, dass schon kleine Babys die Komplexität der Welt reduzieren, indem sie Zusammengehörendes zusammenfassen. So wurde nach wenigen Minuten aus den zwei Dingen Kreis und Dreieck ein Kreis-Dreieck-Verbund. So wurde wohl auch aus dem Dadüda und dem krachenden Rums der Berliner S-Bahn ein Verbund, mit der Folge, dass sich mein Sohn beim Rums nicht mehr erschreckte. Ebenso werden aus der Konstellation von Augen und Mund das Gesicht der Mutter und aus dem kontinuierlichen Lautstrom der Sprache Silben und schließlich verständliche Worte der Muttersprache. So wird aus den Geräuschen eines nahenden Autos und eines sich öffnenden Garagentors zur Abendzeit die Information „Papa kommt nach Hause". Schließlich wird irgendwann aus dem Chaos vieler bewegter Bilder und verschiedener Geräusche eine verstehbare Szene, zum Beispiel „Ich bin mit meiner Familie am Hauptbahnhof, am Gleis wird unser Zug angekündigt. Wir fahren wieder zu Opa Toni und ich darf dann den Rasenmäher schieben". Bis dahin ist es ein weiter Weg, doch das Transportmittel ist klar: das Erkennen von Mustern und anderen Regelmäßigkeiten. Überhaupt ist das eine Hauptfunktion des Gehirns: Die Vorhersage der Zukunft aus Mustern und das Treffen von Entscheidungen, die Wünschenswertes nach sich ziehen.

Konditionieren

Wer in älteren Psychologiebüchern den Begriff *Lernen* nachschlägt, wird auf jeden Fall auf das Themengebiet Konditionierung stoßen. Vor über 100 Jahren begann damit die Forschung zum Lernen bei Hunden.

Denken Sie einmal an Ihre Lieblingsspeise: frische Pasta aus dem Parmesanlaib vom Italiener um die Ecke, die Pralinen vom Konditor oder doch das saftige Steak? Läuft Ihnen gerade das Wasser im Munde zusammen? So ging es auch Pawlows Hund. Nur, dass der nicht direkt an seine Lieblingsspeise dachte. Aber wenn er sein Fressen bekam, erklang zuvor immer ein Glöckchen. Schon bald führte dieser Klang zum Speichelfluss, auch ohne das Futter in Sicht zu haben. Der Hund wurde konditioniert, das Glöckchen mit der bevorstehenden Fütterung zu verbinden. Man spricht hier von klassischem Konditionieren, oder anders gesagt, der Hund hat das Muster erkannt: Immer wenn es klingelt, gibt es etwas zu fressen.

Weitere Tierversuche folgten. Es blieb nicht nur dabei, Reflexe (wie den Speichelfluss) mit Belanglosigkeiten (wie klingenden Glöckchen) zu verknüpfen. Der nächste Schritt war die Beeinflussung des Verhaltens von Ratten. So stellte Skinner fest, dass bei Ratten zahlreiche Verhaltensweisen „erpresst" werden können, wenn diese nur hungrig genug sind und mit Futter belohnt werden. Vieles kann auch erzwungen werden, wenn man ihnen Elektroschocks gibt oder anderes Unangenehmes antut. Hier handelt es sich um operantes Konditionieren. Die Ratten lernten folgendes Muster: Bestimmte Verhaltensweisen gehen mit positiven Konsequenzen (Futter) einher. Andere Verhaltensweisen hingegen haben eine negative Konsequenz (Stromschläge) zur Folge. Und siehe da, die Ratten taten mehr vom einen und weniger vom anderen.

Manche glauben, dieses Konditionieren sei auch für Menschen geeignet. Schließlich funktioniert es. Aber es widerspricht dem menschlichen Autonomiebedürfnis. Es wird den Menschen und damit auch den Kindern nicht gerecht.

Prüfen Sie Ihr Wissen:

1. Kinder suchen sich selbst Herausforderungen. Nennen Sie ein Beispiel, wie sie Unterforderung und Überforderung vermeiden.

2. Kinder müssen umsorgt werden. Dafür hat die Natur sie mit besonderen Merkmalen ausgestattet. Nennen Sie mindestens zwei und begründen Sie, wie diese auch das Lernen der Kinder unterstützen.

3. Kinder können schon früh die Absichten von anderen erkennen. Wie haben Forscher das herausgefunden?

Vertiefung und Transfer

1. Kinder können auch ohne Anleitung lernen. Erklären Sie anhand eines Beispiels, warum das überaus nützlich ist.

2. Schildern Sie anhand eines Ihnen persönlich bekannten Beispiels, wie Kinder im Alter unter drei Jahren genau das lernen, was sie interessiert.

3. Was haben Sie in Ihrer bisherigen Ausbildung ohne Anleitung gelernt? Geben Sie jeweils ein Beispiel für das Nachahmen, das Versuch-Irrtum-Lernen und die Mustererkennung.

4. Beschreiben Sie eine der Arten des Konditionierens als Prozess der Mustererkennung. Überzeugen Sie einen fiktiven Lehrplanverantwortlichen davon, dass in Ihrer Ausbildung das Konzept der Mustererkennung wichtiger als das Konzept des Konditionierens ist.

5. David hat zu seinem ersten Geburtstag ein Tablet mit vielen lustigen Kinderspielen geschenkt bekommen. Jetzt verlangt er täglich mehrere Male nach dem Gerät. Die Mutter ist sich nicht sicher, wie sie mit dem Wunsch umgehen soll. Sie würde sich aber freuen, wenn David der Umgang mit dem PC später einmal leichter fällt als ihr selbst. Was raten Sie der Mutter?

Lesetipps

Zum Lernen junger Kinder
Pauen, S. (2006). *Was Babys denken: eine Geschichte des ersten Lebensjahres.* München: CH Beck.
- Die Autorin beschreibt anhand von vielen Experimenten die Denkentwicklung von Säuglingen im ersten Lebensjahr und verrät damit einiges über das Lernen in diesem Alter.

Largo, R. H. (2010). *Babyjahre: Entwicklung und Erziehung in den ersten vier Jahren.* München: Piper.
- Der Kinderarzt Remo Largo beschreibt in seinem Standardwerk die frühkindliche Entwicklung in den ersten vier Lebensjahren. Neben medizinischen Aspekten, wie Wachstum und Schlafverhalten, geht es natürlich auch um das Lernen in verschiedenen Entwicklungsbereichen.

Neurowissenschaftliche Betrachtungen des Lernens
Braun, A. K. (2012). *Früh übt sich, wer ein Meister werden will – Neurobiologie des kindlichen Lernens.* München: Deutsches Jugendinstitut.
- Eine Expertise für Weiterbildner und pädagogische Fachkräfte im Kindergarten mit einem Überblick über die Funktionsweise des Gehirns und die neurowissenschaftliche Lernforschung (auch im Tierbereich).
- Übersichtliche Hinweise auf Literatur: Wer sich tiefer mit der Materie beschäftigen will, findet die Originalstudien.

Breitenstein, C. (2012). Lernen aus neurowissenschaftlicher Sicht: Von der Assoziation zur Kognition. *Diskurs Kindheits- und Jugendforschung, 7*(4), 405–418.
- Ein Artikel zum Thema „Lernen aus neurowissenschaftlicher Sicht".
- Geschrieben für den Wissenschaftler oder die pädagogische Fachkraft, die vor medizinischen Fachbegriffen nicht zurückschreckt.

Spitzer, M. (2002). Lernen: *Gehirnforschung und die Schule des Lebens.* **Heidelberg: Spektrum.**
- 500 Seiten zu den neurowissenschaftlichen Grundlagen des Lernens, wobei einzelne Kapitel auch für sich gelesen werden können.
- Wichtige einzelne Studien werden beschrieben, die die Funktionsweise des Gehirns verstehen lassen.
- Lehrreich, verständlich und amüsant geschrieben.

Kleine Kinder und Bildschirmmedien

Bleckmann, P. (2014). Kleine Kinder und Bildschirmmedien. *KiTa Fachtexte.*
- Frau Bleckmann beschreibt in diesem Kita-Fachtext das Konzept der Medienmündigkeit. Sie zeigt, wie die Kita dazu beitragen kann, indem sie ein Entwicklungsumfeld für ein Lernen mit allen Sinnen schafft und auch unsichere Eltern beraten kann.
- Wer vom Thema und dem ansprechenden Schreibstil der Autorin nicht genug kriegt, findet mehr in ihrem Buch.

Bleckmann, P. (2012). *Medienmündig: Wie unsere Kinder selbstbestimmt mit dem Bildschirm umgehen lernen.* **Stuttgart: Klett-Cotta.**
- Ein Buch für Eltern, Erzieherinnen, Lehrer und alle, die mehr über einen souveränen Umgang mit den Medien herausfinden wollen. Mit Checks, Tipps und Tricks für den Alltag.
- Klar, durchdacht und mit vielen Denkanstößen. Sehr gut zu lesen.

Spitzer, M. (2013). Wischen – Segen oder Fluch? Zu Risiken und Nebenwirkungen der neuen Art des Umblätterns. *Nervenheilkunde, 32*(10), 709–714.
- Manfred Spitzer diskutiert den Beitrag von Tablet-PCs zur kindlichen Entwicklung.

3

Bedürfnisse und ihre Regulation – Ich brauch, ich will, ich mache etwas

Ein wunderschöner Herbsttag, die Krippengruppe *Mäusenest* macht sich startklar für einen kleinen Erkundungsgang in der Natur. Also alle Mann ab in die Matschkleidung!

Während Tim noch am Frühstückstisch sitzt und genüsslich an seiner Karotte kaut, ist Dana schon draußen und halb angezogen. Plötzlich wirkt ihr Blick abwesend. „Muss Pipi", sagt sie und streift die Kleidung wieder ab. „Berfin! Lass die Hausschuhe im Regal!", ruft eine Erzieherin, weil Berfin mal wieder das Regal ausräumt. Der kleine Felix lässt sich ruhig von oben bis unten verpacken, während die dreijährige Lina ganz stolz ist, denn Gummistiefel sind kein Problem für sie. Sogar sich die Buddelhose anzuziehen, anziehen klappt schon fast alleine. Da wird die zweijährige Maja plötzlich laut: „Jacke selber!", schreit sie und stößt den Jahrespraktikanten, der ihr beim Reißverschluss helfen wollte, von sich. Sie wirft sich auf den Boden. Aber Maja kann ihre Jacke eben noch nicht selbst zumachen. Nach vielen Tränen, Rotz und Taschentüchern lautet die Lösung: Kein Reißverschluss, dafür schließt Maja die Klettverschlüsse, die auch an der Jacke sind, eigenständig.

Endlich sind alle startklar, da beginnt Tim zu maulen: „Ich hab Hunger!"

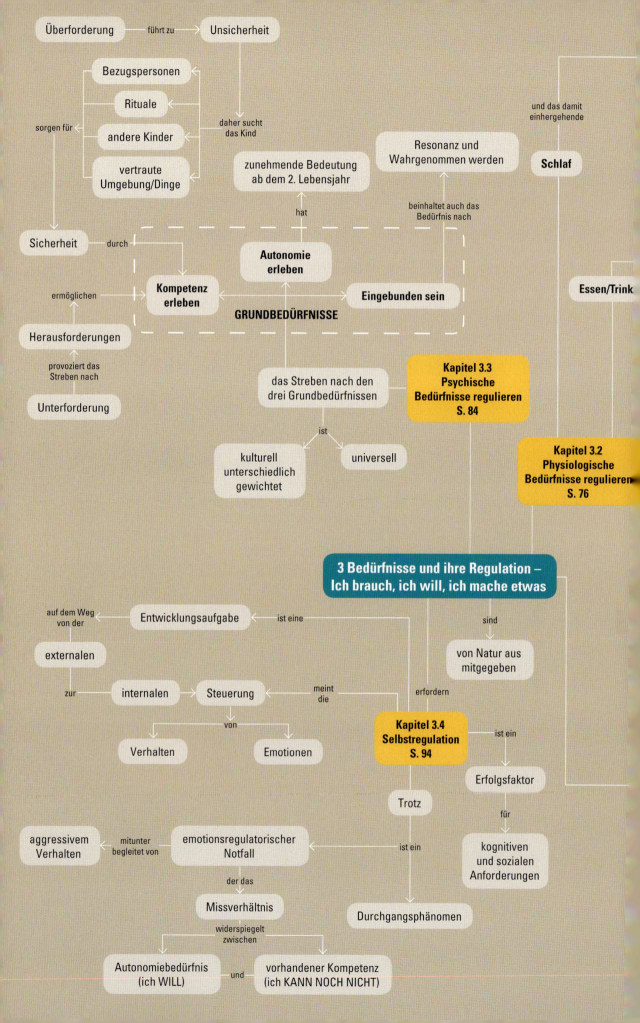

In diesem Kapitel erfahren Sie:

- welchen Zweck Bedürfnisse haben,
- wie Bedürfnisse und Motive zueinander stehen,
- wie Kleinkinder ihre körperlichen Bedürfnisse regulieren,
- welche psychischen Grundbedürfnisse Menschen haben,
- wie Kleinkinder ihre Emotionen und ihr Verhalten zunehmend selbst regulieren.

3.1 Auf das rechte Maß kommt es an – Bedürfnisse und ihre Regulation

Zum Glück sind wir vom ersten Tag an mit Bedürfnissen ausgestattet. Ohne sie würden wir kaum überleben. Denn unsere Bedürfnisse zeigen uns an, wenn etwas aus dem Gleichgewicht geraten ist: Wir verspüren Müdigkeit, damit wir genügend Schlaf bekommen, Hunger, damit wir Nahrung zu uns nehmen, oder Einsamkeit, damit wir Kontakt zu anderen aufnehmen.

Wenn von Bedürfnissen gesprochen wird, sind oft zwei verschiedene Dinge gemeint. Zum einen gibt es die universellen Bedürfnissen, die jeder Mensch hat. In diesem Sinne sind Bedürfnisse den Menschen innewohnende Kräfte, die sie zu bestimmten Handlungen anstiften. Hunger regt zum Essen oder Essensuchen an; bei Kleinkindern, die dieses Bedürfnis noch nicht einordnen können, führt es zu Unruhe und schließlich zum Schreien. Das Schlafbedürfnis veranlasst über das Gefühl von Müdigkeit, schlafen zu gehen oder zur Ruhe zu kommen; unerfüllt führt es bei Kleinkindern wiederum zu Quengeln und Schreien.

Wenn jemand sagt, er habe ein Schlaf- oder Hungerbedürfnis, so weist er nicht darauf hin, dass auch er ein Mensch ist und damit über die dem Menschen eigenen Bedürfnisse verfügt. Er gebraucht den Begriff anders. Er meint, er ist jetzt in diesem Moment müde oder hungrig. Das ist die zweite Art, in der der Begriff *Bedürfnis* in der Alltagssprache verwendet wird. Das Bedürfnis ist jetzt aktiv und handlungsleitend. Es ist gerade so groß, dass man zu dessen Befriedigung handeln möchte. Nachfolgend wird in diesem Zusammenhang von Motiv gesprochen. Der Begriff Bedürfnis bleibt für den ersten Fall reserviert, für die universellen, nicht dauerhaft aktiven Bedürfnisse, mit denen ein Mensch geboren wird.

Schon Kleinkinder haben sowohl körperliche oder physiologische wie auch psychische Bedürfnisse, die in den folgenden Unterkapiteln beschrieben werden.

Unsere Bedürfnisse zu regulieren, umfasst, zu erkennen, was zu wenig oder zu viel ist und welche Handlungen abhelfen. Diese Entwicklungsaufgabe ist in der frühen Kindheit ganz zentral. Der Säugling äußert sein Befinden und seine Bedürfnisse bereits in den ersten Lebensmonaten durch Blicke oder bestimmte Verhaltensweisen (z. B. ein Schmatzen bei Hunger). Werden diese Signale ignoriert oder kann der Säugling selbst nichts tun, um sein Bedürfnis zu befriedigen, signalisiert er es durch Schreien. Schreitet seine Entwicklung voran, sinkt die Schreidauer, weil er besser anzeigen kann, was er braucht.

Egal, ob bei physiologischen oder psychischen Bedürfnisse sowie den damit verbundenen Emotionen und dem angeregten Verhalten: Wenn wir regulieren, prüfen wir immer, ob unser momentaner Zustand unserem gewünschten Zustand entspricht. Wir hinterfragen, ob eines unserer universellen Bedürfnisse gerade aktiv ist. So können wir bei Bedarf handeln, um uns dem gewünschten Zustand anzunähern. Weil sich die Art der Bedürfnisanzeige und die Fähig-

---

(universelles) Bedürfnis:
Ein grundlegendes Verlangen nach etwas, das Menschen zum Leben brauchen. Bedürfnisse haben alle Menschen, auch wenn sie diese nicht dauerhaft empfinden.

Motiv:
augenblicklich empfundenes Bedürfnis. Ein Motiv leitet das Handeln so, dass das zugehörige Bedürfnis (wenn möglich) befriedigt wird.

regulieren:
einen Prozess steuern, ihn unter Kontrolle behalten

„Säuglinge zeigen auch durch Blicke oder andere Aktivitäten, was sie möchten. Wenn sie z. B. eine Pause brauchen beim Trinken, öffnen sie den Verschluss um die Brustwarze, lassen diese aber nicht wirklich los. Wenn sie satt sind, lassen sie die Brustwarze aus dem Mund fallen und drehen den Kopf weg."
(Anna Winner)

physiologisch:
körperlich

keit, die Bedürfnisse selbst zu befriedigen, bei Kindern noch entwickeln muss, suchen und erhalten sie Unterstützung – meist, aber nicht nur, von Erwachsenen. Diese Unterstützung ist anfangs sehr umfassend und grundlegend nötig (z. B. Beruhigung bei Aufregung, Versorgung mit Nahrung), mit der Zeit benötigt das Kind eine andere Qualität von Hilfe und Unterstützung (z. B. Rückversicherung, Aufmerksamkeit gemeinsam lenken).

„Der eine Drang zwingt zur Handlung? Widerlegt man diesen Gedanken nicht, indem man einfach nichts tut? Nein, denn man tut doch etwas: Nichts!"
(Andreas Herteux)

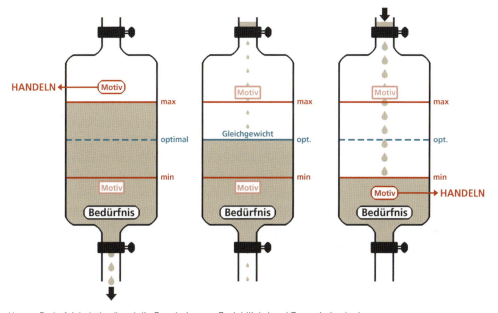

Unser „Bedürfnisbehälter" und die Regulation von Zuviel (links) und Zuwenig (rechts): Sowohl aus Übermaß als auch aus Mangel entsteht ein handlungsleitendes Motiv.

Prüfen Sie Ihr Wissen:

1. Warum haben Menschen Bedürfnisse?
2. Beschreiben und unterscheiden Sie die Begriffe *Bedürfnis* und *Motiv* mit eigenen Worten.
3. Warum sinkt die Schreidauer, je älter der Säugling ist?

3.2 K(l)eine Selbstverständlichkeiten – Physiologische Bedürfnisse regulieren

Schlaf

In den ersten Lebensmonaten wandelt sich das Schlafverhalten von Säuglingen sehr stark: Sie passen ihre Schlaf- und Wachphasen an den Tag-Nacht-Wechsel an und entwickeln einen regelmäßigen Schlafrhythmus. Nach und nach lernen Babys, selbstständig einzuschlafen. Die Kinder erbringen hierbei enorme Anpassungsleistungen.
Wie viel und wann sollten kleine Kinder schlafen?

Diese Frage lässt sich nur mit Blick auf das einzelne Kind beantworten. Die Schlaf- und Wachphasen können sich selbst bei Kindern, die am gleichen Tag geboren sind, stark unterscheiden, zum Beispiel ist der zweijährige Marco bereits früh am Morgen wach und braucht täglich 14 Stunden Schlaf, während die gleichaltrige Sina zwar ein Morgenmuffel ist, aber mit elf Stunden Schlaf auskommt. Diese Unterschiede liegen an zwei grundlegenden Dingen, die unser Schlafverhalten beeinflussen: das individuelle Schlafbedürfnis und der sogenannte zirkadiane Rhythmus.

zirkadian:
Dinge, die sich etwa innerhalb von 24 Stunden abspielen

Pascal (1;3) zeigt deutlich, dass nun Zeit für seinen Mittagsschlaf ist.

Während Tag und Nacht zusammen immer 24 Stunden ergeben, weicht der zirkadiane Schlaf-Wach-Rhythmus der meisten Menschen hiervon ab: Bei vielen ist er länger als 24 Stunden. Diese sogenannten Eulen könnten abends länger aufbleiben und morgens länger liegen bleiben. Lerchenmenschen hingegen sind Frühaufsteher. Ihre innere Uhr läuft in weniger als 24 Stunden einmal durch.

Vom Schlaf*bedürfnis* hängt ab, wie viel Schlaf ein Kind braucht. Es ist von Mensch zu Mensch verschieden. Das Schlaf*motiv* sowieso. Das gilt für jede Altersstufe, auch für Säuglinge und Kleinkinder.

Die nachfolgende Tabelle gibt eine grobe Orientierung über die jeweils empfohlene Schlafdauer.

Schlafempfehlungen für Kinder

Gruppe	Alter	Schlafempfehlungen in Stunden je Tag (24 Stunden)	nicht empfohlen
Neugeborene	0–3 Monate	14–17 Stunden	unter 11 Stunden mehr als 19 Stunden
Säuglinge	4–11 Monate	12–15 Stunden	unter 10 Stunden mehr als 18 Stunden
Kleinkinder	1–2 Jahre	11–14 Stunden	unter 9 Stunden mehr als 16 Stunden
Kindergartenkinder	3–5 Jahre	10–13 Stunden	unter 8 Stunden mehr als 14 Stunden

Daraus folgt, dass Kinder in der Krippe oder Kita entsprechend ihres Bedürfnisses unterschiedlich lang ruhen bzw. schlafen dürfen sollten. Denkwürdig ist auch, dass die Spannen zwischen minimaler und maximaler Schlafempfehlung in den aktuellen Empfehlungen sogar ausgeweitet wurden – auch starke Unterschiede sind völlig normal.

Was für den Gesamtschlaf gilt, lässt sich auch auf den Tag- und Nachtschlaf übertragen: Die Kinder schlafen ganz unterschiedlich lang bei Tag und bei Nacht. Das Diagramm zeigt, wie stark sich Schlafbedürfnisse unterscheiden können und wie die Verteilung auf Tag und Nacht entfällt. Für unsere beiden Zweijährigen könnte das folgendermaßen aussehen: Marco (blauer Punkt) schläft tagsüber zwei Stunden und nachts zwölf Stunden, während Sina (roter Punkt) tagsüber eine Stunde und nachts zehn Stunden schläft. Beide Kinder befinden sich damit im Bereich eines normalen Tag- und Nachtschlafbedarfes.

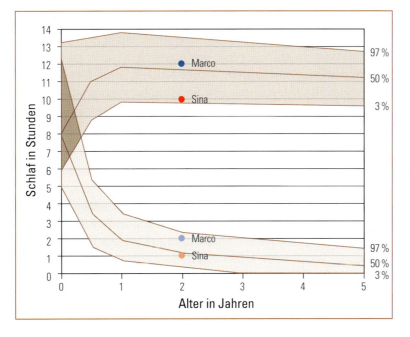

Entwicklung des Nacht- und Tagschlafs: Die dunkle Fläche gibt die Entwicklung und Streubreite des Nachtschlafes, die helle Fläche die des Tagschlafes an. Die Linie in der Mitte bezeichnet die jeweils durchschnittliche Schlafdauer.

Daran zeigt sich, dass es kein einheitliches Vorgehen geben kann, das allen Kindern gerecht wird. Wichtig ist, auf das individuelle Bedürfnis und das gegenwärtige Motiv, also das Müdigkeitsgefühl, des Kindes einzugehen. Eltern wünschen sich mitunter, dass ihr Kind einen Mittagsschlaf hält und abends früh ins Bett geht. Dabei kann ein Kind nur so lange und so oft schlafen, wie es seinem Schlafbedarf entspricht. Und wie viel Schlaf ein Mensch braucht, ist in hohem Maße biologisch vorgegeben.

Lernen und Gehirnentwicklung im Schlaf

Ein Drittel unserer Lebenszeit verbringen wir mit schlafen. Schlaf dient der Erholung, klar. Das merkt jeder, der zu wenig schläft. Schon länger ist bekannt, dass Schlaf notwendig ist, um Gedächtnisinhalte langfristig abzuspeichern. Kinder lernen tagsüber eine ganze Menge, indem ihr Gehirn über die Sinneskanäle Informationen aufnimmt. Ähnlich wie der Arbeitsspeicher eines PCs verarbeitet das Gehirn während des Schlafes die Informationen und Ereignisse des Tages. Dadurch werden die Ereignisse in das Langzeitgedächtnis überführt. Allerdings sind Erfahrungen und Erinnerungsspuren empfindlich. Ohne Schlaf vergisst das Gehirn wieder, was es erlebt hat. Erst durch den Schlaf entstehen dauerhafte Spuren im Gehirn. Seit Kurzem ist belegt, dass der Schlaf auch für eine erfolgreiche Gehirnentwicklung benötigt wird. Hier hilft er, die Anzahl und Stärke neuronaler Verbindungen an die eintreffenden Informationen anzupassen. Nur so kann sich beispielsweise das räumliche Sehen entwickeln (vgl. Kap. 1.6, S. 29 ff.) und genau so werden wichtige neuronale Verbindungen dauerhaft ausgebaut (vgl. Kap. 2.2, S. 52 ff.).

Essen

„Wer hungrig ist, will keinen Kuss."
(Dorothea Dix)

„Essen ist ein Bedürfnis, genießen ist eine Kunst."
(François VI., Duc de La Rochefoucauld)

Erwachsene sorgen für ein altersangemessenes Nahrungsangebot zu passenden Zeiten, für eine reizarme Umgebung und eine dem Entwicklungsstand des Kindes angepasste Fütterposition.

Säuglinge nehmen alle Nährstoffe, die sie brauchen, über (Mutter-)Milch zu sich. Mit dem Wachstum des Kindes wächst auch sein Energie- und Nährstoffbedarf. Dabei sorgt der gestillte Säugling selbst dafür, dass er mehr Milch bekommt, wenn er mehr Milch braucht: Seine Nachfrage regelt das Angebot; wenn er mehr trinkt, wird in der Folge eine größere Menge Milch erzeugt. Meist funktioniert diese Steuerung durch den Säugling hervorragend. Er selbst signalisiert Hunger- und Sättigungsgefühl, sodass Übergewicht und Unterversorgung bei gestillten Säuglingen in der Regel kein Thema sind.

Mit dem Übergang zur Breikost und schließlich zu fester Nahrung meistern Kind und Bezugsperson eine Reihe an Umstellungen. Die damit verbundenen Entwicklungsaufgaben zeigt folgende Tabelle im Überblick. Mit jeder Nahrungsumstellung ändern sich Beschaffenheit und Geschmack der Nahrungsmittel, zudem werden andere Hilfsmittel, wie Flasche, Löffel und Becher, eingesetzt. Dabei nimmt die Unabhängigkeit beim Essen permanent zu: vom Saugen an Brust und Flasche, über das Füttern mit Brei, bis hin zu selbstständigem Essen fester Nahrung mit Händen und Besteck. Besonders ab dem 2. Lebensjahr wollen die Kinder mehr und mehr eigenständig essen. Das zeigt sich auch im Nachahmen von Essverhalten. Stetig lernt das Kind, Appetit, Hunger und Sättigung zu regulieren und die motorischen Fähigkeiten, die zur Nahrungsaufnahme nötig sind, zu koordinieren.

Entwicklungs- und Anpassungsaufgaben beim Essen

Alter	Nahrung	Entwicklungs- und Anpassungsaufgabe
0–3 Monate	Muttermilch/Flaschennahrung	Saugen (Brust/Flasche), Rhythmus von Hunger und Sättigung
4–6 Monate	Milch; Beginn mit pürierter, breiiger Nahrung	ggf. Übergang zur Flaschennahrung mit erhöhter Intensität des Saugens; Anpassung an die Löffelkost
2. Halbjahr	Löffelkost, zunehmend stückig, grob und handlich	neue Geschmacksrichtungen und Konsistenzen; zunehmend sitzende Position
2. Jahr	grob gehackte und klein geschnittene Nahrung, rohes Obst und Gemüse; später regelmäßige Mahlzeiten am Tisch; Trinken aus der Tasse	selbstständiges Essen und Trinken
3. Jahr	Tischkost	zunehmende Übernahme von Gewohnheiten der Familie und der Kultur

Konsistenz:
Beschaffenheit

Selber zu essen, findet Pascal prima.

Wie schnell die jeweilige Umstellung erfolgt, hängt unter anderem davon ab, wie sich die Mundmotorik entwickelt und wann welche Zähne durchbrechen. Bei diesen Zeitverläufen gibt es große, völlig normale Unterschiede. Im Alter von 18 bis 26 Monaten beginnen die meisten Kinder, Speisen zu kauen. Einige beginnen bereits früher, andere später. Mit dem Löffel selbstständig essen können die meisten Kinder mit 18 bis 20 Monaten, einige früher, andere später. Einen Überblick dazu geben die folgenden Abbildungen.

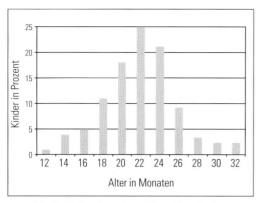
Wie viele Kinder beginnen in welchem Alter, ihr Essen zu kauen.

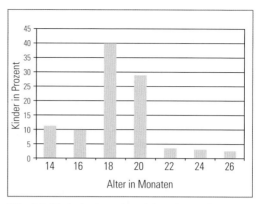
Wie viele Kinder beginnen in welchem Alter, selbstständig mit dem Löffel zu essen?

Auch bei den Essensmengen gibt es unter kleinen Kindern große Unterschiede. Die Abbildung „Wie viel Nahrung nehmen kleine Kinder am Tag auf?" zeigt, dass manche Kinder mehr als die doppelte Menge Nahrung zu sich nehmen im Vergleich zu anderen Kindern im gleichen Alter.

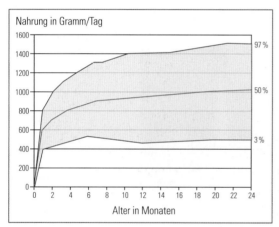
Wie viel Nahrung nehmen kleine Kinder am Tag auf?

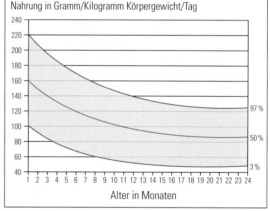
Tägliche Nahrungsaufnahme je Kilogramm Körpergewicht

Selbst wenn man zugleich das Körpergewicht der Kinder betrachtet, bleiben Unterschiede bestehen, wie die rechts stehende Abbildung darstellt. Über die Essensmengen entscheiden also die Kinder und ihr Appetit. Wann es was zu essen gibt, liegt in der Hand der Betreuungspersonen. Damit gewinnt die Frage, wie angemessene und gesunde Ernährung jeweils aussieht, an Bedeutung. Besonders im ersten Lebensjahr, solange die Nieren noch nicht voll entwickelt sind, kann der kindliche Körper mit salzarmer Nahrung besser umgehen.

Trocken und sauber werden

„Dana ist jetzt trocken!", verkünden ihre Eltern stolz und erleichtert. Das kleine Mädchen benutzt nun tagsüber die Toilette und kommt somit ohne Windel aus. Bis Kinder trocken sind, machen sich manche Eltern viele Sorgen.

In den 1960er- und 1970er-Jahren war es üblich, den Prozess des Trockenwerdens durch „Töpfchentraining" zu beschleunigen: Das Kind wird, ob es muss oder nicht, nach einem festen Schema auf das Töpfchen gesetzt. Dabei belegen Studien, dass Kinder, die bereits im ersten Lebensjahr aufs Töpfchen gesetzt werden, überhaupt nicht früher trocken werden als ihre Alterskollegen, die munter Windeln tragen. Das hat einen einfachen Grund: Damit ein Kind trocken und sauber wird, muss es bewusst wahrnehmen können, dass es „muss". Außerdem muss es in der Lage sein, genau jene Blasen- und Darmentleerung noch so lange zurückzuhalten, bis es ausgezogen auf der Toilette oder dem Töpfchen sitzt. Dahinter steckt ein körperlicher Reifungsprozess, der eben seine Zeit braucht und nicht beschleunigt werden kann. So, wie Kinder ihre Zeit brauchen, um einen Meter groß zu werden. Zum Glück zeigen die Kinder selbst an, wann sie so weit sind: Sie nehmen die charakteristische Körperhaltung für „Ich muss mal!" ein, tänzeln herum, verziehen ihr Gesicht oder äußern sich sogar sprachlich. Die nachfolgende Abbildung zeigt, dass diese Eigeninitiative frühestens zwischen dem zwölften und 18. Lebensmonat auftritt, bei den meisten Kindern jedoch zwischen dem 18. und 36. Monat.

„Das Gras wächst nicht schneller, wenn man daran zieht."
(afrikanisches Sprichwort)

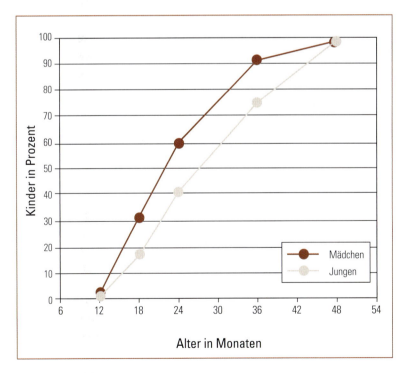

Anteil der Kinder, die Eigeninitiative zum Sauber- und Trockenwerden zeigen.

Die Eigeninitiative spiegelt das Bedürfnis des Kindes wider, trocken und sauber zu werden. Dann zeigt es auch selbst Interesse daran und möchte mit anderen auf die Toilette mitgehen. Mit dem Zugang zu Vorbildern, Geduld und ein wenig praktischer Unterstützung können Kinder selbstständig trocken und sauber werden.

- Wichtig sind Vorbilder: Die Kleinen brauchen Gelegenheiten, dabei zu sein, wenn andere auf die Toilette gehen. Wer Interesse zeigt, darf also mitgehen.
- Am Anfang geht's öfter daneben. Geduld, reichlich Wechselkleidung, eine Dusche und ein tröstendes „Beim nächsten Mal klappt's vielleicht." unterstützen dann.
- Hosen mit Gummibund (ohne Knöpfe, ohne Reißverschluss) kann das Kind selbst aus- und wieder anziehen.
- Kleinkindertoiletten oder Sitzverkleinerer und Hocker für die Füße geben auf der Toilette mehr Halt und Sicherheit.

Für Erwachsene kann es zur Geduldsprobe werden, wenn ein Kind auch nach seinem vierten Geburtstag keine Eigeninitiative zeigt. Wie die beiden Abbildungen darstellen, wird etwa ein Viertel der Kinder erst in diesem Alter trocken und sauber. Deutlich wird auch, dass der körperliche Reifungsprozess frühestens ab dem 24. Lebensmonat einsetzt, sodass die meisten Kinder im Verlauf des dritten und vierten Lebensjahres sauber und trocken werden.

„Geduld ist angesagt, möglichst keine Hektik und – wenn mal etwas schiefgeht – kein Schimpfen und Entmutigen. Die anstehende Kompetenzerweiterung erweist sich noch als sehr labil."
(Gabriele Haug-Schnabel)

„Autonomie bedeutet Vertrauen und die Unterstützung der freien Entfaltung. Ständige Bevormundung, Kontrolle, Überprüfung und Zwang sind zu vermeiden."
(Carl Ransom Rogers)

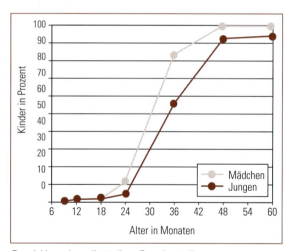

Entwicklung der vollständigen Darmkontrolle

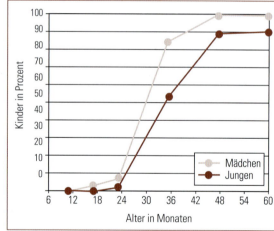

Entwicklung der vollständigen Blasenkontrolle

Die ersten Schritte oder die ersten Wörter eines Kindes werden meist freudig als selbstverständliche Entwicklungsschritte erlebt. Niemand käme auf die Idee, diese mit Geschenken zu belohnen. Seltsamerweise setzen Erwachsene dann aber bei anderen Entwicklungsaufgaben, wie beispielsweise dem Trockenwerden, vielfältige Belohnungs- und Bestrafungssysteme ein. Dabei würden sich die meisten Kinder mit ein wenig Geduld und praktischer Unterstützung zufriedengeben. Sauberkeitserziehung vor diesem Hintergrund bedeutet demnach, das Kind in seinem Entwicklungsprozess zu begleiten, ihm die Ermutigung und Unterstützung zu bieten, die es selbst auch einfordert. Das Kind bestimmt das Tempo.

Eine Frage der Gewohnheit

Ein Kleinkind, das trocken und sauber wird, muss auch eine neue Gewohnheit entwickeln: Nachdem es seinen Stuhlgang zwei Jahre und länger in Windeln gemacht hat, soll es plötzlich ins Töpfchen machen. Auch diese Umgewöhnung an einen völlig anderen Rahmen macht das Trockenwerden zur Herausforderung für Kinder. Andersherum kann es jedoch ebenso schwerfallen, Gewohnheiten zu ändern: Astronauten beispielsweise müssen als Erwachsene erneut umlernen und wieder in eine Windel machen. Zu ihrem Glück sind die Astronautenwindeln die saugstärksten Windeln, die es gibt. Mit einem Fassungsvermögen von eineinhalb Litern verhindern sie erfolgreich, dass der Urin in den Raumanzug fließt.

Millionen Babys in Afrika, Asien und Südamerika haben es da vielleicht leichter: Sie lernen keine Windeln kennen. Ab der Geburt tragen die Mütter ihre nackten Säuglinge direkt am Körper und halten sie zur Blasen- und Darmentleerung einfach über eine geeignete Stelle. Da stellt sich die Frage, ob diese Kinder also schon als Säuglinge trocken und sauber sind. Nein – schließlich gilt auch für Säuglinge auf anderen Kontinenten, dass hierfür der oben benannte körperliche Reifungsprozess nötig ist. Aber die Mütter nutzen zunächst einen angeborenen Mechanismus und bauen diesen schließlich zu einer Gewohnheit aus: Neugeborene geben einige Sekunden, bevor sie Urin oder Stuhl ausscheiden müssen, einen kurzen, charakteristischen Schrei von sich und machen mit den Beinchen ruckartige Bewegungen. Nach dieser Vorwarnung halten die Mütter ihr Baby vom Körper weg. In den weiteren Lebensmonaten üben Mutter und Kind (z. B. bei den Digos in Ostafrika) nach dem Aufwachen oder Essen das gezielte Urinieren. Dazu macht die Mutter ein Geräusch („shuus") und belohnt das Kind im Anschluss, zum Beispiel durch kuscheln. Auch Neugeborene in westlichen Kulturen zeigen ihr Bedürfnis auf diese Weise an. Der Mechanismus ist universell und angeboren, jedoch gewöhnen wir in unserer Kultur Säuglinge während der ersten Lebenswochen an Windeln.

Windelfrei unterwegs in Deutschland? Eltern hatten ihren drei Monate alten Sohn daran gewöhnt, beim Pinkeln über das Waschbecken gehalten zu werden. Zu Hause kein Problem. Während einer dreistündigen Zugfahrt allerdings fiel es dem Sohn schwer, seine Geschäfte in der Windel zu erledigen.

Prüfen Sie Ihr Wissen:

1. Welche zwei grundlegenden Dinge haben Einfluss auf das individuelle Schlaf- und Wachverhalten?
2. Das Schlafbedürfnis ist von Mensch zu Mensch verschieden. Das Schlafmotiv sowieso. Warum?
3. Der kleine Alexander ist neun Monate alt und schläft innerhalb von 24 Stunden etwa elfeinhalb Stunden. Davon macht er rund zwei Stunden Mittagsschlaf. Sehen Sie Grund zur Beunruhigung?
4. Welche Anpassungsaufgaben bewältigen Kinder beim Essen in den ersten drei Lebensjahren?
5. Wie stark kann sich die tägliche Menge an Nahrung bei gleichaltrigen Kindern unterscheiden? Hat das Körpergewicht einen Einfluss? Beziehen Sie sich auf die Grafiken auf S. 80 unten.
6. Woran ist die kindliche Eigeninitiative für das Trockenwerden erkennbar?
7. Wie können Kinder dabei unterstützt werden, trocken und sauber zu werden?

3.3 Der Mensch lebt nicht von Brot allein – Psychische Bedürfnisse regulieren

Unsere Bedürfnisse sind, wenn sie zu Motiven werden, das, was uns zum Handeln antreibt. Das können physiologische Motive sein, die mitunter keinen Aufschub dulden. Doch gerade wenn wir ausgeschlafen und satt sind und nicht auf die Toilette müssen, gibt es fast immer etwas, das uns umtreibt – ein psychisches Motiv. Zum Beispiel erkundet ein neunmonatiges Kind im Haus jeden Winkel, den es erreichen kann. Die Neugier treibt es an. Das Bedürfnis dahinter heißt Kompetenzerleben: „Ich schaffe es."

universell:
allgemeingültig, über alle Länder und Kulturen hinweg, unabhängig von Sprache, Sozialisation, Zeiten, Erfahrungen etc.

Die Theorie der Selbstbestimmung beschreibt drei universelle psychische Bedürfnisse. Sie sind dem Menschen – ähnlich dem Schlafen und Essen – angeboren. Er strebt nach deren Erfüllung:

- Autonomieerleben oder Eigenständigkeit,
- Kompetenz- oder Erfolgserleben,
- sozial eingebunden sein.

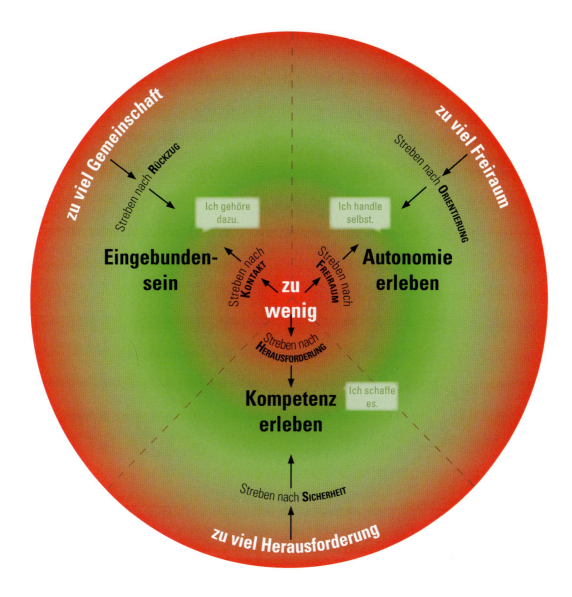

Psychische Grundbedürfnisse und ihre handlungsleitenden Motive

Für jedes Bedürfnis gilt: Wir streben nach dem individuell als richtig empfundenen Maß (in der obigen Abbildung der grüne Bereich). Eine Abweichung davon kann aus einem Mangel, einem Zuwenig, entstehen (innerer roter Kern) oder aus einem Überschuss, einem Zuviel (äußerer roter Rand). Je nachdem macht sich das handlungsleitende Motiv in einem entsprechenden Streben bemerkbar, damit wir uns wieder dem optimalen Maß annähern. Um unser individuelles Autonomiebedürfnis zu befriedigen, suchen wir bei zu viel Autonomie nach Orientierung und bei zu wenig Autonomie nach Freiräumen. Wer sich über das persönliche Maß eingebunden fühlt, der strebt nach Rückzug. Kontakt sucht, wer sich zu wenig eingebunden fühlt.

Beim Kompetenzerleben verhält es sich etwas anders: Es gibt in dem Sinne kein *Zuviel* an Kompetenz. Jedoch kann ein *Zuwenig* auf zwei unterschiedliche Weisen entstehen, die entsprechend mit unterschiedlichen Motiven einhergehen:

„Das Leben ist ein immerwährendes Streben. Hört dieses Streben auf, so ist das Leben zu Ende, auch wenn der Puls mechanisch weiterschlägt."
(Karl May)

- zu wenig Kompetenzerleben durch Überforderung; erlebt wird Unsicherheit: Dann wird das Bedürfnis *Kompetenzerleben* akut und ein Streben nach Sicherheit motiviert unser Handeln (in der Grafik als ein Zuviel an Herausforderung dargestellt).

- zu wenig Kompetenzerleben durch Unterforderung; erlebt wird Langeweile: Dann wird das Bedürfnis *Kompetenzerleben* akut und ein Streben nach Herausforderung motiviert unser Handeln.

Die drei Grundbedürfnisse stehen auch in einer Wechselbeziehung zueinander. Sie können sich aber nicht gegenseitig ersetzen. Wenn ein Kind oder ein Erwachsener keine Erfolge erlebt, hilft ihm dennoch kein Eingebundensein aus dem Unbehagen heraus. Wenn jemand sich nur als fremdbestimmt wahrnimmt, führt auch kein Erfolgserlebnis zu Zufriedenheit. Für unser körperliches Wohlbefinden ist die Befriedigung körperlicher Bedürfnisse entscheidend. Für unser geistiges und emotionales Wohlbefinden ist die Befriedigung der psychischen Grundbedürfnisse entscheidend.

Autonomieerleben oder Eigenständigkeit

autonom: selbstständig, unabhängig

Menschen streben danach, eigenständig zu handeln und sich als autonom zu erleben. Die Auswirkung des eigenen Handelns zu erleben, ist von Geburt an ein menschliches Bedürfnis. Autonomie fühlen Kinder, wenn sie Einfluss auf Dinge haben, etwas selbst in die Hand nehmen und Abläufe (immer mehr) selbst bestimmen können.

„Hauptsache ist, dass man das Kind auf eigenen Beinen stehen, mit eigenen Augen sehen lasse, auf das es selbstständig bleibe. Wirklich und wahr!" *(Johann Wolfgang von Goethe)*

Säuglinge lieben Mobiles – besonders, wenn sie sich bewegen und gar Töne von sich geben. Aber Babys lieben noch mehr, wenn sie *selbst* steuern können, *wann* sich das Mobile bewegt. Diese Lust hat sich eine Studie zunutze gemacht (vgl. Abb.).

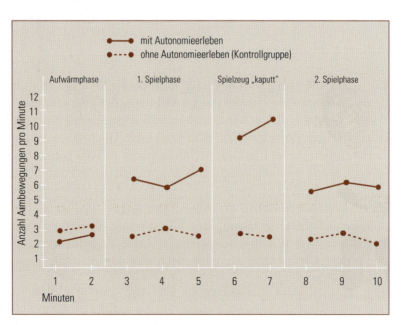

Autonomieerleben wirkt sich auf Spielbewegungen aus.

Säuglinge konnten mit ihren Armbewegungen steuern, wann sich ein Spielzeug in Bewegung setzt und Töne von sich gibt. Dafür bekamen zunächst alle Babys ein Armband. Während der Aufwärmphase bewegte sich das Spielzeug noch nicht, die Forscher beobachteten aber, wie oft die Babys ihren Arm einfach so bewegten. Dann kam die erste Spielphase. Die Hälfte der Babys konnte über ihr Armband das Spielzeug steuern: Es wippte und spielte eine Melodie, sobald das Kleinkind seinen Arm bewegte. So konnte das Kind die Wirkung seiner eigenen Handlung unmittelbar erleben. Während der ersten Spielphase bewegten die Babys dieser Gruppe ihren Arm viel öfter als zuvor. Die andere Hälfte der Babys, die sogenannte Kontrollgruppe, sah das Spielzeug wippen und hörte die Melodie in der ersten Spielphase auch. Nämlich genau dann, wenn *ein anderes Baby* seinen Arm bewegte. Die Kontrollgruppen-Babys erlebten also *keine Wirkung ihrer* Handlungen und bewegten ihre Arme in der Spielphase nicht öfter als zuvor. Dann ging das Spielzeug plötzlich „kaputt": Es bewegte sich nicht und spielte kein Lied. Egal, wie stark und wie oft die Babys ihre Arme bewegten. Richtig wütend wurden die Kinder sogar, aber nur die Babys, die das Spielzeug zuvor selbst steuern konnten. Sie wollten das Spielzeug unbedingt wieder bewegen und waren frustriert, dass es nicht klappte. In der anschließenden zweiten Spielphase kehrte wieder Ruhe ein. Das Spielzeug „funktionierte" wieder und die Babys konnten es selbst steuern. Sie erlebten „Ich entscheide. Ich habe Einfluss." und bewegten ihren Arm wieder so oft wie in der ersten Spielphase.

Besonders deutlich entwickelt sich das kindliche Autonomiebedürfnis im zweiten Lebensjahr. Dann bilden Kinder die Fähigkeit aus, überhaupt *wollen* zu können. Gleichzeitig nehmen die Kleinen ihre wachsenden Möglichkeiten, ihre Umwelt zu beeinflussen, wahr. Sie laufen immer sicherer und gelangen so schneller und selbstständiger an neue Orte. Jetzt nutzen Kinder ihre erworbenen Fähigkeiten, um damit autonom in ihrer Umwelt zu handeln. Diese Zeit erleben Erwachsene oft als anstrengend: Während sich das Baby noch bereitwillig Socken und Schuhe anziehen lässt, besteht das Kleinkind darauf, sich selbst anzuziehen. Hat das Kind entdeckt, dass es *will*, geht es nicht unbedingt um die Sache an sich, sondern um das Wollen selbst. Oft und gern bekundet das Kind sein Wollen, ohne dass es eigentlich genau weiß, *was* es will.

Kindheit spielt sich hierbei im Spannungsfeld von Abhängigkeit und Autonomie ab. Durch die Autonomieentwicklung entstehen Konflikte: Das Kind will etwas so und nicht anders. Oder es will etwas, darf es jedoch nicht alleine oder kann es noch nicht alleine machen.

„Ein Kind kann einem Erwachsenen immer drei Dinge lehren: grundlos fröhlich zu sein, immer mit irgendetwas beschäftigt zu sein und nachdrücklich das zu fordern, was es will."
(Paulo Coelho)

Kompetenz- oder Erfolgserleben

Die zweijährige Sina ist gerade an einem Klettergerüst die ersten Sprossen hinauf- und wieder hinuntergeklettert. Sicher am Boden angelangt, klatscht sie in die Hände und ruft: „Supi gemacht, Sina, Supi!" Sie hat etwas geschafft, worauf sie offensichtlich auch selbst stolz ist und worüber sie sich freut. In den Minuten darauf wiederholt sie ihr Vorgehen. Dabei steigert sie selbst den Schwierigkeitsgrad, indem sie nach und nach eine Sprosse mehr überwindet.

Menschen wollen nicht nur eine Wirkung auf ihr Handeln zurückführen, sie wollen sich in ihrem Handeln auch als erfolgreich erleben. Damit Kinder spüren „Ich schaffe das!", braucht es drei Dinge, die zunächst ganz selbstverständlich scheinen:

- das Kind muss sich selbst als handelnde Person, als *Ich*, wahrnehmen,
- das Kind muss *dürfen* können,
- das Kind braucht Herausforderungen.

Akteur:
der Urheber einer Handlung

Für Kleinkinder ist das (noch) nicht selbstverständlich: Sie müssen erst ihr Selbsterkennen entwickeln. Nur dann kann sich ein Kind als eigenständigen Akteur wahrnehmen, denn das macht auch einen Unterschied in der Wahrnehmung und Wichtigkeit des eigenen Könnens aus. In einer Studie bauten Kinder gemeinsam mit einem Erwachsenen an einem Turm aus Bauklötzen. Kinder, die sich noch nicht im Spiegel erkannten, freuten sich einfach am Turmbauen, egal, wer den letzten Baustein aufsetzte. Für Kinder, die sich im Spiegel erkannten, war der eigene Beitrag zum Werk auch entscheidend für die Freude daran. Einen sprachlichen Bezug – also „ich" oder „selber" sagen – stellten dabei erstmals Kinder im Alter von 19 bis 26 Monaten her. Ältere Kinder (zwischen 25 und 31 Monaten) betonten außerdem noch ihre Kompetenz und wehrten Hilfsangebote beim Turmbauen ab: „Ich kann das!"

„Erfolg haben heißt, einmal mehr aufstehen, als man hingefallen ist."
(Winston Churchill)

Kompetenz meint also gewisse Fähigkeiten, Fertigkeiten oder auch bestimmtes Wissen, das jemand hat. *Kompetenzerleben* tritt in dem Moment ein, wenn eine Person die Erfahrung macht, dass die von ihr eingesetzten Mittel oder Ressourcen ausreichen, eine *bisher unbekannte* Situation zu bewältigen. Sina hat genügend Muskelkraft und ihre Beinlänge reicht aus, um den Abstand der Sprossen zu überwinden. Sie handelt also kompetent, wenn sie am Gerüst klettert. Ihr eigenes Kompetenzerleben trat ein, als ihr dies erstmals gelang (sie klatschte freudig in die Hände). Ob jemand sich als kompetent erlebt, ist damit auch eine Frage der subjektiven Bewertung.

Es gibt Kinder, die die wichtige Erfahrung „Ich darf etwas tun" eher selten machen. Oft sind wir als Erwachsene versucht, Kindern Tätigkeiten abzunehmen. Häufig vermitteln wir Kindern auch: „Du bist zu klein, das kannst du noch nicht!" Dabei ist es gerade für das Erleben der eigenen Kompetenz wichtig, dass Kinder Herausforderungen meistern. Bereits Babys nutzen dies als Hilfsmittel zum Lernen (vgl. Kap. 1.3, S. 25). Herausforderungen entstehen, wenn die gestellte Anforderung ein klein wenig höher als die vorhandenen

Fähigkeiten ist; sind die Anforderungen zu hoch, ist das Kind überfordert. Liegen die Anforderungen jedoch unter den Fähigkeiten, ist das Kind unterfordert. Wenn Kinder etwas tun, von dem sie bereits wissen, dass sie es können, handeln sie routiniert und selbstverständlich. Ein echtes Kompetenzerleben ist nicht möglich. Im freien Spiel suchen sich Kinder meist ganz automatisch Aufgaben, die sie als herausfordernd empfinden und die zu einem Kompetenzerleben führen.

Sina steht auf der vorletzten Sprosse in etwa zwei Metern Höhe. Sie überlegt, ob sie über den höchsten Punkt klettern soll, um auf der anderen Seite wieder hinunterzusteigen. Der Erzieher Florian könnte sie jetzt ohne Weiteres hinüberheben. Dann könnte sie auch ganz alleine wieder auf der anderen Seite hinuntersteigen. Florian hält sich jedoch zurück und bleibt beobachtend darunter stehen. Sina hebt ein Bein, stellt fest, dass die Beinlänge nicht ausreicht und dass sie sich mit ihren Händen nicht mehr abstützen kann. Sie lässt es sein und steigt auf derselben Seite wieder ab. Dann probiert sie es ein zweites Mal. Oben wieder angekommen, startet sie den Versuch mit dem anderen Bein. Nein, auch das reicht nicht. Sie atmet kurz durch, steigt wieder hinunter, schaut sich dann das Gerüst noch einmal von unten an und wendet sich anderen Aktivitäten zu.

„Yes, I can!" – Sina meistert eine Herausforderung am Klettergerüst.

Sina macht hier eine kleine Grenzerfahrung. Sie selbst spürt genau das Maß, wie viel sie sich zutrauen kann und was sie lieber noch sein lässt. Hätte der Erzieher Florian sie einfach darübergehoben, hätte sie ihre eigene Grenze nicht so genau gespürt und auch kein eigenes Kompetenzerleben erfahren.

„Alle Hindernisse und Schwierigkeiten sind Stufen, auf denen wir in die Höhe steigen."
(Friedrich Nietzsche)

Wer herausgefordert ist, kann scheitern: Wer rennen übt, kann sich das Knie aufschlagen. Wer selbst isst, muss mit den Erbsen kämpfen oder kann sich vollkleckern. Wer selbst auf die Toilette geht, schafft es nicht immer, die Hose rechtzeitig auszuziehen. Das alles ist Teil des Kleinkinderlebens. Aber es führt nicht zum Aufgeben. Aus vielen unterschiedlichen Erfahrungen und Teilerfolgen werden durch Lernprozesse immer häufiger Erfolge und Fortschritte. Kompetenzerleben im Kitaalltag kann auch ganz einfach ermöglicht werden: Spielsachen in erreichbarer Höhe, Kleidung selbst aufräumen, beim Wickeln und Anziehen das selbst machen, was schon möglich ist. Wenn Erwachsene dabei die Autonomiebestrebungen der Kinder unterstützen, bleiben diese auch länger an einer herausfordernden Aufgabe.

Sina (2;0) tut, was sie kann, um den Wickelplatz gemeinsam vorzubereiten.

Das Gegenstück zur Suche nach Herausforderung ist die Suche nach Sicherheit: Ist ein Kind mit einer Aufgabe überfordert, fühlt es sich schnell unsicher. Es möchte sich wieder sicher fühlen. Sicherheit gibt eine Situation, in der das Kind kompetent handelt. Über viele Kompetenzerlebnisse wächst auch das Selbstwertgefühl des Kindes, sodass zeitweise Verunsicherungen nicht so schwer wiegen.

Sicherheit kann aber auch die Nähe zu einer vertrauten Person geben. Oder Rituale, vertraute Räume und vertraute Dinge. Daraus erklärt sich auch die Bedeutung von Konzepten für den Übergang von der Familie in die Krippe, den sogenannten Eingewöhnungsmodellen. Wenn das Kind mit den Personen, der Umgebung und den Gegenständen in der Krippe so weit vertraut ist, dass ihm diese Vertrautheit auch Sicherheit zu geben vermag, ist es kompetent.

Dass auch die Umgebung Sicherheit geben kann, zeigt eine Studie die bereits in den 1960er-Jahren mit Schimpansen durchgeführt wurde. Die Schimpansen konnten immer zwischen zwei Pflegern wählen, die jeweils als „Raufkumpan" oder als „Bemutterungskumpan" verkleidet waren. Ihre bevorzugte Wahl hing davon ab, in welcher Umgebung die Schimpansen wählen sollten. In vertrauter Umgebung wurde eher der Raufkumpan gewählt und umgekehrt.

Der Begriff **Eingewöhnungskonzept/Eingewöhnungsmodell** hat sich in der Fachsprache eingeschliffen. Er trifft es aber nicht ganz, denn es geht auch um ein Miteinandervertrautwerden aller Beteiligten: der Fachkräfte, der Kinder in der Krippe und in der Familie.

Sozial eingebunden sein

Menschen sind soziale Wesen, die sich von Geburt an in sozialen Beziehungen befinden. Menschen suchen immer wieder nach der Resonanz unserer Umgebung: Das, was wir tun, wie wir handeln und uns verhalten, sollen auch andere Menschen wahrnehmen und wertschätzen.

Im Umgang mit ihrer sozialen Umwelt bewältigen Säuglinge und Kleinkinder wichtige Entwicklungsaufgaben: Zunächst bauen Kinder stabile, überdauernde Beziehungen zu ihren Bezugspersonen auf. Im zweiten und dritten Lebensjahr gilt es, andere Kinder zu entdecken: Gleichaltrige wie auch ältere und jüngere Kinder werden zu wichtigen Interaktionspartnern.

„Vieles kann der Mensch entbehren, nur den Menschen nicht."
(Ludwig Börne)

In der Kita erleben Kinder Eingebundensein schon früh, auch untereinander.

"Die Hölle, das sind die anderen."
(Jean-Paul Sarte)

Im Bedürfnis nach Eingebundensein – und damit im Streben nach Kontakt und Geselligkeit einerseits sowie Rückzug und Ruhe andererseits – gibt es individuelle Unterschiede. Dies gilt für Erwachsene ebenso wie für Kinder. Kinder zeigen bereits sehr früh ihr Streben nach Kontakt wie auch nach Rückzug an. Diese Signale gilt es, zu erkennen und zu respektieren. Im Krippenalltag geben fest verankerte Gruppenaktivitäten (z. B. Morgenkreis, Spiel- und Singkreise, gemeinsame Mahlzeiten) Möglichkeiten, Kontakt und Geselligkeit zu erleben. Räume, die Bewegungsbereiche und geschützte Ruhezonen vorsehen oder auch Spielmaterialien, die zum Alleinerforschen wie auch zum Mitspielen anregen (z. B. große, weiche Baumaterialien, Kartons, Wasserspiele, Musikinstrumente, verschiedene Bälle und Fahrzeuge, große Kugelbahnen) ermöglichen Kindern vielfältige Gestaltungsmöglichkeiten, ihr richtiges Maß eines Eingebundenseins herzustellen.

Grundbedürfnisse sind universell, die Gewichtung allerdings nicht

Die drei psychischen Grundbedürfnisse teilen Menschen rund um den Globus. Jedoch werden sie in unterschiedlichen Gesellschaften und damit auch in der Erziehung verschieden gewichtet: Ein Säugling einer westlichen Mittelschichtsfamilie wird von Beginn an ermutigt, eigenständig seine Wahl zu treffen, mitzuteilen, was ihm lieber ist, und sich durchzusetzen. Babys haben damit bereits eine aktive Rolle. Die Eltern legen Wert auf die Eigenständigkeit des Kindes: Kinder sollen allein sein können. Damit sich Babys tatsächlich alleine beschäftigen können, nimmt das Spielzeug eine wichtige Rolle ein und bildet den Rahmen für alltägliche Kompetenzerfahrungen. Interaktionen mit Babys laufen über Blickkontakt und Dialog. Der Körperkontakt läuft viel über Hand- und Fingerkontakt. Übergangsobjekte, also Schnuffeltücher oder Kuscheltiere, die dem Kind als treue Begleiter dienen und Sicherheit geben, wenn die Bezugsperson nicht verfügbar ist, sind weit verbreitet. Eltern finden wichtig, dass ihr Kind eine eigenständige, individuelle Persönlichkeit wird sowie seine Talente und Interessen entwickelt. Das passt in die westliche Welt, in der Kinder in Kernfamilien aufwachsen, eine langjährige formale Ausbildung durchlaufen und Frauen ihr erstes (und meist einziges Kind) mit Anfang bis Mitte 30 zur Welt bringen.

Anders sieht es in traditionellen Bauernfamilien, wie zum Beispiel bei den Nso-Bauern in Kamerun, aus. Dort und in anderen, landwirtschaftlich geprägten, dörflichen Gemeinschaften weltweit leben Großfamilien zusammen und teilen einen gemeinsamen Lebensraum. Im ersten Lebensjahr ist das Baby ständig in Körperkontakt. Von Anfang an teilen sich verschiedene, meist drei bis fünf feste Babysitter die Betreuung und tragen das Baby bei ihren Tätigkeiten mit sich: Babys sind also niemals allein, aber selten im Mittelpunkt. Den Nso ist besonders wichtig, dass das Kind im ersten Lebensjahr in die Geschwistergruppe (die auch Cousins, Cousinen, junge Tanten, Onkel umfassen kann) hineinwächst und gute Beziehungen zu allen entwickelt. Durch den Körperkontakt und die permanente Betreuung erleben Nso-Kinder, dass soziale Beziehungen eng sind und damit sozialen Pflichten einhergehen. Bei den Nso sollen sich die Kleinen anpassen und in das hierarchische, soziale System eingliedern, sodass sie bereits früh Aufgaben bei der Feldarbeit oder bei traditionellen Festen übernehmen können. Das erfordert auch eine andere Art der Autonomie, nämlich die des selbstständigen und sozial verantwortlichen Handelns.

Fast immer in Gesellschaft

Spielzeuge fürs Kompetenzerleben

Prüfen Sie Ihr Wissen:

1. Nennen und beschreiben Sie die drei psychischen Grundbedürfnisse.

2. Beschreiben Sie für alle drei psychischen Grundbedürfnisse Situationen, in denen ein Mangel oder Überschuss dazu führt, dass ein entsprechendes Motiv handlungsleitend wird.

3. Warum erleben Erwachsene die Entwicklung des kindlichen Autonomiebedürfnisses mitunter als anstrengend?

4. Welche drei Dinge sind nötig, damit sich ein Kind kompetent erleben kann?

5. Schildern Sie eine Situation, in der ein Kind kompetent handelt, und eine Situation, in der ein Kind sich kompetent erlebt.

6. Der Text schildert Situationen im Krippenalltag, die Raum für Kontakt bieten, und Situationen, die Raum für Rückzug bieten. Welche? Fallen Ihnen weitere ein?

3.4 Vom Selberwollen und Selberkönnen – Selbstregulation

Emotionen und Verhalten regulieren

Tim und Felix streiten um den roten Bagger. Tim gewinnt. Felix weint. Dann läuft er aus der Spielecke zu einer Erzieherin, die ihn auf den Schoß nimmt. Lina versucht, einen richtig großen Turm aus Bauklötzen zu bauen. Aber nach ein paar Bausteinen beginnt der Turm zu wackeln. Er stürzt ein. Nach dem fünften Anlauf pfeffert sie einen Bauklotz wütend in die Ecke und setzt sich an ein Puzzle.

Felix und Lina haben eine schwere Aufgabe: Sie sind wütend und müssen damit irgendwie umgehen. Sie müssen ihre Emotionen regulieren. Diese Emotionsregulation kann durch Bezugspersonen unterstützt werden (external) oder durch das Kind selbst (internal) geschehen: Lina gelingt es, sich mit einem Puzzle abzulenken. Felix braucht Trost durch die Erzieherin. Dabei muss eine Situation, die Emotionsregulation erfordert, nicht gleich so aufwühlend sein wie im Beispiel von Felix und Lina. Wenn Kinder mit einem Riesenhunger auf das Essen warten müssen oder einer unbekannten Person oder Situation begegnen und keine vertraute Person in der Nähe ist, müssen sie sich ebenfalls regulieren und mit ihren jeweiligen Emotionen umgehen.

Emotionsregulation: die Fähigkeit, emotionale Erregungszustände selbstständig zu bewältigen und sich nach Stress oder Aufregung eigenständig wieder zu beruhigen

Selina (2;10) weiß, sich zu helfen – Nuckeln hilft Kindern, sich zu regulieren.

Über die gesamte frühe Kindheit findet eine Entwicklung von der externalen zur internalen Regulation statt. In diesem Prozess gibt es große Unterschiede. Die Entwicklung der Selbstregulation hängt neben der genetischen Disposition und dem Temperament des Kindes sowohl von der kognitiven Entwicklung des Kindes als auch von den Regulationshilfen der Bezugspersonen ab. Während Kinder die Unterstützung ihrer Bezugspersonen anfänglich eher passiv annehmen, fordern sie diese über Monate und Jahre hinweg aktiver ein. Erwachsene passen ihr Unterstützungsverhalten an den jeweiligen Entwicklungsstand des Kindes an. Gespräche gewinnen erst mit zunehmenden sprachlichen Fähigkeiten der Kinder an Bedeutung, wie auch die untere Grafik veranschaulicht. Zugleich brauchen Kinder die Möglichkeit, ihre Emotionen selbst zu regulieren, um nach und nach ihre Regulationsfähigkeiten auszubauen. Entsprechend nehmen sich die Erwachsenen mit zunehmendem Alter der Kinder mehr und mehr zurück.

„Verantwortung für jemanden zu haben, heißt, Antwort zu geben auf die ausgesprochenen und unausgesprochenen Bedürfnisse eines anderen menschlichen Wesens."
(Erich Fromm)

Die folgende Grafik zeigt Beispiele für Verhaltensweisen, mit denen Erwachsene die Emotionsregulation von Kleinkindern unterstützen bzw. die Kleinkinder selbst anwenden, um ihre Emotionen zu regulieren.

Beispiele für internale und externale Emotionsregulation in den ersten drei Lebensjahren

Lernen, eigene Emotionen zu regulieren, ist eine wichtige Entwicklungsaufgabe in den ersten Lebensjahren sowie eine wesentliche Voraussetzung für unterschiedlichste Anforderungen im kognitiven und sozialen Bereich. Wer seine Ziele erreichen will, muss unabhängig seines Alters in der Lage sein, die eigenen Emotionen zu regulieren. Langzeitstudien zur Emotionsregulation zeigen auch, wie wichtig diese für spätere soziale Kompetenzen sind.

Doch Kleinkinder lernen nicht nur, ihre Emotionen zu regulieren, sondern auch, ihr Verhalten zu steuern. Berfin (1;2) räumt die Kiste voll Holztieren aus, ein Tier nach dem anderen. Doch jetzt ist aufräumen angesagt. Die Kindheitspädagogin Sabine packt mit Berfin alle Tiere wieder in die Kiste und stellt diese ins Regal. Berfin will sich die Kiste gleich erneut holen. „Nein, Berfin. Jetzt ist Aufräumzeit!", sagt Sabine. Berfin greift nach der Kiste, die Kindheitspädagogin wiederholt: „Nein, Berfin", und stellt die Kiste zurück ins Regal. Noch einmal geht es hin und her, dann setzt sich Berfin schmollend vor das Regal, lässt die Kiste jedoch an ihrem Platz stehen. In dieser Situation braucht Berfin Selbstregulation auch zur Verhaltenskontrolle: Sie soll lernen, unerwünschtes Verhalten zu unterlassen und gewünschtes Verhalten umzusetzen.

In solchen Situationen, besonders, wenn sie sich wiederholen und dem Erwachsenen allmählich die Geduld ausgeht, stellen sich manchem entnervt die Fragen: „Kind, kapierst du eigentlich nicht, was ich dir sage?! Kannst du nicht oder willst du nicht folgen?"

Studien zum „beharrlichen Krabbeln" zeigen hier, wie lang der Weg von der erfolgreichen Einsicht zur erfolgreichen Verhaltenssteuerung ist. Kinder, die bereits krabbeln konnten, wurden durch ein Hindernis von ihrer Mutter getrennt (vgl. linke Abb. S. 97). Zum Darübergucken war das Hindernis zu hoch. Also wurden die Kinder eingangs hochgehoben. Sie blickten von oben auf das Hindernis und sahen, auf welcher Seite sich ein Durchgang zur Mutter befand. Anschließend wurden sie vor das Hindernis gesetzt und von ihrer Mutter gerufen. Auf Anhieb fanden etwa 80 Prozent der Kinder den Weg zu ihrer Mutter. Sie hatten demnach verstanden, wie das Hindernis aufgebaut ist und wie es sich erfolgreich umgehen lässt. Dann folgten mehrere Runden mit demselben Ablauf – Hindernis anschauen, sitzen, gerufen werden, loskrabbeln –, jedoch nur mit den Kindern, die gleich in der ersten Runde erfolgreich waren. Dabei veränderten die Forscher das Hindernis immer wieder: Mal war die eine Seite geöffnet, mal die andere Seite. Nun sollte man meinen, dass dies kein Problem für die kleinen Orientierungsgenies darstellte. Schließlich hatten alle Kinder, die nun noch im Rennen waren, die Hilfestellung (seitlicher Blick auf das Hindernis) auf Anhieb erfolgreich in zielgerichtetes Verhalten (in die richtige Richtung loskrabbeln) umgesetzt. Aber der Seitenwechsel beeindruckte die kleinen Krabbler wenig, denn eine deutliche Mehrheit wählte – egal, welche Seite offen war – wieder den Weg, der im ersten Durchgang erfolgreich war. Sie blieben also beharrlich bei ihrem einmal gewählten Verhalten: Obwohl das Denken bereits richtig ist, können die Kinder ihr Verhalten noch nicht so steuern, dass das richtige Denken auch in die richtige Tat umgesetzt wird. Erst im Alter von rund zwei Jahren gelingt es den meisten Kindern, bei Bedarf auf Anhieb von der Route im ersten Durchgang abzuweichen (vgl. rechte Abb. S. 97). In Wartesituationen lässt sich entsprechend beobachten, wie Kinder ihr Verhalten immer besser regulieren können. Sie essen beispielsweise ihren Muffin erst dann, wenn alle am Tisch sitzen. Bis dahin haben sie schon eine Menge geschafft.

Die deutsche Rechtsprechung greift diesen Unterschied auf: Nur wer einsichtsfähig und steuerungsfähig ist, gilt als schuldfähig.

Der sogenannte „A-nicht-B-Fehler" bezeichnet ein gleichartiges kindliches Beharren bei einer Greif- und Suchaufgabe. Die Kinder suchen dabei einen versteckten Gegenstand immer wieder im Versteck A, bei dem sie im ersten Durchgang Erfolg hatten – selbst wenn sie beobachten konnten, dass der Gegenstand nun im Versteck B ist. Lange Zeit wurde dieser Fehler für einen Denkfehler gehalten.

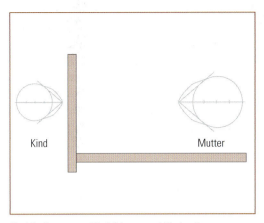

Positionierung von Kind, Mutter und Hindernis aus der Vogelperspektive

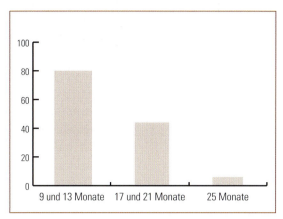

Anteil der „beharrlichen Krabbler" in Abhängigkeit vom Alter

Trotz

Am Anfang des Kapitels steht die Geschichte der kleinen Maja, die einen richtiggehenden Trotzanfall durchlebt. Dabei handelt es sich letztlich um einen emotionsregulatorischen Notfall. Die kleine Maja weiß sich nicht mehr zu helfen. Sie kann noch nicht mit *dieser* Situation umgehen. Gleichzeitig kann sie allerdings schon eine Menge, denn trotzen kann (noch) nicht jeder.

In einer Trotzsituation tritt typischerweise das Missverhältnis zwischen der kindlichen Autonomie- und Kompetenzentwicklung zutage: Das Autonomiebedürfnis, das „Ich will", ist stark ausgeprägt und steht einem „Ich kann noch nicht" gegenüber. Oft kommt es durch das eigene Wollen zu Konflikten mit der Bezugsperson. Die Reaktion äußert sich dabei auch als ein „Ich will nicht!", „Nein!", „Ich auch!" oder „Alleine!". Das Kind erlebt (ob mit oder ohne Interaktion mit der Bezugsperson) in all diesen Situationen Frust. Im Umgang mit der eigenen Inkompetenz versucht es, mitunter Sicherheit über die Bezugsperson zu erhalten. Damit kann ein Widerspruch zum Autonomiebedürfnis entstehen. Schließlich ist die kindliche Emotionsregulationsfähigkeit überfordert, so kommt es zu einem richtiggehenden Trotzanfall.

„Über Trotz zu schreiben, ist viel weniger anstrengend, als ein trotzendes Kind zu betreuen."
(Agnes Bauer)

In solchen Verweigerungssituationen einfühlend, achtsam und respektvoll mit dem Kind umzugehen, ist nicht ganz einfach. Schnell kommt es zu einem Machtkampf, wenn der Erwachsene den Kontrollverlust fürchtet. Bleibt dieser aus, kann das Kind eine wichtige Erfahrung machen: Es darf sich abgrenzen und bleibt dennoch geliebt und geschützt.

„Es gibt keinen Grund, warum wir unseren Kindern ein Nein nicht genauso freundlich sagen können wie ein Ja."
(John Holt)

Meist legen sich die Turbulenzen gegen Ende des zweiten Lebensjahres: Durch wiederkehrende Erfolgserfahrungen wächst auch die Selbstsicherheit. In fast allen Fällen ist das Trotzen also ein Durchgangsphänomen: vorübergehend und typisch für den aktuellen Stand der Entwicklung.

Vermutlich handelt es sich sogar um eine universelle Entwicklungserscheinung: Trotzanfälle wurden auch in Indien, Japan, Zentralafrika und bei den Indios in Peru beschrieben. Trotz tritt bei einer großen Mehrheit der Kinder auf, meist zwischen dem zweiten und sechsten Lebensjahr. Erstmals trotzen Kinder meist zwischen dem 15. und 19. Lebensmonat, wobei zum normalen Trotzen bei bis zu 80 Prozent der Kinder auch Aggressionen gehört: 70 Prozent aller Kinder nehmen einem anderen ein Spielzeug weg; knapp die Hälfte schubst und stößt andere; etwa ein Viertel beißt, kratzt, tritt, schlägt und zieht an den Haaren. Am häufigsten zeigt sich solches Verhalten bei Zweijährigen. Vermutlich, weil sie noch nicht in der Lage sind, ihrem Frust sprachlich Ausdruck zu verleihen. Entsprechend nimmt das Trotzverhalten im vierten Lebensjahr ab. Das folgende Diagramm zeigt, wie verbreitet gelegentliches aggressives Verhalten, wie beißen, schlagen oder treten bei Kleinkindern ist und wie deutlich es mit zunehmendem Alter nachlässt.

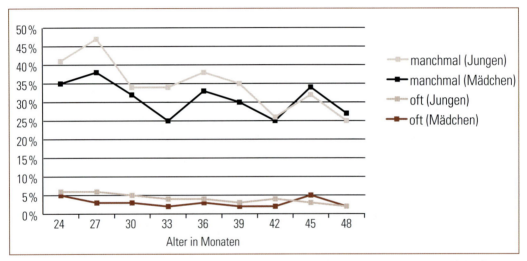

Auftrittshäufigkeit von aggressiven Verhaltensweisen in Abhängigkeit vom Geschlecht und vom Alter der Kinder (in Monaten)

Prüfen Sie Ihr Wissen:

1. Beschreiben Sie den Begriff *Emotionsregulation* in eigenen Worten.
2. Nennen Sie je ein Beispiel für emotionale Selbstregulation im ersten, zweiten und dritten Lebensjahr.
3. Wie entsteht Trotz?

Vertiefung und Transfer

1. Im Entwicklungsgespräch sind die Eltern von Kai (2;6) besorgt: Immer wieder kommt es zu Situationen, in denen Kai andere Kinder beißt. Die Eltern verstehen nicht, woher das kommt, und befürchten, dass sich ihr Sohn zu einem aggressiven Kind entwickelt. Kai sei bisher ein so friedliches Kind gewesen. Mit welchen Argumenten könnten Sie Kais Eltern erklären, warum es besonders in diesem Alter zu aggressivem Verhalten kommt? Wie würden Sie ihnen ihre Sorge nehmen?
2. Unterstützung beim Trocken- und Sauberwerden anstelle von Töpfchentraining: Wie kann das in der Kita umgesetzt werden?
3. Wenn durch Überforderung Unsicherheit entsteht, geben uns Situationen, in denen wir kompetent handeln, wieder Sicherheit. Welche selbst erlebten Situationen fallen Ihnen dazu ein? Was können Sie bei Kindern beobachten?
4. Beobachten Sie einmal bei sich selbst: Welche emotionalen Situationen kennen Sie, wenn zwei Ihrer Grundbedürfnisse miteinander in Konkurrenz stehen?
5. Analysieren Sie Alltagskonflikte zwischen Kindern untereinander nach den Aspekten der psychischen Grundbedürfnisse: Wie wird das Verhalten nun erklärbar?
6. Als pädagogische Fachkraft unterstützen Sie Kinder durch externale Regulation. Welche Verhaltensweisen können Sie bei sich und anderen Kolleginnen und Kollegen beobachten? Inwieweit passen Ihre Beobachtungen zu den Beispielen für internale und externale Emotionsregulation in der schematischen Abbildung?

Lesetipps

Regulation allgemein

Link, F. (2015) Regulationshilfen im Krippenalltag – wie pädagogische Fachkräfte Kleinstkinder in ihrer Regulationsfähigkeit unterstützen können. *KiTa Fachtexte.*

- Wie können pädagogische Fachkräfte ein Kind in der Entwicklung seiner Selbstregulation unterstützen? Um Säuglingen und Kleinkindern eine angemessene Umgebung und Regulationshilfen anbieten zu können, fasst der Text grundlegende Aspekte der Regulation im Säuglings- und Kleinkindalter zusammen.
- Anschließend werden konkrete Hinweise gegeben, wie Fachkräfte den Aufbau von Regulationsfähigkeiten bei Kindern unterstützen können.
- Dabei betont die Autorin die Notwendigkeit, Regulationshilfen im individuellen Kontext zu betrachtet und das eigene Vorgehen regelmäßig zu reflektieren.

Körperliche Bedürfnisse

Largo, R. H. (2010). *Babyjahre: Entwicklung und Erziehung in den ersten vier Jahren.* **München: Piper.**

- Zurecht ein Klassiker (nicht nur) der Elternratgeberliteratur: Anschaulich und wertschätzend geschrieben, beschreibt der Autor die kindliche Entwicklung in den ersten vier Lebensjahren.
- Besonders wertvoll und eindringlich wird auf Basis insbesondere der Züricher Längsschnittstudie immer wieder aufgezeigt, wie unterschiedlich und damit normal kindliche Entwicklungen aussehen.

Rupp-Glogau, R. (2014). Selbstbestimmtes Essen für kleine Menschen unter drei Jahren. *TPS Sammelband,* **70–71.**

- So können Essenssituationen in der Krippe ablaufen! Ein schönes prägnantes Beispiel, das Möglichkeiten aufzeigt, wie Kleinkinder in ihrer Regulation rund um das Essen gut unterstützt werden können.

Haug-Schnabel, G. (2011). Die Sauberkeitsentwicklung unter dem Aspekt des Erlangens von Autonomie und Kontrolle. *KiTa Fachtexte.*

- Wie trocken werden und die Welt erobern – und zwar mit so wenig Hilfe wie möglich – aussehen kann, wird in diesem Text deutlich.
- Knapp und anschaulich wird die Entwicklung von Autonomiebedürfnis und Trotz mit Bezug zum Trockenwerden geschildert.
- Wie die Fachkraft das Kind in seiner Sauberkeitsentwicklung praktisch und emotional unterstützen kann, sodass sich das Kind autonom und selbstwirksam erlebt, wird aufgezeigt.

Psychische Bedürfnisse
Deci, E. L. & Ryan, R. M. (1993). Die Selbstbestimmungstheorie der Motivation und ihre Bedeutung für die Pädagogik. *Zeitschrift für Pädagogik,* 39(2), 223–238.
- Leicht lesbarer wissenschaftlicher Artikel der Hauptvertreter der Selbstbestimmungstheorie, der bis heute nichts von seiner Aktualität eingebüßt hat.
- Zwar beziehen sich die Autoren in den Beispielen vor allem auf Schulen, doch auch die interessierte Erzieherin findet hier Argumente und Anregungen.
- Für alle, die mehr Informationen und aktuelle Artikel zur Selbstbestimmungstheorie suchen und auch vor englischer Fachliteratur nicht zurückschrecken: www.selfdeterminationtheory.org

Höke, J. (2011). Die Bedeutung des Spiels für die kognitive Entwicklung, *KiTa Fachtexte.*
- Zunächst mag irritieren, dass ein Text zur kognitiven Entwicklung an dieser Stelle empfohlen wird. Jedoch bildet das Erleben von Autonomie, Kompetenz und Eingebundensein eine wichtige Vorbedingung für gelingendes Lernen.
- Es wird deutlich, warum gerade das Spiel ermöglicht, dass sich Kinder selbstbestimmt und an den eigenen Interessen orientiert, in einer wohlwollenden Umgebung mit Herausforderungen auseinandersetzen.

Trotz und aggressives Verhalten
Gutknecht, D. (2015). *Wenn kleine Kinder beißen. Achtsame und konkrete Handlungsmöglichkeiten.* **Freiburg: Herder.**
- Sehr praxisnah werden verschiedene Situationen beschrieben
- Das Buch hilft, Kinder besser zu verstehen und sich in Geduld zu üben

Cierpka, M.und Cierpka, A.(2012). Entwicklungsgerechtes Trotzen, persistierendes Trotzen und aggressives Verhalten S. 263–284. In: M. Cierpka (Hrsg.), *Frühe Kindheit 0–3 Jahre. Beratung und Psychotherapie für Eltern mit Säuglingen und Kleinkindern.* **Berlin: Springer.**
- Keine leichte Bettlektüre, aber lesenswert rund um das Thema Trotz: Wie es zu Trotz kommt und wie Eltern und Betreuungspersonen damit umgehen können.
- In den Abschnitten zu andauerndem Trotzen und aggressivem Verhalten wird deutlich, was als normal und unbedenklich angesehen werden kann und wann durch den kindlichen Trotz eine echte Belastungssituation für alle Beteiligten entsteht.

Kindliche
Entwicklung

4

Motorische Entwicklung – Kein Halten mehr

Kahlei ist ein Skater. Und was für einer. Er donnert die Rampe herunter und legt sich elegant in die Kurve. Er lässt sein Skateboard über die Bordsteinkante auf die Straße springen, auf ihm stehend natürlich. Gekonnt verlagert er sein Gleichgewicht erst auf die Hinter-, dann auf die Vorderräder. Zack ist er wieder oben. Auch Treppen sind kein Hindernis, sondern eine Herausforderung. Wenn er stürzt, steht er wieder auf, als wäre nichts gewesen. Dann versucht er denselben Stunt noch einmal und noch einmal. Kahlei beherrscht sein Brett so gut, dass die Bilder von ihm um die Welt gehen. Aber eines unterscheidet ihn von anderen Skatern: Kahlei ist erst zwei Jahre alt. Seine Stunts zeigt er, bekleidet nur mit einer Windel und einer traditionellen Maori-Halskette.

Zweijährige Kinder sollten genügend Gleichgewicht haben, um etwas vom Boden aufzuheben, ohne dabei umzufallen. Mit drei Jahren sollten sie beidbeinig von einer der unteren Treppenstufen herunterspringen können. In diesem Alter gibt es von Kahlei neue Videos. Mit Anlauf springt er auf seinem Brett vier Treppenstufen abwärts, landet sicher und rollt weiter durch den Skatepark, um den nächsten schwierigen Sprung zu proben.

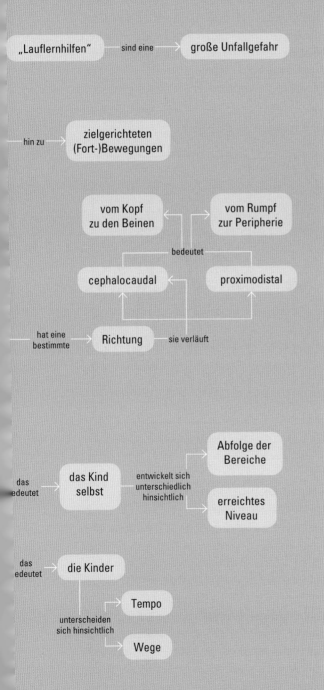

In diesem Kapitel erfahren Sie:

- etwas über die Grundzüge der motorischen Entwicklung bei Kindern bis drei Jahren,
- dass die motorische Entwicklung bei Kindern sehr unterschiedlich verlaufen kann,
- wie sich die Körpermotorik bei Kindern bis drei Jahren entwickelt,
- wie sich die Hand- und Fingermotorik bei Kindern bis drei Jahren entwickelt,
- welche Grenzen und welcher Nutzen motorische Förderung hat.

4.1 Von null auf hundert in 18 Monaten – Die motorische Entwicklung

motorisch:
die Bewegung betreffend;

Motorik:
Fähigkeit des Körpers, sich gesteuert zu bewegen

Die motorischen Fähigkeiten von Neugeborenen sind dürftig. Gerade einmal vom Hals an aufwärts geht ein bisschen was: Sie können den Kopf drehen, die Augen und den Mund bewegen. Aber sonst? Neugeborene können wenig mit ihrem Körper tun. Die Arme und Beine hängen meist herab. Es ist schwierig, sie zu halten, weil alles abgestützt werden muss. Doch innerhalb der nächsten anderthalb Jahre werden aus diesen hilflosen, zu keiner willentlichen Bewegung fähigen Säuglingen Kleinkinder, die sich zielgerichtet fortbewegen und entschlossen nach Spielsachen greifen. In der frühen Kindheit entwickeln sich die motorischen Fähigkeiten mit großen und gut erkennbaren Fortschritten. Das gilt nicht nur für den Skater Kahlei.

Das Ungeborene turnt schon im Bauch der Mutter herum. Aber kurz vor der Geburt wird es dort ziemlich eng. Das schränkt die Bewegungen ein. Die Muskeln haben nichts mehr zu tun und unterstützen nach der Geburt die Bewegungen, die im Fruchtwasser leicht möglich waren, nicht mehr.

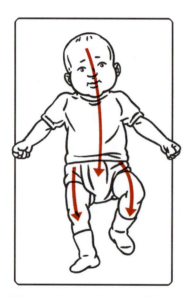 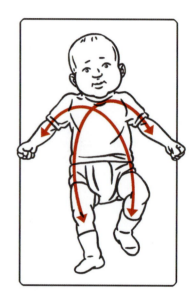

Richtungen der motorischen Entwicklung – A: vom Kopf zu den Beinen; B: vom Rumpf nach außen

cephalocaudal:
vom Kopf zu den Beinen

proximodistal:
vom Rumpf zur Peripherie

Die motorische Entwicklung entfaltet sich geordnet: Sie schreitet in cephalocaudaler und proximodistaler Richtung fort. *Cephalocaudal* bedeutet vom Kopf zu den Beinen, also von oben nach unten. Der Kopf mit seiner Motorik reift vor der Motorik der Arme, die wieder vor jener der Beine. Ein Baby ist im Normalfall zuerst in der Lage, seinen Kopf zu halten und dorthin zu drehen, wo es etwas Interessantes zu sehen gibt. Später rollt es sich vom Bauch auf den Rücken und zurück. Noch später sitzt und krabbelt es, bevor es aufsteht und schließlich die ersten Schritte geht. *Proximodistal* bedeutet vom Rumpf zur Peripherie, also von innen bzw. vom Zentrum nach außen. Die Motorik der Arme entwickelt sich vor der Motorik der Finger, die Motorik der Beine vor der der Füße, jene der großen Muskeln vor jener der kleinen. Das Greifen mit der ganzen Hand ist vor dem Greifen mit zwei Fingerspitzen ausgebildet.

4.2 Anders ist normal – Unterschiede in der motorischen Entwicklung

Beim Skater Kahlei klappt das mit der Motorik schon fabelhaft. Sonst würde er mit zwei Jahren sein Skateboard noch nicht so gut beherrschen. Aber normal ist das nicht. Doch was ist schon normal? Die Hälfte aller Kinder kann an ihrem ersten Geburtstag ohne Hilfe frei gehen. Ist das Gehen ohne Hilfe mit 12 Monaten „normal"? Und was ist mit Anna, die es schon mit neun Monaten kann. Ist das unnormal? Muss man da etwas tun? Und was ist mit Berta, die es mit 15 Monaten noch nicht alleine kann? Ist das auch unnormal? Muss man da etwas tun?

Mit Unterstützung der Erzieherin erkundet Pascal (1;3) Schritt für Schritt die Welt.

Es ist normal, dass sich nicht alle Kinder gleich schnell entwickeln. Dabei spricht man von interindividuellen Unterschieden oder **interindividueller Variabilität**. Es ist normal, dass Kinder bestimmte motorische Fähigkeiten zu unterschiedlichen Zeitpunkten bewältigen, wie das freie Gehen. Wenn ein Kleinkind schneller ist, besteht kein Grund zur Sorge. Ebenso besteht aber auch kein Grund zum fast unvermeidlichen elterlichen Stolz. Der Zeitpunkt, zu dem ein Kind ohne Unterstützung sitzt oder ohne Hilfe geht, sagt so gut wie nichts über die spätere allgemeine motorische Entwicklung aus. Wie alt ein Kind ist, wenn es einen motorischen Meilenstein erreicht, lässt keine Vorhersage weiterer Entwicklungen zu. Die Hälfte der Kinder geht mit 12 Monaten frei, also ohne Hilfe. Das heißt aber nicht, dass die andere Hälfte „unnormal" ist. Ein Kind sollte nicht mit dem verglichen werden, was andere Kinder schon können. Aber Eltern sollten auch nicht nur hoffen und harren, bis sich alles irgendwie „herauswächst".

interindividuelle Variabilität: bezieht sich auf Unterschiede zwischen verschiedenen Personen

Meilensteine, ursprünglich an Straßen errichtete Entfernungsanzeiger, wurden in das Projektmanagement als Zwischenziele übernommen und von dort aus auch zur Markierung von Entwicklungen. Meilensteine beschreiben festgelegte Etappenziele, die ein Kind passiert.

Grenzsteine der Entwicklung: eine Art Frühwarnsystem für Risikolagen in Kindertageseinrichtungen

Zur Entscheidungsfindung, ob man gelassen warten kann oder doch einen Experten zurate ziehen sollte, gibt es ein einfaches Instrument: die Grenzsteine der Entwicklung. Diese Grenzsteine beschreiben, wann fast alle Kinder (90 bis 95 Prozent) etwas können. Damit markieren sie die Grenze zwischen „Nur die Ruhe, das wird schon noch!" und „Da sollte man etwas tun!". In diesem Sinne sind die Grenzsteine eine Art Frühwarnsystem für pädagogische Fachkräfte, um Risikolagen zu erkennen. Die oben erwähnte Berta, die mit 15 Monaten immer noch nicht alleine frei geht, hat noch drei Monate Zeit, bis die Erwachsenen beunruhigt sein sollten. Erst wenn Berta noch nicht so weit ist wie 95 Prozent der anderen Kinder ihres Alters, ist die Wartegrenze erreicht. Dann sollte etwas unternommen werden. Ein Experte sollte sich das Kind genauer anschauen.

Es ist normal, dass sich nicht alle Kinder gleich schnell entwickeln. Es ist auch normal, dass nicht alle Kinder die gleichen Wege nehmen. Zuerst kommt das Robben: die Fortbewegung mithilfe der Arme. Dann folgt das Kriechen: die Fortbewegung mithilfe der Arme und Beine. Das geht über in den Vierfüßlergang. Anschließend richtet sich das Kind auf und läuft schlussendlich. Richtig? Für viele Kinder stimmt das. Aber nicht für alle. Manche Kinder überspringen den Vierfüßlergang. Andere richten sich schon nach dem Robben auf. Weitere kommen vom Rutschen auf dem Po zum Aufrichten. Sie alle lernen laufen. Sie alle nehmen verschiedene Wege. Und sie alle sind normal.

Unterschiede gibt es nicht nur in der motorischen Entwicklung, sondern in allen Bereichen. Doch im Bereich der Motorik kann man sie oft leichter erkennen.

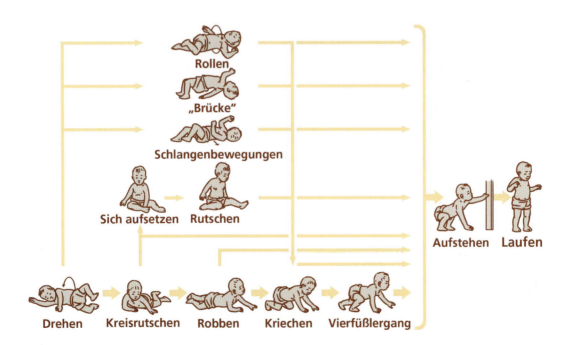

Die motorische Entwicklung: vom Drehen zum Laufen

110

Es ist normal, wenn sich die früh laufende Anna von der spät laufenden Berta in ihrer motorischen Entwicklung unterscheidet. Es ist aber auch normal, wenn das nicht für die gesamte motorische Entwicklung gilt. Berta kann viel früher als Anna Buchseiten geschickt umblättern und sogar ihre Jacke selbst schließen. Berta ist fingerfertig. Am liebsten sitzt sie und spielt mit den großen glänzenden Murmeln. Aber Berta läuft noch nicht wie Anna. Bei Berta ist die Fingermotorik schon weiter als die Körpermotorik. Man spricht hier von intraindividuellen Unterschieden oder intraindividueller Variabilität. Kinder, die in einem Bereich schneller sind als andere, sind das nicht zwangsläufig in allen Bereichen. Kahlei, so gut er auf dem Skateboard ist, wird beim Auffädeln von Perlen vielleicht nicht so große Fortschritte machen wie Berta mit einem Faible für glitzernden Schmuck.

intraindividuelle Variabilität: bezieht sich auf Unterschiede innerhalb einer Person

> **Prüfen Sie Ihr Wissen:**
>
> 1. Die motorische Entwicklung folgt zwei Entwicklungsmustern. Nennen Sie eines und beschreiben Sie das Muster in seinen Auswirkungen.
>
> 2. Was versteht man unter *interindividueller Variabilität*? Erklären Sie und geben Sie ein erlebtes oder fiktives Beispiel.
>
> 3. Was versteht man unter *intraindividueller Variabilität*? Erklären Sie das Konzept und geben Sie ein Beispiel mit Bezug zu Ihren eigenen motorischen Fähigkeiten.

4.3 Auf die Beine kommen, einmal und dann immer wieder – Körpermotorik

Auf einem Skateboard zu balancieren und Perlen aufzufädeln, gehört zur Motorik. Dabei sind diese Fähigkeiten sehr unterschiedlich. Deshalb unterteilt man die Motorik in zwei Bereiche: die Körpermotorik einerseits und die Hand- und Fingermotorik andererseits.

Die Körpermotorik umfasst die allgemeine Körperbeherrschung. Alles, was zum Aufrichten, wie das Sitzen oder Stehen, oder zur Fortbewegung, wie das Gehen oder Skateboardfahren, gebraucht wird, fällt in den Bereich der Körpermotorik. Dieser Bereich wird manchmal auch *Grobmotorik* genannt. Dabei ist das ein unpassender Begriff. Denn diese Art der Motorik ist keinesfalls grob. Das Aufrichten des eigenen Körpers und das ständige Ausbalancieren auf den Füßen erfordern genau abgestimmte Muskelkraft.

Doch das allein reicht noch nicht. Auch die Wahrnehmung muss so weit ausgebildet sein, dass sie die anstehenden Bewegungen auch unterstützen kann. Um beispielsweise in der Lage zu sein, unseren Körper auch im Stand aufrecht zu halten, muss der Gleichgewichtssinn sehr gut entwickelt sein. Er muss merken und melden können, wenn unser Schwerpunkt auch nur ein kleines bisschen falschliegt. Nur dann können wir durch Gewichtsverlagerung vermeiden, dass wir auf dem Po landen. Die Sinne müssen mit der Motorik zusammenwirken, damit wir erfolgreich das Gleichgewicht halten können.

> Gleichgewichtsinn an alle: „Uns zieht es etwas nach hinten! Nicht gut!"
>
> Gleichgewichtssinn an Motorik: „Tu etwas!"
>
> Motorik an Gleichgewichtssinn: „Reicht ein Ausfallschritt nach hinten?"
>
> Gleichgewichtssinn an Motorik: „Ja, aber schnell. Es wird immer schlimmer!"
>
> *Motorisches Programm „Schritt zurück" wird ausgeführt.*
>
> Gleichgewichtsinn an alle: „Gleichgewicht im grünen Bereich. Over and out."

Gute Motorik braucht also mehr als gute motorische Programme, wie „Schritt zurück". Gute Motorik braucht auch nützliche Informationen aus den Sinnen. Und selbst das reicht noch nicht: Sie braucht auch die präzise Abstimmung zwischen diesen Informationen und den motorischen Programmen.

Oder anders betrachtet: Wenn's mal schiefgeht und es doch zum ungewollten Pofall kommt, kann das verschiedene Ursachen haben. Vielleicht hat der Gleichgewichtssinn nicht aufgepasst. Oder die Motorik hat das falsche Programm ausgewählt. Oder das richtige ausgewählt, dies aber falsch ausgeführt. Oder wie in einer schlechten Ehe: Die beiden haben aneinander vorbeigeredet.

Die Wahrnehmung unterstützt nicht nur die Motorik. Die Motorik hilft auch der Wahrnehmung. Und die verschiedenen Sinne helfen sich gegenseitig aus. Der akkurate Sehsinn hilft der noch ungenauen Propriozeption (vgl. Kap. 1.2, S. 21). Der Sehsinn zeigt, was los ist, und das Kind beginnt schließlich, seine Arme und Beine dort zu fühlen, wo es sie sieht. Doch das geht natürlich nur über die Motorik. Wenn die Arme nur an einem Ort sind, können sie nicht woanders gesehen und gefühlt werden. Und die Motorik gibt noch weitere Hilfestellungen. Sehen und Hören können dann viel mehr aufnehmen, wenn wir uns zu einem Geräusch oder einer interessanten Szene hindrehen oder sogar auf sie zubewegen. Auf diese Weise erweitert die Körpermotorik die Möglichkeiten eines Kindes. Die Umwelt zu erfahren und sich mit ihr auseinanderzusetzen, geht mit guter Motorik viel leichter. Und wenn das Sitzen und das Stehen gut klappen, sind auch die Arme und Hände frei, um Buchseiten umzublättern oder Holzklötzchen zu stapeln.

In einem Experiment setzten Forscher sich mit Babys auf einen Drehstuhl. Das Drehen und auch das abrupte Stoppen gefielen den Kleinen. Den Forschern gefielen die Ergebnisse: Die Babys verbesserten dadurch ihren Gleichgewichtssinn und sogar ihre Motorik. Da kam die Kontrollgruppe ohne Drehstuhl nicht mit.

Wie lernt ein Kind laufen? Von Fall zu Fall.

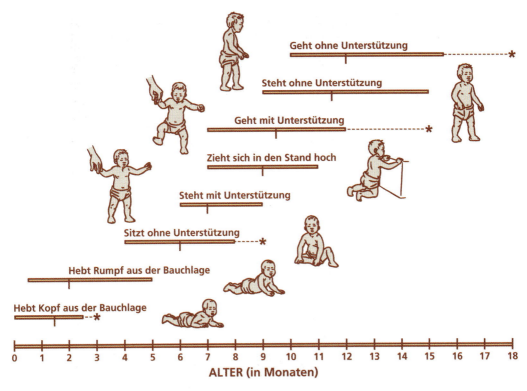

Körpermotorik über Zeit: Die Entwicklung der Körpermotorik mit ausgewählten Grenzsteinen (die Balken stehen für den Altersbereich, in dem sich die Fähigkeit entwickelt; die Striche zeigen an, wann Kinder den Meilenstein im Durchschnitt erreichen; Sternchen markieren Grenzsteine)

Grenzsteine für die Körpermotorik

Grenzsteine geben den Zeitpunkt an, zu dem die meisten gesunden Kinder eine bestimmte Fähigkeit erworben haben. Ein Kind darf hinsichtlich der Fähigkeiten auch ruhig trödeln. Vor diesem Zeitpunkt sollte es nicht als entwicklungsgestört und behandlungsbedürftig angesehen werden.

Grenzsteine der Entwicklung für die Körpermotorik

Alter des Kindes	Körpermotorische Fähigkeit Das Kind …
3 Monate	• hebt in Bauchlage sicher den Kopf an, • stützt sich auf die Unterarme.
6 Monate	• zeigt, auf dem Rücken liegend, keine dauerhaften Asymmetrien in Haltung und Bewegung, • hebt Kopf in Bauchlage und schaut einem Gegenstand nach, der vor dem Gesichtsfeld bewegt wird.
9 Monate	• sitzt längere Zeit sicher und frei mit geradem Rücken und guter Kopfkontrolle.
12 Monate	• sitzt frei mit geradem Rücken und sicherer Gleichgewichtskontrolle, • dreht sich selbstständig und prompt von der Bauch- in die Rückenlage.
15 Monate	• läuft und hält sich dabei an Erwachsenen, Möbeln und Wänden fest.

Alter des Kindes	Körpermotorische Fähigkeit Das Kind …
18 Monate	• geht frei und zeitlich unbegrenzt (noch etwas breitbeinig, nicht in ganz gerader Körperhaltung und mit den Armen etwas abgespreizt), • kontrolliert sicher sein Gleichgewicht.
24 Monate	• hebt Dinge vom Boden auf, ohne das Gleichgewicht zu verlieren, • bewältigt Treppen (im Nachstellschritt, hält sich am Geländer oder an der Hand Erwachsener fest).
36 Monate	• hüpft beidbeinig von einer der unteren Treppenstufe, ohne das Gleichgewicht zu verlieren, • läuft mit deutlichem Armschwung, umsteuert Hindernisse und kann plötzlich anhalten.

Asymmetrie:
Ungleichheit; Gegenteil von Symmetrie (spiegelbildliche Gleichheit)

Eine Treppe kann man auf verschiedene Weise erklimmen, aber immer braucht es gute Körpermotorik.

Prüfen Sie Ihr Wissen:

1. Welche zwei Arten der Motorik werden im Allgemeinen unterschieden?

2. Ein Kleinkind landet bei seinen ersten Schritten auf dem Po. Was könnten Ursachen dafür sein, dass die Schritte noch nicht so gut klappen?

3. Betrachten Sie die Abbildung „Die Entwicklung der Körpermotorik mit ausgewählten Grenzsteinen" (S. 113 oben). Lesen Sie daraus ab:
   • wann die ersten Kinder ohne Unterstützung sitzen.
   • wann ein „durchschnittliches" Kind mit Unterstützung steht.
   • wann der Grenzstein für das Gehen mit Unterstützung erreicht wird und
   • wann ein Kind, das es noch nicht kann, einem Experten vorgestellt werden sollte.

4.4 Die Welt be-greifen – Hand- und Fingermotorik

Der zweite Bereich der Motorik betrifft die Hand- und Fingermotorik, die manchmal auch als *Feinmotorik* bezeichnet wird. Unter den Begriffen *Hand-* und *Fingermotorik* versteht man die Geschicklichkeit der Hände und Finger.

Allerdings müssen die Finger und Hände erst einmal dorthin kommen, wo sie ihre Geschicklichkeit überhaupt unter Beweis stellen können. Die ersten Bewegungen eines Neugeborenen unterliegen noch nicht dem Willen des Kindes. Aus sogenannten spontan auftretenden Bewegungen entwickelt sich in den ersten Lebensmonaten die willentliche Motorik. Die Hand landet spontan neben dem Mund, das Kind lutscht zufällig an seinem Daumen. Es gefällt ihm. Es versucht, öfter die Hand mit dem Daumen an den Mund zu führen. Dabei übt das Baby eine Fähigkeit, die auch *Hand-Mund-Koordination* genannt wird. Im Unterschied dazu meint der Begriff *Hand-Hand-Koordination*, wenn ein Baby versucht, seine Hände zusammenzuführen, um sie gegenseitig zu betasten. Und dann gibt es noch die Auge-Hand-Koordination. Das Kind beginnt, das, was es sieht, mit dem, was es tut, zu koordinieren. Man spricht auch von visuell-motorischer Koordination. Auch wenn Sie diese vielleicht noch nicht kennen – Sie beherrschen sie schon lange. Sie brauchen sie zum Beispiel, um die Seiten dieses Buches umzublättern.

Kinder koordinieren Sehsinn und motorische Programme, wenn sie nach einem interessanten Objekt greifen, einen Baustein auf einen anderen setzen, den Löffel unter das Essen schieben oder einen Kreis malen. Immer dann ist visuell-motorische Koordination, die Steuerung der Motorik mithilfe von Informationen aus dem Sehsinn, gefragt. Weil hierbei die Augen gewissermaßen die Hand lotsen, spricht man auch von *Auge-Hand-Koordination*.

Zu Beginn der visuell-motorischen Koordination steht der Blick auf die eigenen Hände. Das Kind liegt auf dem Rücken und manchmal wandern sie zufällig in das Blickfeld. Und manchmal wandern die Hände auch ungewollt wieder hinaus. Das Kind erkennt anfangs nur, dass da etwas vor seinem Gesicht geschieht. Es merkt aber noch nicht gleich, dass es dieses Geschehen auch aktiv beeinflussen kann. Hier hilft die Mustererkennung (vgl. Kap. 2.3, S. 57 ff.). Sie verknüpft die motorischen Programme mit den für das Auge sichtbaren Resultaten. Der Sehsinn trainiert so die Motorik: „Weiter links, noch weiter links, noch ein bisschen ausstrecken!" Per Versuch-Irrtum-Lernen werden motorische Programme ausgeführt und die treffsichersten Programme beibehalten.

Für Erwachsene wird die visuell-motorische Koordination erkennbar, wenn ein Kind gezielt nach einem interessanten Gegenstand greift – mit oder ohne Erfolg. Wenn es zum Beispiel einen roten Ball in seiner Reichweite schnappen will. Nicht nur das Kind erfasst jetzt die sichtbaren Resultate seiner Muskelaktion. Auch der Erwachsene sieht, ob die zielgerichtete Aktion wirklich zielführend

---

Erwachsene freuen sich oft, wenn ein Baby ihren Finger nicht mehr loslassen will. Das hat jedoch nichts mit Zuneigung zu tun. Babys können etwas willentlich ergreifen, bevor sie es wieder willentlich loslassen können.

Koordination:
das Abstimmen verschiedener Aktivitäten aufeinander für ein gutes Zusammenspiel

visuell-motorische Koordination:
die Steuerung der Motorik mithilfe von Informationen aus dem Sehsinn

war: Der rote Ball liegt ganz woanders, der rote Ball wurde aus Versehen weggestoßen oder der rote Ball wurde geschnappt. Ist der rote Ball nicht in der Hand, heißt es: weiter üben. Kein Erwachsener belehrt: „Den Musculus deltoideus pars clavicularis mehr anspannen!" Übung macht hier den motorischen Meister. Der Sehsinn zeigt schon lange, wohin es gehen soll. Die Propriozeption informiert das Kind immer besser darüber, wo sich der Arm und die Finger gerade befinden. Unter den verschiedenen ausprobierten Motorikprogrammen werden die ausgewählt, die in Vergangenheit in einer solchen Situation immer erfolgreich waren. Und irgendwann werden sie dann richtig nacheinander ausgeführt: Arm ausstrecken, Finger öffnen, Finger schließen, Ziel erreicht. Der rote Ball ist in der eigenen Hand.

„Der Mensch ist das klügste aller Wesen, weil er Hände hat."
(Anaxagoras)

Mit Babys, die interessante Gegenstände in ihrer Reichweite greifen, lassen sich auch einfache Untersuchungen durchführen. Daher weiß man, dass Kinder im Alter von ungefähr vier Monaten mit ihrer Hand den interessanten Gegenstand auch schon berühren. Aber noch klappt das Greifen nicht immer: Sie erreichen den Gegenstand mit dem flachen Teil der Hand oder sie schließen die Hand zu früh oder zu spät. Mit sechs Monaten können die meisten Babys dann auch erfolgreich zugreifen: Sie benutzen die Arme, um die Hand zu dem Objekt zu bringen, und die Finger, um das Objekt auch zu ergreifen. Sie verfügen dann sogar über so viel visuell-motorische Koordination, dass sie nicht nur einen liegenden Ball schnappen können, sondern sogar einen, der an ihnen vorbeirollt.

„Die Greifarme von Robotern sind taktil-mechanische Waisenknaben gegenüber den Händen von Dreijährigen."
(Manfred Spitzer)

Das Zugreifen mit Händen und Fingern

Mit der Zeit, mit Übung und mit verschiedenen Gegenständen, nach denen gegriffen werden kann, entwickeln sich immer neue Arten des Greifens mit der Hand.
Faustgriff oder palmares Greifen: Greifen mit der ganzen Innenfläche der Hand 
Faustgriff mit Daumen oder radialer Faustgriff: Greifen mit der ganzen Hand, wobei sich Daumen und Zeigefinger gegenüberstehen 

Mit der Zeit, mit Übung und mit verschiedenen Gegenständen, nach denen gegriffen werden kann, entwickeln sich immer neue Arten des Greifens mit der Hand.

Scherengriff: Greifen mit gestrecktem Daumen und gestrecktem Zeigefinger, jedoch noch nicht mit den Fingerkuppen	
unvollständiger Pinzettengriff: Greifen mit gebeugtem Daumen und Zeigefinger	
Pinzettengriff, auch Zweifingergriff oder feiner Spitzgriff: Greifen mit den Fingerspitzen von Daumen und Zeigefinger	
Pinselgriff: Greifen mit den ersten drei Fingern, der Stift liegt dabei in der Handinnenfläche	
Dreifinger-Spitzgriff, auch grober Spitzgriff: Greifen mit Daumen, Zeige- und Mittelfinger	

Grenzsteine der Entwicklung für die Hand- und Fingermotorik

Alter des Kindes	Fähigkeit der Hand- und Fingermotorik Das Kind …
3 Monate	• bringt Hände und Finger über die Körpermittellinie zusammen.
6 Monate	• legt einen Gegenstand von einer Hand in die andere Hand, • benutzt den Faustgriff.
9 Monate	• hält Gegenstände in einer oder in beiden Händen und exploriert intensiv durch Tasten.
12 Monate	• benutzt den Scherengriff.
15 Monate	• kann zwei Klötzchen aufeinandersetzen.
18 Monate	• gibt Gegenstände, die es in der Hand hält, auf Aufforderung her, • benutzt den Zeigefinger bewusst zum Betasten, Befühlen oder Drücken von Tasten oder Schaltern.
24 Monate	• benutzt den Pinzettengriff, • hält einen Malstift mit Faustgriff oder Pinselgriff.
36 Monate	• blättert Buch- oder Journalseiten einzeln um, • benutzt den präzisen Dreifingerspitzgriff.

Fallbeispiel
Kinderheime – und was sie über die motorische Entwicklung verraten

Manchmal spielt das Leben schon den Kleinen übel mit. Das passiert, wenn sich die Eltern nicht mehr um sie kümmern können. Der Ausweg ist ein Kinderheim. In den Kriegswirren und zu Zeiten, als uneheliche Kinder nicht bei ihren Müttern bleiben durften, gab es eine Menge dieser Kinderheime in unterschiedlichster Qualität.
Was aus den Kindern wird, die in solchen Heimen heranwachsen, offenbart einiges über die kindliche Entwicklung, auch die motorische.

Ein Kinderheim stand im Libanon der 1950er-Jahre. Es beherbergte schon die kleinsten Kinder. Im ersten und auch in großen Teilen des zweiten Lebensjahres lagen die Babys auf ihrem Rücken in Kinderbetten. Mit zwei Monaten zeigten sie einen normalen Entwicklungsstand. Ihre Motorik war vergleichbar mit der von libanesischen Kindern, die in einer Familie aufwuchsen. Sie war auch vergleichbar mit der Motorik von den vielen amerikanischen Kindern, deren Entwicklung extra untersucht und beschrieben wurde, um Vergleichswerte zu erhalten. Die Kinder im Kinderheim drehten den Kopf, um sich in ihrer Umgebung umzuschauen. Wenn ein Erwachsener ein Spielzeug über ihnen bewegte, folgten sie dem Spielzeug mit den Augen.
Mit drei Monaten verlangten die Entwicklungstests, dass das Baby in sitzender Position gehalten wurde. Aus dieser Stellung heraus sollten sie einen Würfel und einen Löffel, die auf dem Tisch lagen, beachten. Doch keines der Kinder war vorher jemals im Sitzen gehalten worden. Keines hatte je Objekte auf Tischen gesehen. Mit vier Monaten sollten die Babys nach Objekten greifen und sie untersuchen. Doch in ihrer Umwelt gab es nie etwas zu greifen und nichts zu untersuchen.

Die Kinder fielen immer deutlicher in ihrer motorischen Entwicklung zurück. Keines der Einjährigen konnte alleine sitzen oder krabbeln. Mit zwei Jahren konnten viele noch immer nicht laufen.

Irgendwann beherrschten dann zwar alle Kinder das Sitzen und Laufen. Aber deutlich wird: Die Umwelt dieser Kinder hatte ihre normale motorische Entwicklung behindert. Heute würden die Kleinen mit Verweis auf mehrere Grenzsteine dem Kinderarzt vorgestellt werden. Denn da kann etwas nicht stimmen! Klar: Die Umwelt.

Ein anderes Kinderheim befand sich im Ungarn der 1950er-Jahre. Es wurde von der Kinderärztin Emmi Pikler geleitet. Sie interessierte sich für die Bewegungsentwicklung des Säuglings. Und dafür, was passiert, wenn man den Kleinen Möglichkeiten eröffnet und sie einfach machen lässt. Die Erwachsenen übten mit den Heimkindern keine Bewegungen, die sie allein noch nicht konnten. Kein Kind wurde aufgestellt, an den Händen gehalten und auf diese Weise zum Laufen animiert. Spontane Bewegungsversuche der Kinder wurden aber auch nicht verhindert. Über eine interessante Umwelt wurden die Bewegungen sogar noch angeregt: Es gab viel zum Greifen und Betasten, viel zum Klettern und Tragen. Aber die Erwachsenen mischten sich nicht in die Bewegungsentwicklung der Kinder ein. Doch was passiert, wenn niemand etwas „fördert", aber Eigeninitiative angeregt wird?

Die motorische Entwicklung dieser Kinder verlief normal. „Durchschnittliche", gesunde Kinder hatten im Alter von sieben Monaten gelernt, sich vom Bauch auf den Rücken zu drehen. Mit zehn Monaten setzten sie sich. Mit elf Monaten standen sie auf. Mit 15 Monaten unternahmen sie die ersten freien Schritte. Mit 17 Monaten gingen sie sicher. Heute würde ein „Durchschnittskind" aus diesem Kinderheim keinem Kinderarzt vorgestellt werden müssen. Die Grenzsteine wurden rechtzeitig passiert.

> „Beobachte! Lerne dein Kind kennen! Wenn du wirklich bemerkst, was es nötig hat, wenn du fühlst, was es tatsächlich kränkt, was es braucht, dann wirst du es auch richtig behandeln, wirst du es richtig lenken, erziehen."
> *(Emmi Pikler)*

Prüfen Sie Ihr Wissen:

1. Was versteht man unter *visuell-motorischer Koordination*? Finden Sie dafür in diesem Buch ein Foto von einem Kind, das diese gerade ausübt.

2. Kinder können auf verschiedene Arten zugreifen. Die Tabelle „Das Zugreifen mit Händen und Fingern" (S. 116 f.) gibt einen Überblick. Betrachten Sie drei Arten des Greifens und geben Sie andere Beispiele für Gegenstände, die Kinder auf diese Weise halten.

3. Im libanesischen Kinderheim konnten die Kinder nicht optimal betreut werden. Welche Auswirkung hatte dies auf die motorische Entwicklung der Kinder?

4. Im ungarischen Kinderheim wurde den Kindern hinsichtlich ihrer motorischen Entwicklung Zeit gelassen. Was zeigte sich daraufhin?

4.5 Möglich? Nötig? Nützlich? – Motorische Förderung

Sollte die Motorik kleiner Kinder trainiert werden oder einfach heranreifen? Das obige Beispiel des ungarischen Kinderheims zeigt: Kinder lernen ohne spezielle Fördermaßnahmen das Sitzen, Stehen und Gehen. Der Fall des libanesischen Kinderheims veranschaulicht: Kinder erwerben diese Fähigkeiten sogar unter Bedingungen, die an Vernachlässigung grenzen. Es scheint, als spule sich die motorische Entwicklung automatisch ab wie ein Programm. Eine Art Reifungsprozess, der nach inneren Gesetzmäßigkeiten abläuft, der in den Genen liegt und wenig mit den Erfahrungen und dem Üben des Kindes zu tun hat. Als könne man nicht viel dagegen oder dafür tun. Wie eine Murmel, die, einmal auf ihre Bahn gesetzt, immer weiter nach unten rollt und dabei jede Ecke und Holperstelle wie geplant nimmt. Ganz so ist es nicht. Die motorische Entwicklung kann sich nur entfalten, wenn bestimmte Voraussetzungen erfüllt sind. Zum einen brauchen die im Naturprogramm angelegten Bewegungen einen einigermaßen intakten Bewegungsapparat, beispielsweise mit ausreichend starken Muskeln. Zum anderen muss die Wahrnehmung so weit ausgebildet sein, dass sie die anstehenden Bewegungen auch unterstützen kann. Und letztlich kann auch die Umwelt die Entwicklung, zumindest geringfügig, beschleunigen oder verzögern.

Dass Verzögerung möglich ist, zeigt das Beispiel der Kinder aus dem libanesischen Kinderheim: Keiner der Einjährigen konnte selbstständig sitzen. Mit zwei Jahren konnten viele immer noch nicht laufen. Dass Beschleunigung möglich ist, zeigen nicht nur Einzelfälle wie Kahlei, der Skater. Es zeigen auch wissenschaftliche Experimente. Manche von ihnen bestehen aus motorischen Förderprogrammen. Da ist zum Beispiel Johnny. Seit seinem ersten Lebensmonat durchlief er ein rigoroses motorisches Trainingsprogramm. Mit zehn Monaten konnte Johnny unter Wasser schwimmen. Gerade einmal ein Jahr alt, lief er auf Rollschuhen. Mit 14 Monaten beherrschte er den Kopfsprung in den Pool. Und noch vor seinem zweiten Geburtstag kletterte er verwegen auf hohe Podeste und steile Rampen. Johnny vollbrachte motorische Leistungen weit über der Altersnorm. Sein Zwillingsbruder Jimmy konnte das ohne Trainingsprogramm noch nicht.

Andere Experimente fördern den Gleichgewichtssinn und damit die Voraussetzungen für Motorik. Beispielsweise ging man in dem bereits in der Randspalte erwähnten Drehstuhlexperiment so vor: Drei bis dreizehn Monate alte Babys kamen über wenige Wochen hinweg 16 Mal in den Genuss von Drehstuhlfahrten. Auf dem Schoß eines Forschers drehten sie jedes Mal zehn Runden – mit einem abrupten Stopp nach jeder Runde. Den Babys machte das Karussellfahren Spaß: Sie lachten und brabbelten während der Drehung. Im Vergleich zu Babys ohne Drehstuhlfahrten entwickelten sich die „Karussellbabys" motorisch schneller: Sie konnten eher sitzen, krabbeln, stehen und gehen. Besonders beeindruckend zeigte sich die Wirkung am Beispiel eines Karussellbabys, dessen Zwil-

„Alles Entscheidende entsteht trotzdem."
(Friedrich Nietzsche)

lingsbruder keine Drehstuhlfahrten bekam: Zum Ende der Studie waren die Zwillinge vier Monate alt. Der Bruder fing gerade erst an, sein Köpfchen zu heben. Das Karussellbaby bewegte gezielt seinen Kopf und konnte bereits frei sitzen.

Andere Länder, andere Sitten, andere motorische Entwicklung?

Wie Erwachsene mit kleinen Kindern umgehen, beeinflusst die motorischen Erfahrungen der Kinder. Bei Babys in Tragetüchern sich ständig bewegender Mütter hat der Gleichgewichtssinns der Kleinen viel zu tun – mehr jedenfalls, als bei Babys, die nur auf dem Rücken liegen. Was Erwachsene über die motorische Entwicklung von Kindern denken, bestimmt, wie viel von welcher Art Training sie den Kindern zukommen lassen.

Einige traditionelle afrikanische Kulturen haben intensive motorische Förderprogramme für ihren Nachwuchs.
Die Kipsigis in Kenia beispielsweise unterstützen das frühe Sitzen ihrer Kleinen. Kurz nach der Geburt werden die Babys die meiste Zeit in sitzender Position auf dem Schoß gehalten. Oder es werden Mulden gegraben, in denen sie sitzend gehalten werden. Im Alter von zwei bis drei Monaten beginnt für die Kipsigis-Kinder das Lauftraining. Afrikanische Babys verbringen ab dem dritten Monat bis zu 90 Prozent des Tages stehend oder sitzend. Sie liegen also nur 10 Prozent ihrer wachen Zeit. Gleichaltrige französische Babys hingegen liegen am Tag etwa 60 Prozent.

Die !Kung im südlichen Afrika denken, dass Kinder das Sitzen, Stehen und Laufen nicht von selbst lernen können, ohne dass es ihnen beigebracht wird. Deshalb liegen die !Kung-Kinder, wenn sie wach sind auch nicht einfach nur herum. Sie sitzen, sie stehen, sie versuchen sich im Laufen. Denn wenn sie nur liegen, so meint man bei den !Kung, lernen die Kinder erst später das Laufen.

Für die Nso in Kamerun gehört zu einer guten Erziehung, dass der Säugling immer wieder hingestellt und an den Armen in die Höhe gehoben wird. Dadurch lernen die Kleinen früher das Stehen und Laufen als in Europa.
Deutsche Mütter, die Videos von diesem Motoriktraining sehen, sind bestürzt. Sie finden, dass die Nso ihre Kleinen motorisch überfordern. Die Erwachsenen täten Dinge, die die Babys einfach noch nicht können oder die „noch nicht dran sind". Allerdings bemerken die Deutschen, dass die Nso-Kinder schon weit sind. Sie fragen sogar nach, ob die Kinder im Video wirklich erst 3 Monate alt sind.
Die Nso-Frauen auf der anderen Seite können es nicht verstehen, dass die Deutschen ihre Babys so lange auf dem Rücken liegen lassen. Es sei doch offensichtlich, dass die Kinder nicht so lange immer nur herumliegen wollen. Die motorische Entwicklung würde so vernachlässigt werden. Unter den Nso-Müttern ist man sich einig: Das, was die Deutschen machen, gehört sich nicht.

Motoriktraining bei den Nso

Wie lernt ein Kind laufen? Manche meinen: Es lernt es gar nicht, es kann es plötzlich. Alles Üben nützt nichts. Die !Kung im südlichen Afrika (Beispiel in der oberen Box) dagegen meinen, dass Kindern das Sitzen, Stehen und Laufen beigebracht werden muss. Wer hat recht?

Vermutlich keine Seite. Die !Kung nicht, weil Kinder (wie im ungarischen und libanesischen Kinderheim) auch ohne „Beibringen" durch Erwachsene das Sitzen, Stehen und Laufen lernen. Die andere Seite aber auch nicht. Denn Experimente zeigen, üben hilft.

Doch ist dieses Üben auch notwendig? Und wenn nicht (wie die Heimkinder zeigen), ist es wenigstens nützlich? Erwachsene können die motorische Entwicklung beeinflussen. Aber sollten Sie es deshalb auch tun? Die Antwort auf die Frage der Nützlichkeit, wird bei den traditionell lebenden Völkern in Afrika sicher anders beantwortet als in Deutschland. Dort gibt es kaum Kinderwagen und selbst wenn, würden sie auf dem Feld wenig nützen. Lange Distanzen werden nicht mit dem Auto, sondern zu Fuß bewältigt. Kinder sollen möglichst früh mithelfen. Europäische Kinder unter drei Jahren haben dagegen wenig häusliche Pflichten. Die umformulierte Frage lautet also: Ist das Üben der motorischen Fertigkeiten in unseren Breiten nützlich?

Das Üben wäre nützlich, wenn es für das Kind lang anhaltende Vorteile bringt. Doch eine motorische Förderung scheint keine lang anhaltenden Auswirkungen zu haben. Johnnys Förderprogramm, das zu den erstaunlichen Leistungen des Anderthalbjährigen führte, hatte keine längerfristigen Folgen. Mit zwei Jahren wurde Johnnys Zwillingsbruder Jimmy auch motorisch gefördert. Daraufhin schlossen seine Leistungen schnell zu denen seines Bruders auf. Das frühe Training von Johnny war für ihn bald nicht mehr mit einem Vorteil verbunden. Jimmy holte den Trainingsrückstand von zwei Jahren im Nu auf.

Erinnert Sie das Einwickeln an das in Mode kommende Pucken? Es ist nicht so klar, ob die Vor- oder Nachteile des Puckens überwiegen. Verweisen Sie fragende Eltern an die weiterführende Literatur am Ende des Kapitels.

Baby am Cradle-Board (Wiegenbrett)

Nicht nur die motorische Förderung scheint keine lang anhaltenden Auswirkungen zu haben, sondern glücklicherweise auch die motorische Deprivation.

Deprivation: Mangel, Vernachlässigung, Entbehrung, Entzug

Manche der libanesischen Kinder aus dem Kinderheim wurden als Erwachsene von Forschern besucht. Motorische Defizite wurden nicht festgestellt.

Einige Hopi-Indianer-Kinder verbringen ihr erstes Lebensjahr traditionell an ein Cradle-Board gewickelt, sie können sich also kaum bewegen. Doch sie lernen genauso schnell wie die anderen Hopi-Indianer-Kinder ohne Cradle-Board-Vergangenheit mit 15 Monaten das Laufen.

Auch Kinder, die aus medizinischen Gründen die ersten zehn bis 15 Monate nahezu bewegungslos im Gipsbett verbringen müssen, lernen anschließend in kürzester Zeit das Laufen. Dabei überspringen sie die vorhergehenden Stadien des Rollens und Krabbelns.

Man kann also fördern und trainieren, sodass sich ein paar Fähigkeiten früher entwickeln. Man muss aber nicht. Die motorische Entwicklung kann auch verlangsamt werden, zum Beispiel durch eine ungenügende Umwelt. Aber ganz aufhalten kann man gesunde Kinder zum Glück nicht. Umwelt kann verzögern und beschleunigen, aber einen großen Unterschied macht es zumindest beim Sitzen, Stehen und Laufen letztlich nicht. Selbst der Zeitpunkt, zu dem ein Kind das erste Mal ohne Unterstützung sitzt oder läuft, herbeigefördert oder einfach durch Reifung möglich geworden, lässt keinerlei Rückschlüsse zu – weder auf die weitere Entwicklung der Beweglichkeit noch auf weitere motorische Leistungen. Er sagt auch nichts über andere Entwicklungsbereiche aus.

Wenn's nicht nützt, so schadet's doch zumindest nicht? Wenn man es richtig macht, schadet es sicher nicht. Aus Afrika sind keine flächendeckenden motorischen Schädigungen bekannt. Auch nicht aus Asien, wo den Kindern zur Förderung der motorischen Entwicklung der Rücken massiert wird. Jedoch kann auch falsch gefördert werden. Die käuflich erwerbbaren Lauflernhilfen sind ein Beispiel dafür. Sie fördern nicht, sondern verzögern die motorische Entwicklung. Sie führen zu Haltungsschäden. Kinder können sich dadurch sogar falsche Bewegungsmuster aneignen. Und schließlich: Diese Geräte sind gefährlich für Leib und Leben der dort hineingestellten Kinder. Oft stürzen die Kleinen mitsamt Lauflernhilfe über Türschwellen oder fallen Treppen hinunter.

Kanada hat im Jahr 2004 als erstes Land die Lauflernhilfe per Gesetz verboten. Das ging allerdings von den Versicherungen aus. Diese wollten die Zahlungen für die üblichen Unfälle mit Schädelbrüchen und Gehirnerschütterungen vermeiden. Von den dortigen Experten für motorische Entwicklung wurde das Gesetz begeistert begrüßt. Auch der deutsche Berufsverband der Kinder- und Jugendärzte setzt sich für ein Verbot der Lauflernhilfen ein.

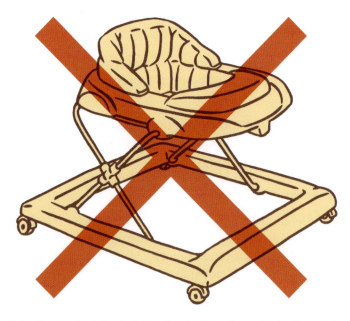

Der Verkauf von Lauflernhilfen ist in Kanada seit 2004 verboten. Für das Gesundheitsministerium dort können mögliche Vorteile die gravierenden Gefahren nicht aufwiegen.

Und nun? Das Kind läuft ohne Unterstützung, es steht und es sitzt. Das ist nicht das Ende der motorischen Entwicklung. Jetzt kann es erst richtig losgehen. Wenn das Kind steht oder sitzt, kann es seine Hände frei gebrauchen. Nun liegt es an den Erwachsenen, was Kinder mit ihren Händen alles tun können. An dieser Stelle ist motorische Förderung nützlich und bedeutet, Bewegungserfahrungen zu ermöglichen.

Gibt es, anders als im libanesischen Kinderheim, etwas zu greifen? Der Alltag eines Kindes unter drei Jahren bietet normalerweise ein reiches Betätigungsfeld für die Hände und Finger: Jacken und Schuhe, die auf- und zugemacht, hingehängt und hingestellt werden müssen. Es gibt den Frühstückstisch, der zusammen gedeckt wird; den Löffel, mit dem gegessen, die Tasse, aus der getrunken wird. Die Schubladen werden aufgemacht, ein- und ausgeräumt. Und jetzt haben wir noch nicht einmal über Spielzeuge und Malstifte oder Wald und Wiese gesprochen.

Der Kindergartenalltag bietet ein reiches Betätigungsfeld für die Hände und Finger.

Wenn das Kind alleine laufen kann, liegt es an den Erwachsenen, was Kinder mit der neu gewonnenen Fähigkeit anfangen können. Bekommen die Kinder Freiräume und Anregungen für verschiedene Bewegungserfahrungen? Oder werden diese mit Blick auf die Gefahr des Hinfallens und anderer Sicherheitsbedenken eingeschränkt?

Die weitere Differenzierung motorischer Fähigkeiten ist von den Bewegungserfahrungen des Kindes abhängig. Kinder brauchen ausgedehnte und vielfältige Möglichkeiten, sich zu bewegen. Sie brauchen auch die Möglichkeit, sich motorisch als kompetent zu erleben (vgl. Kap. 3.3, S. 84 ff.). Ein Kind, das sich auf Wiesen und in Wäldern tummeln darf, wird motorisch geschickter. Kahlei ist auch deshalb so ein guter Skater geworden, weil er als jüngstes Kind einer skateboardverrückten Familie aufwuchs. Seit er denken kann, ist er von Skateboards und skatenden Kindern umgeben. Und umgekehrt: Ein Kind, das aus Angst vor Gefahren keine Treppen nehmen darf, kann auch seine Geschicklichkeit beim Treppensteigen nicht trainieren. Wer immer nach oben und unten getragen wird und nie allein probieren darf, wird Treppen noch mit drei Jahren ungeschickt steigen. Wie sollen sich Kinder Können aneignen, wenn sie keine Gelegenheiten zum Probieren bekommen?

Junge Lipizzaner Pferde verbringen während des Heranwachsens die Sommermonate in den Bergen. Durch die steilen und steinigen Hänge dort bekommen sie Trittsicherheit und trainieren Sehnen und Gelenke.

Wie sollen sich Kinder Können aneignen, wenn sie nicht probieren dürfen? Sie brauchen Herausforderung. Nur so können sie sich (motorisch) kompetent erleben.

Unfälle müssen vermieden werden, aber nicht auf Kosten des Lernens

Es ist gut, wenn kleine Fehler nicht zu großen Unfällen führen. Besonders, wenn diese Unfälle schwere Verletzungen nach sich ziehen können. Es ist gut, wenn kleine Fehler nicht zu kleinen Unfällen führen. Außer wenn es darum geht, etwas zu lernen. Wo keine Fehler gemacht werden können, kann auch nicht gelernt werden. Die kleinen Unfälle werden für das Lernen gebraucht. Sie zeigen dem Lerner, was noch nicht klappt, oder wenn sie ausbleiben, was schon richtig gut funktioniert. Wie bei Kahlei, dem Skater, der ständig von seinem Board fällt, weil er Stunts übt, die er noch nicht sicher beherrscht.

Was nicht scheitern kann, kann auch nicht als Erfolg verbucht werden.

Kleinkinder müssen vor Gefahren, die sie nicht erkennen, oder vor gefährlichen Situationen, die sie noch nicht erfassen können, geschützt werden. Eine solche Gefahr ist beispielsweise eine Lauflernhilfe: Das Kleine schubst sich darin ein wenig vom Boden ab, bekommt mehr Fahrt auf, als es will, schafft die Kurve nicht sauber und fällt samt Lauflernhilfe kopfüber die Treppe hinunter. Vor solchen Fehlern, Gefahren und Unfällen sind Kleinkinder zu schützen. Unfallprävention bedeutet hier: Lauflernhilfe weg! Selbst wenn die Treppe gesichert ist, gibt es noch viele schlimme Verletzungsmöglichkeiten, die das Kind nicht abschätzen kann und bei denen Erwachsene nicht schnell genug reagieren können. Also Lauflernhilfe wirklich weg! Auch eine große, steile Steintreppe ohne Geländer ist für Kinder eine Gefahr und nichts, um das Treppensteigen zu lernen. Denn an ihr kann ein Kind nicht aus Fehlern lernen, sondern zieht sich schlimme Verletzungen zu. Deshalb muss immer ein Erwachsener danebenstehen und aufpassen, dass keine Unfälle passieren. Allerdings heißt Sicherheit nicht, Unfälle zu vermeiden.

Prävention: Maßnahmen zur Abwendung von unerwünschten Ereignissen oder Zuständen

Sicherheit ist definiert als ein Zustand frei von unvertretbaren Gefahren. Wir können die Kinder nicht von allen Gefahren abschirmen und in Watte packen. Selbst wenn wir es könnten, wir sollten es nicht. Die große, steile Steintreppe könnte mit Gummimatten und das Kind mit Helm, Knie- und Ellenbogenschutz ausgestattet werden. Aber würde das Kind dann gut das Treppensteigen lernen? Nein, Fehler würden es nicht vorsichtiger werden lassen. Sie wären dann ja egal. Das Kind würde sich nicht wehtun. Lernen würde es in einer solchen Umgebung ungeschicktes Draufgängertum. Eine kurze Treppe mit Geländer und Teppich erlaubt das eigenständige Ausprobieren. Die Kinder dürfen herunterfallen, bis sie schließlich geschickt im Umgang mit Stufen sind, sodass selbst die große, steile Steintreppe keine Gefahr mehr darstellt.

„Eine Welt der runden Ecken, einen Wald ganz ohne Zecken, stumpfes Messer, Plastikhammer, so zu leben, ist ein Jammer. Einen Kaktus, der nicht sticht, den wollen wir nicht!

Packt uns nicht in Watte ein, wir wollen was erleben! Wir wollen, und sind wir noch so klein, auch in Gefahren schweben."
(Liedtext „Packt uns nicht in Watte ein"; Text: Doris Rögner, Musik: Ralph Wakolbinger, im Auftrag der Kinderfreunde Österreich)

Alle sind an größtmöglicher Sicherheit im Kindergarten interessiert. Aber das darf nicht auf Kosten der Kinder gehen, die ein Recht auf Freiräume und ein Bedürfnis nach einer anregungsreichen Umgebung haben. Erwachsene sollten beides im Auge behalten. Sie sollten bei allen Aktivitäten so viel Sicherheit wie nötig, aber auch so viel Freiraum wie möglich gewährleisten.

Eine Untersuchung kommt zu dem Schluss: Viele Unfälle in Kindergärten sind nicht auf ein Zuviel an selbstbestimmten Bewegungsexperimenten der Kleinen zurückzuführen – im Gegenteil: auf Bewegungsmängel und -defizite. Beispielsweise heißt es in einem Unfallbericht: „Hans-Peter stolperte über seine eigenen Füße und fiel mit dem Kopf auf eine Stuhlkante." Hans-Peter hätte vielleicht eine Bewegungsförderung zur rechten Zeit geholfen. Dann wäre er womöglich nicht über seine Füße gestolpert, er hätte sich abfangen können oder beim Fallen richtig reagiert. Bewegungsförderung ist auch Sicherheitsförderung. Das heißt damit auch, dass Kinder vielseitige Bewegungserfahrungen machen sollten, selbst auf die Gefahr hin, dass sie sich dabei einmal geringfügig wehtun können. Die Bewegungsfreude der Kinder sollte nicht ausgebremst werden. Kinder probieren das aus, was sie sich selbst zutrauen. Ihre Bewegungsfreude sollte von Erwachsenen in förderliche und sichere Bahnen, frei von unvertretbaren Gefahren, gelenkt werden. Die Leiterin einer Kinderkrippe fasst für sich zusammen: „Je freier man die Bewegungsentwicklung gestaltet, desto weniger Unfälle gibt es. Die Kinder trauen sich das nur zu, was sie selbst so für sich in Angriff nehmen, und sie werden da auch nicht fremdgesteuert. Deswegen passieren einfach weniger Unfälle."

Prüfen Sie Ihr Wissen:

1. Was spricht gegen eine motorische Förderung von Kleinkindern, was dafür? Geben Sie für jede Seite mindestens ein Argument an.

2. Wie kann eine weitere Differenzierung motorischer Fähigkeiten durch Erwachsene unterstützt werden? Finden Sie ein Beispiel für die Fingermotorik.

3. Definieren Sie Sicherheit im Rahmen einer Kindertagesstätte.

Vertiefung und Transfer

1. Kahleis Eltern wurden kritisiert, weil er im ersten Video ohne Helm und Knieschutz auf seinem Skateboard fuhr. Es hätte sehr viel Schlimmes passieren können, so die Argumentation. Begründen Sie, warum möglicherweise trotzdem nicht „sehr viel Schlimmes" passiert ist.

2. Was kann man von den jungen Lipizzaner Pferden (vgl. Randspalte S. 125) für die Kita ableiten?

3. Betrachten Sie die Abbildung „Die Entwicklung der Körpermotorik mit ausgewählten Grenzsteinen" (S. 113). Angenommen, Sie sollten diese Grafik für die Kinder aus Piklers ungarischem Kinderheim erstellen. Worin würde sich die Abbildungen unterscheiden? Wie sähe die Grafik zu Piklers Kindern aus? Und wo wären die Unterschiede bei einer Grafik für die Nso-Kinder?

4. Manfred Spitzer schreibt: „Die Greifarme von Robotern sind taktil-mechanische Waisenknaben gegenüber den Händen von Dreijährigen." Was meint er damit?

Lesetipps

Schlack, H. G. (2012). Motorische Entwicklung im frühen Kindesalter. *KiTa Fachtexte.*
- Details zur Motorik und motorischen Entwicklung. Hans Schlack hat als Kinderarzt und Professor für Kinder- und Jugendmedizin das Wichtigste zusammengefasst. Auch das, was in diesem Kapitel keinen Platz fand.
- Geschrieben für pädagogische Fachkräfte, angenehm zu lesen und sehr gut strukturiert.

Adolph, K. E. & Berger, S. E. (2006). Motor development. In W. Damon, R. M. Lerner, D. Kuhn & R. S. Siegler (Eds.), *Handbook of Child Psychology. Vol 2: Cognition, perception, and language* **(pp. 161–212). New York: Wiley.**
- Für alle, die es ganz genau wissen wollen und vor englische Fachbegriffe nicht zurückschrecken.
- Keine leichte Kost! Aber wer dieses Kapitel gelesen hat, darf sich als Experte für die motorische Entwicklung im Kindesalter betrachten.

Spitzer, M. (2013). Wischen – Segen oder Fluch? Zu Risiken und Nebenwirkungen der neuen Art des Umblätterns. *Nervenheilkunde, 32*(10), 709–714.
- Mehr zur Hand- und Fingermotorik, wie sie gefördert wird und wie man das Gegenteil erreicht.
- Amüsant zu lesen: Manfred Spitzer ist nicht umsonst ein Bestsellerautor.

Fuchs, G. (2010). Kinder sich bewegen lassen.
- Ein Film zur Bewegungserziehung in der Kinderkrippe.
- In dem Film geht es auch um das Thema Unfallprävention.

Schwarz, C. (2012). Geborgenheit oder Fessel? Gedanken zum Pucken. *Hebammenforum, 13*(10), 924–927.
- Sie werden von Eltern zum Pucken befragt? Empfehlen Sie diesen Artikel.
- Aus der Praxis für die Praxis, ohne dass wissenschaftliche Gründlichkeit leidet.

5

Sprachliche Entwicklung – Sprich mit mir!

Annelis erstes richtiges Wort – wenn man das Plappern von „mamama" oder „bababa", was vielleicht Mama oder Papa heißen könnte, nicht zählt – ist „Ahnis". Es steht für den älteren Bruder Hannes. Er ist so ziemlich das Interessanteste in ihrem Leben. Aber er kann nicht so einfach mit Quengeln herbeigelockt werden. Das funktioniert nur bei den Erwachsenen. Doch wenn die Erwachsenen „Hannes" rufen, dann merkt er auf. Manchmal erscheint er dann sogar. So versucht es Anneli auch und sagt immer wieder:
„Ahnis, Ahnis".
Das Weinen und Schreien eines Babys geht im Laufe der Sprachentwicklung in das bewusste Produzieren von Lauten und Lautkombinationen, wie „mamama", über. Um den ersten Geburtstag herum, formt das Kleinkind immer wieder dieselben Laute, die eine Bedeutung haben: Es spricht sein erstes Wort.
Studien und Eltern weltweit registrieren die ersten Worte von Babys. Diese Worte, egal, wo und in welcher Sprache sie gesprochen werden, haben eines gemeinsam: Sie sind bedeutsam für das Kind. Wissen Sie welches Ihr erstes Wort war?

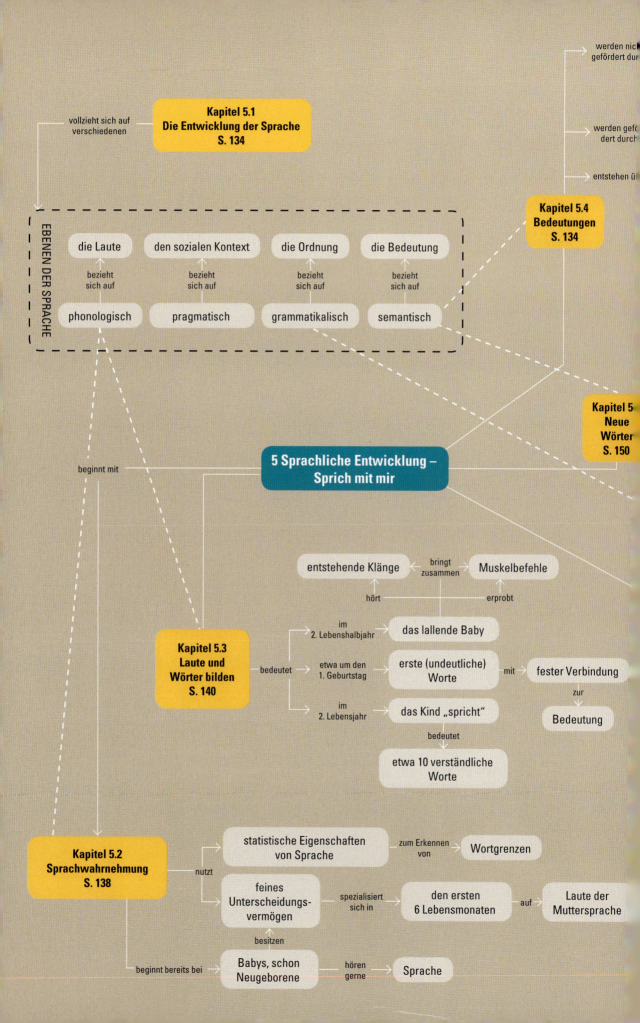

In diesem Kapitel erfahren Sie:

- etwas über die Bereiche und Grundlagen der sprachlichen Entwicklung,
- etwas über den Verlauf der Sprachentwicklung in den ersten drei Lebensjahren,
- etwas über die Möglichkeiten der Unterstützung dieser Sprachentwicklung.

5.1 Die Entwicklung der Sprache – Ein Überblick

In diesem Kapitel geht es um die Entwicklung der Sprache bei Kleinkindern. Doch was genau entwickelt sich eigentlich? Lesen Sie den ersten Satz noch einmal laut vor. Jetzt haben Sie gesprochen, also Sprache produziert. Und Sie haben etwas verstanden, folglich Sprache rezipiert. Das ist Ihnen sicher leichtgefallen. Doch um das zu können, mussten Sie allerhand lernen – und zwar schon lange bevor Sie lesen lernten.

Sprachproduktion: die Gesamtheit der Prozesse, die zum Erzeugen sinnvoller Sprache führen

Um Sprache zu produzieren, also Wörter und Sätze auszusprechen und zu bilden, müssen Sie überlegen, was Sie sagen wollen. Das war beim obigen Satz einfach. Er steht ja vor Ihnen im Buch und Sie können lesen. Sie mussten ihn „nur noch" aussprechen. Sie mussten also nur den Muskeln des Kehlkopfs, Rachens und der Zunge befehlen, mit präzisen Bewegungen in der richtigen Reihenfolge und Geschwindigkeit Ihren gleichmäßig ausgeatmeten Luftstrom so zu unterbrechen, dass Schallwellen ähnlich denen in der folgenden Abbildung entstehen. Einfach?! Na, jedenfalls sollte man möglichst früh anfangen, zu lernen, welche nicht näher definierbaren Befehle zu welchen Muskelbewegungen und damit zu welchen Sprachlauten führen.

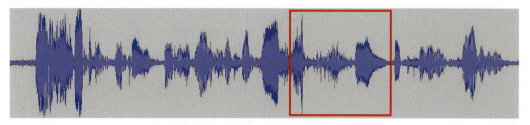

Die grafische Veranschaulichung der Schallwellen des Beispielsatzes: Die Schallwellen des Worts „Sprache" sind rot umrahmt.

Sprachverstehen oder -rezeption: die Gesamtheit der Prozesse, die zum Verstehen von Sprache führen

Sprache zu verstehen, ist nicht viel leichter. Aus Schallwellen, die ans Ohr treffen, sollen Bedeutungen erschlossen werden. Dafür muss der kontinuierliche Lautstrom in Einheiten (wie einzelne Laute, Silben und Wörter) zerlegt werden. Diese müssen dann zueinander in Bezug gesetzt werden, um die Bedeutung des Ganzen zu entschlüsseln. Das setzt sensorische Meisterleistungen voraus. Schließlich ist der Unterschied zwischen manchen Wörtern, wie „Pass" und „Bass", nur Bruchteile von Sekunden hörbar. Wer in dieser kurzen Zeit die kleinen Unterschiede nicht gut erfassen kann, wird Schwierigkeiten haben, Sprache zu verstehen. Solche Unterschiede sind also wichtig. Andere Unterschiede sind dagegen kaum relevant: Ein Wort kann beispielsweise immer wieder anders klingen, je nachdem, ob der kräftige Onkel es sagt oder die zarte Tante, ob die sächsische Oma spricht oder der Vater mit Migrationshintergrund. Das Wort „Pass" hört sich demnach je nach Sprecher anders an. Aber es ist das gleiche Wort und steht für die gleiche Bedeutung. Manche noch so großen Unterschiede müssen also überhört, ande-

Auch der Unterschied zwischen anderen Minimalpaaren wie „Karten" und „Garten", „mein" und „nein" oder „Stiel" und „still" ist nur minimal, also nur für geübte Ohren zu hören.

re noch so kleine aber bemerkt werden. Nur dadurch kann man eine Sprache gut verstehen.

Sprache zu produzieren und zu verstehen, ist also knifflig. Doch ein Kleinkind legt in den ersten drei Jahren einen langen Weg auf dem Pfad der Sprachentwicklung scheinbar mühelos zurück. Bei der Geburt kann es nur weinen und schreien, um zu kommunizieren. Mit einem halben Jahr lallt es und probiert die ersten Laute aus. Das Kleinkind beginnt, auch Gesten zu nutzen, um sich auszudrücken. Nach dem ersten Geburtstag kommen meist die ersten Worte. Mit anderthalb Jahren werden es immer mehr. Um den zweiten Geburtstag werden sie kombiniert, um noch mehr ausdrücken zu können. Im dritten Lebensjahr kann man über die grammatikalischen Fortschritte staunen: Ein Kind, das bei der Geburt nur weinen kann, sagt zweieinhalb Jahre später: „Wenn ich groß bin, gehe ich Fahrschule und dann lerne Bagger fahren und dann mache ich Bagger an und fahre zur Baustelle und arbeite."

*„Tiere verständigen sich über das Riechen, Menschen über die Worte."
(türkisches Sprichwort)*

Kinder sind von der Natur mit Lernmechanismen ausgerüstet, die ihnen im Kontakt mit gesprochener Sprache den Spracherwerb ermöglichen. Hinzu kommt ein nahezu unstillbarer Drang, zu kommunizieren: Kinder möchten verstehen und sich mitteilen. Sie erwerben dafür ihre Muttersprache. Man kann ein Kind kaum daran hindern, eine Sprache zu erlernen. Das sollte aber nicht darüber hinwegtäuschen, wie viel das Kind bei der Sprachentwicklung zu lernen hat:

1. Das Kind lernt, Sprache wahrzunehmen (vgl. Kap. 5.2, S. 138 f.). Es muss die Feinheiten der Sprache entdecken, um ähnliche Laute, wie bei „Pass" oder „Bass", unterscheiden zu können. Es muss auch den Sprachstrom in Einheiten zerlegen, um einzelne Worte herauszuhören.

2. Das Kind lernt, Laute zu bilden und Worte richtig und verständlich auszusprechen (vgl. Kap. 5.3, S. 140 f.). Das klappt nicht auf Anhieb. Annelis erstes Wort erinnert nur mit viel Fantasie an die korrekte Aussprache von „Hannes". Für die Sprachwissenschaft zeigt sich hier die **phonologische Ebene** der Sprache (vgl. Tab., S. 136 f.).

3. Das Kind lernt, was einzelne Wörter und Sätze bedeuten (vgl. Kap. 5.4, S. 144 ff.). Es lernt, ein Wort mit seiner Entsprechung zu verbinden. Anders als Erwachsene können sich Kinder die Bedeutungen nicht über Definitionen erschließen. Mit der Definition *Ein Kleinkind ist ein Kind unter drei Jahren* wissen Sie sofort, was gemeint ist. Aber ein Kleinkind selbst kann damit nichts anfangen, sondern muss sich die jeweilige Bedeutung eines Wortes entschlüsseln. Und zwar viele dieser Bedeutungen, wenn es sich einen Wortschatz zulegt (vgl. Kap. 5.5, S. 150 ff.). Für die Sprachwissenschaft zeigt sich hier die **semantische Ebene** der Sprache (vgl. Tab., S. 136 f.).

4. Das Kind lernt Grammatik. Es reicht nicht, einzelne Wörter sagen zu können. Die Bildung von Wörtern und Sätzen muss

bestimmten Regeln folgen. Ohne Grammatik geht es nicht, vor allem dann nicht, wenn komplexe Dinge ausgedrückt werden sollen (vgl. Kap. 5.6, S. 156 ff.). Für die Sprachwissenschaft zeigt sich hier die **morphologisch-syntaktische Ebene** der Sprache (vgl. Tab., S. 136 f.).

5. Das Kind lernt, seine Sprache an die jeweilige Situation anzupassen. Vielleicht haben Sie den ersten Satz des Kapitels halb ironisch vorgelesen. Schließlich wissen Sie ja schon, dass es hier um die Sprachentwicklung geht. Ein Kleinkind würde von einem anderen Spielgefährten Bausteine vielleicht mit den Worten wegreißen: „Das sind meine, nicht deine!" Aber die Erzieherin würde freundlich fragen: „Darf ich bitte die Bausteine haben?" Für die Sprachwissenschaft zeigt sich hier die **pragmatische Ebene** der Sprache (vgl. Tab., S. 136 f.).

Der Blick der Sprachwissenschaft: Die unterschiedlichen Ebenen der Sprache

Sprachebene	Merkmale
phonologische Ebene Nicht jeder Buchstabe hat einen Sprachlaut. So geht das nicht: [zo: ge:t das nɪçt]. Aber jeder Sprachlaut hat ein Symbol: [ˈjeːdɐ ˈʃpRaːχˈlaʊ̯t hat aɪ̯n zymˈboːl]. Das Internationale Phonetische Alphabet (IPA) stellt mit seinen Symbolen die tatsächliche Aussprache von Wörtern dar.	Logischerweise oder besser phonologischerweise kann man Sprache hören. Die phonologische Ebene der Sprache bezieht sich auf die Laute der Sprache. Das Wort „Pass" besteht aus drei Sprachlauten, den kleinsten phonetischen Einheit der gesprochenen Sprache: /p/ /a/ /s/. Sprachlaute entsprechen nicht immer den Buchstaben, mit denen sie verschriftlicht werden. So wird „Pass" zwar phonetisch durch [pas] dargestellt, „Pässe" aber durch [ˈpɛsə]. „Stiehl" ist in der phonetischen Umschrift [ʃtiːl] und „still" entspricht [ʃtɪl]. Das „th" (phonetisch: /θ/) ist kein Sprachlaut der deutschen Sprache; aber der englischen. Die einjährige Anneli ruft [ˈaːnɪs], wenn ihr Bruder kommen soll. Das ist schon eine phonologische Errungenschaft. Das nächste Ziel ist die korrekte Aussprache des Namens [ˈhanəs].
semantische Ebene	Semantik gibt der Sprache Sinn. Die semantische Ebene der Sprache bezieht sich auf die Bedeutung der Wörter und Sätze. Hier gibt es einiges zu lernen. Wenn einmal klar ist, dass jedes Ding einen Namen hat, geht es darum, die Namen dieser Dinge zu kennen und auch die Verbindung zwischen Namen und Ding nicht zu vergessen. Wer jetzt an die Mühsal des Vokabellernens im Fremdsprachunterricht denkt, unterschätzt Kinder. Bei der Wortexplosion im Alter von anderthalb Jahren gelingt es den Kindern mühelos, durchschnittlich alle zwei Stunden ein neues Wort und dessen Semantik aufzuschnappen.
morphologisch-syntaktische Ebene	Grammatik bringt Ordnung in die Sprache. Die grammatikalische Ebene der Sprache bezieht sich auf die Einhaltung einer Ordnung für die Bildung von Wörtern (nicht „gepassiert", sondern „passiert"; nicht „aufgeesst", sondern „aufgegessen") und Sätzen. „Ich wartete vor der Passkontrolle" ist ein grammatikalisch korrekter Satz, auch: „Vor der Passkontrolle wartete ich." Was nicht geht ist: „Ich vor der Passkontrolle wartete" oder „Vor der ich Passkontrolle wartete." Beide Satzstellungen verbietet die deutsche Grammatik. Grammatik ist aber noch nicht das Thema der einjährigen Anneli oder der zweijährigen Alba. Bei Jannis (im dritten Lebensjahr) wachsen die grammatikalischen Fähigkeiten mit jedem Monat beachtlich.

Sprachebene	Merkmale
pragmatische Ebene	Es gibt viele Wege, etwas auszudrücken. Die pragmatische Ebene der Sprache bezieht sich auf die Benutzung der Sprache in verschiedenen sozialen Kontexten. Wer diesen kommunikativen Aspekt der Sprache schon beherrscht, weiß, wann er einen Baustein mit barschen Worten wegnehmen kann und wann er lieber höflich darum bittet.

Prüfen Sie Ihr Wissen:

1. Nennen Sie drei Teilbereiche der Sprachentwicklung mit Beispielen für kindliche Fähigkeiten im Verlauf dieser Entwicklung.

2. Man unterscheidet zwischen Sprachproduktion und Sprachverstehen. Beschreiben Sie mit eigenen Worten, was hinter diesen Begriffen steckt.

3. Im Laufe der Sprachentwicklung muss ein Kleinkind verschiedene Fähigkeiten erwerben. Welche erscheint Ihnen besonders kompliziert zu erlernen? Warum?

5.2 Was ist das für ein Krach? – Sprachwahrnehmung

Sprache ist etwas ganz Besonderes für das junge Menschenkind. Hören kann es schon ab dem siebten Schwangerschaftsmonat. Aber alles, was ans Ohr dringt, muss erst durch Bauchdecke und Gebärmutter. Alles? Nicht ganz! Die Stimme der Mutter hört das Ungeborene nicht nur gedämpft von außen, sondern ganz besonders gut von innen über die Knochenleitung. Möglicherweise kommt die Vorliebe der Neugeborenen für Sprache daher, dass sie mit Sprache schon früh sehr vertraut sind. Womöglich sitzen die Ursachen auch noch tiefer und das Faible hat sich im Laufe der Evolution entwickelt.

Schon Neugeborene hören ganz normale Sprache lieber als sogenanntes weißes Rauschen. Sie hören sie lieber als künstliche sprachähnliche Klänge. Sie hören sie auch lieber als rückwärts gespielte oder gefilterte Sprache. Schon Neugeborene nehmen diese Unterschiede wahr und bevorzugen die richtige menschliche Sprache. Das ist auch gut für ihre Sprachentwicklung, die Sprachwahrnehmung ist. Denn je mehr sie sich für Sprache interessieren, desto eher entdecken sie deren Feinheiten.

Eine ganze Menge Feinheiten gilt es, auf der phonologischen Ebene der Sprache zu entdecken (vgl. Tab., S. 136 f.). Der Unterschied zwischen den Silben [ba] und [da] oder [ba] und [ga] ist winzig. Aber fünf Tage alte Säuglinge können ihn hören. Entdeckt wurde dieser und andere Befunde über die Orientierungsreaktion gelangweilter Babys (vgl. Kap. 2.3, S. 57 ff.). Überhaupt: Babys können Dinge, die ihre Eltern nicht können. Babys hören die Unterschiede zwischen Lauten, die sich für ihre Eltern gleich anhören (vgl. Kap. 1.7, S. 35 ff.). Und sie besitzen ein feineres Unterscheidungsvermögen für fremde Sprachlaute. Amerikanische Babys können zum Beispiel „u" von „ü" unterscheiden, einem Laut, den es im Englischen gar nicht gibt. Deutsche Babys können genau hören, dass ihre Eltern am englischen „th" scheitern. Japanische Babys können „la" und „ra" unterscheiden, etwas, was für erwachsene Japaner nahezu unmöglich scheint. Für diese klingen „l" und „r" gleich.

Im Alter von sechs Monaten beginnen Babys jedoch, das Unterscheidungsvermögen für die überflüssigen (weil in ihrer Sprache nicht gebrauchten) Sprachlaute zu verlieren. Für japanische Babys wird es schwerer, zwischen „ra" und „la" zu unterscheiden, weil ihre Muttersprache kein *l* kennt, sondern dort ein und dasselbe Phonem für *r* und *l* zusammenfasst. Mit zehn Monaten unterscheiden Babys dann nur noch die Sprachlaute, die ihre Muttersprache auch unterscheidet. Dann sind aus den Alleskönnern Spezialisten geworden – Spezialisten für die Phoneme ihrer Muttersprache.

Es reicht aber nicht, Laute zu erkennen. Man muss auch Wörter erkennen. Doch wie kann man herausfinden, wann ein Wort beginnt und wann es zu Ende ist, wenn man es noch gar nicht kennt? An das Ohr dringt doch lediglich ein einzelner langer Strom von anei-

---

Schall wird nicht nur durch die Luft übertragen, sondern auch über die Knochen. In diesem Zusammenhang spricht man von Knochenleitung oder Knochenschall.

Weißes Rauschen: besonderes Geräusch, umfasst alle Frequenzen des hörbaren Bereichs mit gleicher Lautstärke; in psychologischen Studien zu Testzwecken eingesetzt

Schwierigkeiten, solche feinen Unterschiede wahrzunehmen, werden als Ursache für Lese-Rechtschreib-Störungen diskutiert.

Ein Restaurant wurde scherzhaft „Bistro Flühlingsrolle" benannt, weil Asiaten den Unterschied zwischen *l* und *r* weder hören noch sprechen können.

Phonem: kleinste bedeutungsunterscheidende sprachliche Einheit

nandergereihten Lauten. Pausen helfen dabei nicht. Die Pausen zwischen Wörtern sind nicht länger als die innerhalb der Wörter. In der Abbildung der Schallwellen (vgl. S. 134) sieht man keine Pause zwischen den Worten *In* und *diesem* zu Beginn des Satzes. Aber Kleinkinder finden die Wortgrenzen dennoch. Sie sind Experten für Mustererkennung (vgl. Kap. 2.3, S. 65). In einer Untersuchung wurde acht Monate alten Babys ein ununterbrochener Lautstrom künstlicher Sprache vorgespielt.

PABIKUTIBUDOGOLATUDAROPITIBUDODAROPIPABIKUGOLATUDAROPITIBUDO

Ununterbrochener Lautstrom künstlicher Sprache

Der ununterbrochene Lautstrom künstlicher Sprache wurde den Babys zwei Minuten lang vorgespielt. Das reichte aus, um die Kunstworte dieser erfundenen Sprache zu entdecken. Die vier Kunstworte *Pabiku*, *Tibudo*, *Golatu* und *Daropi* wurden allerdings über die statistischen Eigenschaften dieses Lautstroms entdeckt. Wie das? Nach der Silbe „pa" folgt immer die Silbe „bi". „Pabi" gehört also zusammen. Nach der Silbe „bi" folgt immer die Silbe „ku". „Pa-bi-ku" gehört demnach zusammen. Nach der Silbe „ku" folgt aber nicht immer dieselbe, sondern verschiedene Silben: „ti" oder „go" oder „ga". „Pa-bi-ku" gehört also zusammen, aber danach ist Schluss. Dann beginnt wieder ein neues Wort: Nach der Silbe „ti" folgt immer die Silbe „bu" usw. Das Baby lernt: Silben, die oft hintereinander auftreten, gehören häufiger zu demselben Wort; Silben, die selten hintereinander auftreten, markieren Wortgrenzen. Auf diese Weise lernen die Babys über die statistischen Eigenschaften des Lautstroms die Wortgrenzen kennen – ohne schon die Wörter zu beherrschen. Sie dröseln die Regelhaftigkeiten ihrer Muttersprache heraus. So entdecken sie die Struktur der Sprache und die Anfänge der Grammatik.

Silbe: kleinste Lautgruppe im natürlichen Sprechfluss

Auch aus der Betonung lassen sich Wortgrenzen abschätzen: Im Deutschen wird meist die erste Silbe betont: ′Silbe, ′Grenze, ′Vater, ′Eigenschaft. Wenn man die Betonung wechselt, wird es schnell unverständlich: Blumentopferde.

PABIKUTIBUDOGOLATUDAROPITIBUDODAROPIPABIKUGOLATUDAROPITIBUDO

Ununterbrochener Lautstrom künstlicher Sprache mit farblicher Hervorhebung der Kunstworte

Prüfen Sie Ihr Wissen:

1. Wieso nimmt man an, dass Sprache ein besonderes Geräusch für Babys und Kleinkinder darstellt?

2. Babys können sehr gut zwischen allen möglichen Lauten unterscheiden. Sie verlieren dieses Unterscheidungsvermögen jedoch. Warum ist das aber nicht schlimm?

3. Welchen Mechanismus nutzen Babys, um Wortgrenzen zu erkennen?

5.3 Das muss mal gesagt werden – Laute und Wörter bilden

Was muss man tun, um ein verständliches Wort zu sprechen? Physikalisch gesehen, ist Sprechen das Erzeugen von Schallwellen. Dafür wird erst einmal Luft benötigt. Aus der Lunge muss ein gleichmäßiger Luftstrom ausgeatmet werden. Dieser geht an den Stimmbändern vorbei. Manchmal bringt der Luftstrom die Stimmbänder auch zum Vibrieren. Im Mund- und Nasenraum wird er dann moduliert und gestoppt. Voilà, so entstehen menschliche Worte. Für ein [m] vibrieren die Stimmbänder. Die Zunge darf sein, wo sie will, solange sie nicht den Luftstrom stoppt. Das tun die aufeinanderliegenden Lippen. Die Luft gelangt durch die Nase nach draußen.

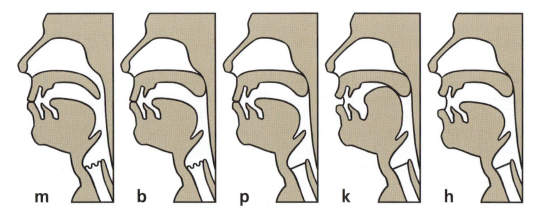

Mund-, Nasen- und Rachenraum beim Erzeugen verschiedener Konsonanten (schematisch)

Für ein [b] wird der Luftstrom im Nasenbereich versperrt. Wenn man das tut, hört man erst einmal nichts mehr. Aber wenn die Lippen wieder aufgehen, ertönt ein [b]. Ein [p] geht so ähnlich, nur dass die Stimmbänder nicht vibrieren. Deshalb gilt das [p] als stimmlos, das [b] aber als stimmhaft. Um ein [k] zu produzieren, stoppen nicht die Lippen, sondern die Zunge im hinteren Mundraum den Luftstrom. Wird der Luftstrom nicht gestoppt, ertönt ein [h]. Möglicherweise wussten Sie das alles nicht. Aber das hat Sie in der Vergangenheit nicht daran gehindert, diese und andere Konsonanten auszusprechen – und auch eine Menge Vokale. Sie haben das in den ersten Jahren Ihres Lebens gelernt. Aber wie? Wie lernen kleine Kinder die Koordination der über 100 Muskeln und Organe, die dafür benötigt werden? Durch Versuch-Irrtum-Lernen (vgl. Kap. 2.3, S. 64 f.).

Mithilfe der Artikulationsorgane Lippen, Zunge, Zähne, Kiefer und Gaumen werden aus Stimmgeräuschen die Wörter einer Sprache geformt.

Ein Kind muss nicht wissen, was es mit den Stimmbändern, den Lippen und der Zunge genau zu tun hat. In den ersten Lebensmonaten entdeckt es seine Stimme. Es beginnt, damit zu spielen, und macht Geräusche wie „uh" und „ah" und „r". Es freut sich an den Tönen. Es übt gewissermaßen die Töne allein. Das Kind experimentiert spielerisch mit den verschiedenen Einstellungen der Artikulationsorgane. Die Lallphase beginnt. Sie ist ein wichtiges Stadium der Sprachentwicklung, auch wenn diese Phase erst einmal nicht viel mit Sprache zu tun zu haben scheint. Es werden ja noch keine verständlichen Wörter produziert. Aber es passiert dennoch etwas ganz Wesentliches: Mit den ersten sprachähnlichen Lauten entstehen Verbindungen zwischen den Artikulationseinstellungen (vgl. Abb. S. 140) und dem daraus resultierenden Gehörten. Damit werden phonologische Repräsentationen angelegt, die man auch als eine Art Übersetzungsliste von Muskelbefehl zu Laut verstehen kann. Auf diesen gelernten Verbindungen basiert die Produktion verständlicher Sprache. Später, wenn es darum geht, den richtigen Laut zu erzeugen, greift das Kind auf die durch Spielereien und Experimente generierten Repräsentationen zurück. Es vergleicht den produzierten Ton, der am Ohr ankommt, mit dem Ton, der im Gedächtnis gespeichert ist oder auch von anderen vorgemacht wird (z. B. „Gabel!", „Das ist eine Gabel!").

Die Lallphase erstreckt sich gewöhnlich über das zweite Lebenshalbjahr eines Kindes. Im ersten Abschnitt der Phase spricht man vom kanonischen Lallen. In dieser Zeit bilden Kinder gedoppelte Silben, abwechselnd aus Konsonanten und Vokalen. „Bababa", „mamama", „dadada", „gugu" oder „wawa" sind zu hören. Im nächsten Abschnitt der Lallphase produziert das Kind schon komplexere Kombinationen. Silben werden nicht einfach wiederholt, sondern verschieden kombiniert. Es entstehen Lautgebilde, wie „babadube". Mit der Zeit klingt das Lallen auch immer mehr wie die Muttersprache – allerdings nur, wenn man nicht genau hinhört. Tatsächlich wird kein einziges verständliches Wort erzeugt. Aber das Produzierte (der sogenannte Jargon, nach dem die Phase bezeichnet wird) erinnert an und imitiert die Betonung sowie Sprachmelodie der Muttersprache.

Um den ersten Geburtstag sprechen viele Kinder dann ihr erstes richtiges Wort. Die ersten Wörter müssen, wie bei Anneli mit [ˈaːnɪs] statt [ˈhanəs], noch nicht perfekt ausgesprochen sein. Es besteht aber eine feste Verbindung zwischen dem gesprochenen Wort und der Bedeutung. Mit einem Jahr sprechen manche Kinder auch schon ein, zwei weitere Wörter. Vielleicht lassen sie sich aber noch Zeit damit. Auch hier beschreiben Grenzsteine die Entwicklung und kennzeichnen, ab wann gehandelt werden sollte. Im zweiten Lebensjahr, wenn ein Kind ungefähr zehn verständliche Wörter äußert, kann man sagen, dass das Kind spricht. Die phonologischen Repräsentationen, also die Übersetzungsliste „Muskelbefehle → Laute", verfestigen sich. Die Laute kommen immer öfter verständlich und korrekt hervor. Einzelne Laute werden aber auch erst weit nach dem dritten Geburtstag beherrscht.

Beginnt man nach einem langjährigen Aufenthalt im englischsprachigen Ausland wieder, Deutsch zu sprechen, hat man alle Mühe, Wörter mit *ö* und *ä* zu bilden. Denn diese Laute benutzt man in der englischen Sprache nicht.

In der Jargonphase nutzt das Kleinkind die Betonungsmuster und Sprachmelodie der Erwachsenen. Sprachähnliche Muster lassen sich identifizieren, Wörter aber nur schwer.

Ein Vater über das Sprechvermögen seiner Tochter in der Jargonphase: „Sie kann eigentlich schon sprechen. Sie hat nur eine schlechte Aussprache."

Grenzsteine der Sprachentwicklung bis 18 Monate
9 Monate
• Kind bildet spontan längere Silbenketten mit dem Vokal *a* („wawawa", „rararara").
12 Monate (um den ersten Geburtstag herum)
• Kind bildet spontan längere Silbenketten mit Lippenverschlusslauten („bababa", „dadadada").
15 Monate
• Kind sagt „Mama" und „Papa" in sinngemäßer Bedeutung.
18 Monate
• Kind benutzt Symbolsprache, z. B. „Wau-Wau" oder „Heia". • Kind bildet lebhafte Laute.

Kindgerichtete Sprache

Kennen Sie Frauen, die auf Kleinkinder mit einer künstlich hohen und affektierten Stimme einreden? So merkwürdig es sich für den Außenstehenden auch anhört, sie machen es richtig.

Das, was diese Frauen tun, bezeichnet man als kindgerechte Sprache, auch als Ammensprache, Babytalk oder auf Englisch als *Motherese*. Wer kindgerechte Sprache benutzt, spricht höher als normal. Dazu wird die Satzmelodie übertrieben, sodass die überzeichnete Artikulation affektiert erscheint. Es wird sehr langsam mit deutlichen Pausen und Wiederholungen gesprochen. Wichtige Wörter werden besonders betont und alles wird mit viel Emotion unterlegt.

Diese Art zu sprechen, ist gut für Kleinkinder. Sie erzeugt Aufmerksamkeit und übertreibt die Merkmale der jeweiligen Sprache. Genau das braucht ein Kind, um die Feinheiten der Sprache kennenzulernen. Kleinkinder hören diese Art des Sprechens lieber als die normale Erwachsenensprache. Sie bevorzugen diese Art auch dann, wenn das Sprechen nicht an sie, sondern an ein anderes Kind gerichtet ist.

Warum benutzen manche Erwachsene diese kindgerechte Sprache? Haben sie entsprechende entwicklungspsychologische Bücher gelesen? Wohl kaum. Diese Art zu sprechen, gehört zur intuitiven elterlichen Didaktik. Eltern verschiedenster Kulturen sprechen auf genau diese Art und Weise mit ihren Kleinkindern. Selbst Kinder ab drei Jahren benutzen sie gegenüber Babys. Es gibt nur wenige Kulturen, die diese kindgerechte Sprache nicht kennen. Deshalb kann man davon ausgehen, dass Spracherwerb auch ohne kindgerechte Sprache funktioniert. Aber sie fördert den Spracherwerb.

Wann spricht Alba welches Wort zum ersten Mal?

Alter (Jahr; Monat)	Lautäußerung	Bedeutung
0;9	Ma-ma	Mama
0;10	Ha-ho	Hallo/Tschüss
0;11	Habu/Hamm	Essen
1;1	Dudu	Justus, der ältere Bruder
1;2	schö	schön
	Dudus	Justus
	Habn! Telele!	Telefon haben
1;3	hei	heiß (der Backofen)
1;4	gugl	Kugel, Ball
	ein	Licht einschalten
	auf	aufmachen
	Baj/Bal	Ball
	Lala/Ladl, ladl	Musik, tanzen
	ngeing, gne	Nein
	brbrbrbr/bwbwbwbw	Flugzeug
	Uh aaaah!	großes Tier, Dino
	dange	Danke
1;5	gocko	Kuckuck
	Huwawawa	Hubschrauber
	Joga	Joghurt
	Salbe	Salbe
	B(r)ille/Bwille	Brille
	au amm	auch haben
	auf, zu, an	auf, zu, an
	Baba	Baby
	Boppa	Papa
	Schu	Schuh
	Glo	Klo/Töpfchen
	Guh	Kuh (auch großer Hund, Schaf oder Pferd)
	Düüf!	Tschüss!
	Aufden!	Aufstehen! (morgens zu Justus)

Wer Sprache korrekt sprechen will, muss mehr können, als Laute richtig hervorzubringen. Diese Laute müssen auch im richtigen Rhythmus mit der richtigen Betonung der Silben und Worte gesprochen werden. Die Sprachmelodie also, auch Prosodie genannt, muss stimmen. Wer die Sprachmelodie beherrscht, hat es leichter, Gehörtes zu entschlüsseln. „Ist das deine Tasche?" wird als Frage erkennbar, weil die Stimme am Ende des Satzes hochgeht. „Das ist deine Tasche." ist grammatikalisch keine Frage. Aber wenn im Satz die Stimme am Ende hochgeht, entsteht doch eine Frage aufgrund der Intonation. Wer die Sprachmelodie beherrscht, hat es leichter, Zwischentöne auszudrücken. „DAS ist deine Tasche?" vs. „Das ist DEINE Tasche?" vs. „Das ist deine TASCHE?" – Sprechen Sie den Satz auf verschiedene Arten aus und Sie erhalten verschiedene Bedeutungen durch die jeweilige Sprachmelodie.

> **Prüfen Sie Ihr Wissen:**
>
> 1. Wie lernen Kinder die Koordination der über 100 Muskeln und Organe für die Sprachproduktion? Erläutern Sie!
> 2. Was passiert in der Lallphase? Was tut das Kind und wofür ist das gut?
> 3. Sprechen Sie einen beliebigen längeren Satz in kindgerechter Sprache.
> 4. Alba formt schon viele Worte (vgl. Tab. S. 143). Welche Grenzsteine (vgl. Tab. S. 142) hat sie damit schon erfolgreich hinter sich gelassen?

5.4 Ich weiß jetzt, was soll es bedeuten – Sinn

Sprache ist mehr als nur ein Lautstrom. Sie ist ein Lautstrom mit Wörtern, der für etwas ganz Bestimmtes steht. Das Wort *Pass* und sein Lautstrom [pas] stehen für das, womit wir uns ausweisen. *Tasse* und [ˈtasə] stehen für ein Trinkgefäß. *Hase* und [ˈhaːzə] für ein Tier mit Schlappohren. Und [ˈaːnts] steht zumindest bei der einjährigen Anneli für den großen Bruder Hannes.

Möglicherweise hört man das Wort *Pass* in dem Moment, in dem man seinen Ausweis bekommt, zum ersten Mal. Es wird einem gesagt, dass man sich damit ausweisen kann. Und das versteht man. Aber sieht ein Kleinkind in seinem ersten Lebensjahr erstmals eine Tasse, erklärt bestimmt niemand, dass es ein Trinkgefäß sei, aus dem das Kind trinken könne. Und wenn, so würde das Kleinkind es nicht verstehen. Wie schaffen es also kleine Kinder, Wörter mit Bedeutungen zu verknüpfen? Wie lernen sie, dass Wörter für etwas stehen – für eine Tasse, einen Hasen oder den großen Bruder?

Nicht immer, wenn das Kind das Wort *Hase* hört, ist ein Hase in seinem Blickfeld. Und selbst wenn: *Hase* ist sicher nicht das einzige Wort, das da fällt. Viel öfter heißt es: „Oh, schau mal! Da hoppelt der

Hase von unseren Nachbarn!" Aber selbst wenn ein Kind nur „Hase" hört, so ist er sicher nicht das Einzige, was sich im Blickfeld des Kindes befindet. Es sind vielleicht noch die Hecke und der Zaun zu sehen. Und selbst wenn nur der Hase im Blickfeld ist: Woher weiß ein Kind, dass *Hase* für das Tier steht und nicht für seine Schlappohren oder seine Farbe? Irgendwie finden Kinder heraus, dass *Hase* für das Tier steht. Aber wie schaffen sie das nur? Wenn sie bloß einmal das Wort *Hase* in einer Hasenszene hören würden, hätten sie nur geringe Chancen, die Verknüpfung aufzuschnappen. Aber über viele Hasen- und Nichthasenszenen hinweg steigen die Chancen.

Dabei sind die Kinder wieder als Experten für Mustererkennung gefragt. Allerdings wird es noch etwas schwieriger. Jetzt reicht es nicht mehr aus, zu entscheiden, ob Silben oft oder nicht so oft nacheinander auftreten. Um Worte und Bedeutungen zu verknüpfen, muss erfasst und auch erinnert werden, welche verschiedenen Wörter zu welchen verschiedenen Szenen gehören. Das gesuchte Muster heißt nun: Was tritt besonders häufig gleichzeitig auf? Das, was über viele Situationen hinweg gleichzeitig auftritt, das gehört zusammen. Einjährige Kinder können solche Muster bereits erkennen. Das zeigt ein Experiment.

Die Kleinen sollten sechs Kunstwörter, die sie nie zuvor gehört hatten, mit sechs komischen Formen, die sie nie zuvor gesehen hatten, verknüpfen. Sie sollten sozusagen die Namen (die Kunstwörter) der komischen Formen lernen. Dafür sahen sie jeweils ein Bild mit zwei der Formen und hörten dazu zwei der Namen. Jede Form wurde mit ihrem richtigen Namen genannt. Aber es gab immer zwei Formen und zwei Namen. Form 1 und Form 2 wurden zusammen mit den Namen für Form 1 und Form 2 präsentiert. Bei dieser einmaligen Präsentation hätte kein Lerner herausbekommen, ob Form 1 nun den Namen 1 oder den Namen 2 trägt. Aber in den nächsten Bildern wurde Form 1 mit einer weiteren Form präsentiert. Name 1 und Name 3 waren nun zu hören wie im richtigen Leben: Wenn der Hase bei der Hecke saß, hieß es „Hase" und „Hecke". War er beim Zaun, hieß es „Hase" und „Zaun". Das hoppelnde Geschehen wurde zweimal mit „Hase", aber nur je einmal mit etwas anderem bezeichnet (vgl. Grafik S. 146).

Zurück zum Experiment: Insgesamt betrachtete ein Kind 30 Bilder mit je zwei Formen und hörte die zwei jeweiligen Namen dazu. Nach fast vier Minuten war die Lernphase beendet. Die Testphase folgte. Wieder wurde das Bild mit zwei Formen gezeigt. Jetzt wurde aber nur ein Name genannt und genau beobachtet, ob das Kind auf die richtige Form blickt. Das taten die Kinder öfter, als schauten sie nur zufällig mal zum einen und zum anderen Objekt. Die Kleinen hatten sich merken können, was über viele Situationen hinweg gleichzeitig auftrat und deshalb der wahrscheinlichste Name für die komische Form ist.

Emma (2;4) versucht, den Reißverschluss ihrer Jacke zu schließen. Sie zerrt und pfriemelt daran herum. Dann gibt sie auf und schimpft: „Seis glomp"* Emma hatte das Wochenende bei der Oma verbracht, einer Oberschwäbisch sprechenden Frau, die kein Blatt vor den Mund nimmt.

* Scheißglomp = Schwäbisch für minderwertiges Produkt.

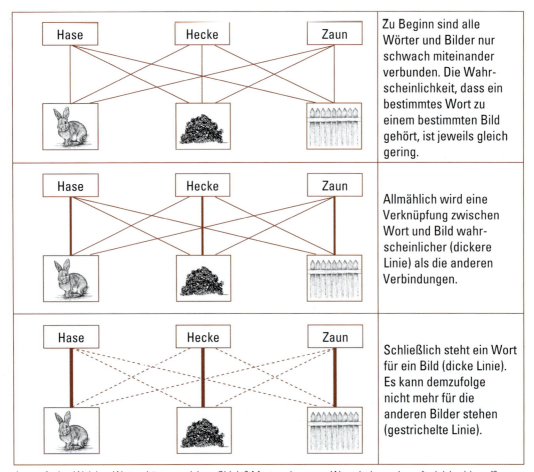

Lernaufgabe: Welches Wort gehört zu welchem Objekt? Mustererkennung: Was tritt besonders oft gleichzeitig auf?

Denken geht auch ohne Sprache. Aber Sprache ist ein prima Input für Denken, ein praktischer Output für Denken und manchmal auch die Form des Denkens selbst.

Kinder können die Muster in der Sprache erkennen. Das hilft ihnen, zu entscheiden, welches Wort welche Bedeutung hat. Kinder haben aber noch ein weiteres nützliches Hilfsmittel. Sie sind nicht nur gute Mustererkenner, sie sind auch gute Absichtenversteher, also Gedankenleser (vgl. Kap. 2.3, S. 60 f.). Das hilft ihnen auch beim Herausfinden, was der Sprecher mit dem Gesagten meinen könnte. Als Gedankenleser versucht das Kind, sich ständig in die Gesprächspartner hineinzudenken. Es versucht, zu erraten, was gemeint sein könnte, wenn jemand etwas äußert. Ein Beispiel: Der Vater hängt Bilder auf. Zweimal geht es gut. Beim dritten Nagel für das dritte Bild landet der Hammer auf dem Daumen. „Mist", krümmt er sich vor Schmerz. Das kleine Kind lernt: Das Wort steht für „etwas ist schief gegangen". In diesem Sinne erwerben kleine Kinder ihre Sprache, quasi indem sie von „Gedankisch" in ihre jeweilige Muttersprache übersetzen. Und dafür nutzen sie die Hinweise der Situation.

Wie wichtig der Kontext einer sprachlichen Äußerung für die Kleinkinder ist, zeigt sich, wenn eine Aussage im Gegensatz zu ihrer Form steht: Schimpft man mit Kleinkindern, jedoch in einem warmen Ton, bleiben sie freundlich. Werden ihnen Komplimente gemacht, jedoch mit barscher Stimme, reagieren sie verängstigt. Die Kinder lesen in der Situation.

Eine Situation gibt manchmal mehr und manchmal weniger Hinweise darauf, wie sie zu verstehen ist. Forscher haben das genauer untersucht. Sie haben Eltern beim Sprechen mit ihrem anderthalbjährigen Kind gefilmt. Daraus entstanden kurze Videoclips. Diese wurden von anderen Erwachsenen angeschaut, jedoch ohne Tonspur, als eine Art Ratespiel. Es galt, ein Geheimwort zu entschlüsseln, dessen Stelle ein Piepton markierte. Das konnte zum Beispiel ein Hund sein oder auch ein Ball. Die Zuschauer sahen nur den Stummfilm, um zu erraten, wovon die Mutter oder der Vater dem Kind erzählt. Das war keine leichte Aufgabe. Da wurde viel falsch oder gar nicht erkannt. Aber es gab Unterschiede, je nachdem, welche Eltern in den Filmen zu sehen waren. Bei manchen Eltern rieten nur 5 Prozent der Zuschauer richtig, bei anderen fast 40 Prozent. Diese Eltern hatten es geschafft, den Kindern (und den Zuschauen) eine Situation mit vielen Hinweisen zu bieten, sodass die Bedeutung des Wortes oft auch ohne Sprache entschlüsselt werden konnte. Und so sieht qualitativ hochwertiger Sprachinput aus. Damit halfen diese Eltern ihren Kindern bei der Übersetzungsarbeit. Sie unterstützten ihr Kind bei der Verknüpfung von Wort und Bedeutung. Das zeigte sich auch in einem späteren Wortschatztest: Kinder dieser Eltern kannten nach drei Jahren bereits mehr Wörter als Kinder von Eltern, deren „Geheimwörter" schwerer zu erraten waren.

Wenn eine Situation viele Interpretationshinweise gibt, fördert das die Sprachentwicklung. Situationen mit wenig Hinweisen zum Geschehen sind für kleine Kinder nicht sprachförderlich. Das kindliche Gedankenlesen versagt, wenn eine Situation zu wenig Hinweise auf ihre Interpretation gibt. In einer Studie sollten amerikanische Babys im Alter von fast einem Jahr chinesische Laute lernen. Eine Chinesin sprach direkt zu ihnen. Damit fesselte sie die Aufmerksamkeit der Kleinen. Sie lernten die chinesischen Laute. Doch allein ein Video mit der Chinesin oder nur eine Tonspur reichten nicht aus, um die Laute zu lernen. Es fehlte der Bezug zur Situation. Denn es gab keinen Unterschied zu Babys, die diese Laute nie gehört hatten.

Tonspuren und Videos liefern wenig Interpretationshinweise. Zwar kommt aus ihnen Sprache hervor. Aber ein Kleinkind kann damit nicht unbedingt etwas anfangen. Eine amerikanische Studie untersuchte den Effekt von Sprachlern-DVDs für Kleinkinder zwischen einem und anderthalb Jahren. Dafür sahen die Kleinen über vier Wochen hinweg mindestens fünfmal wöchentlich die Baby-DVDs an. Wie die Werbung vorschlägt, schaute das Kind gemeinsam mit einem Erwachsenen. Dieser durfte und sollte sich mit dem Kind dabei über die Inhalte austauschen. Dazu gab es noch eine zweite Gruppe Kinder. In dieser schauten die Kinder die DVD genauso lange an wie die Kinder der ersten Gruppe, allerdings allein. Ein Erwachsener war zwar im selben Raum, tat aber währenddessen etwas anderes. Es gab auch noch eine dritte Gruppe. Für diese Kinder

„Hallo" ist für Alba mehr als eine Begrüßung. „Hallo" steht für *Telefon* bzw. für die gesamte Szene *Jemand geht ans Telefon und sagt: „Hallo?"*.

gab es keine DVD. Aber die Eltern bekamen eine Liste der 25 Wörter aus der DVD. Diese sollten sie ihrem Kind im normalen Tagesablauf beibringen. Und schließlich gab es noch eine vierte Gruppe. Dort bekamen die Kinder keine DVD und die Eltern keine Wortliste. Bei ihnen wurde nur der Wortschatz vor und nach den vier Wochen ermittelt. Es war die Kontrollgruppe in der sich zeigte, wie schnell sich der Wortschatz der Kinder ganz normal, auch ohne DVDs und Wortlisten, entwickelte.

Welche Gruppe lernt die meisten Wörter? Die Gruppe mit der Wörterliste.

Und die Ergebnisse? Welche Gruppe zeigte am Ende den größten Lernzuwachs? Die Gruppe der Kinder, deren Eltern ihnen die Wörter (mit Liste) ohne DVD nahebrachten. Und welche Gruppe war auf Platz zwei? Keine! Alle anderen drei Gruppen waren gleich schlecht. Es zeigten sich keine Unterschiede. Die Forscher schlussfolgerten: Das Ausmaß, in dem Kleinkinder von solchen Sprachlern-DVDs lernen, ist offenbar vernachlässigbar.

Das passt auch zu den Ergebnissen einer Studie amerikanischer Kinderärzte. Sie untersuchten Einflüsse auf die Sprachentwicklung. Jede Stunde tägliches Vorlesen bei Kindern im Alter von acht bis 14 Monaten beispielsweise ist mit einem Zuwachs von sieben Punkten im Sprachentwicklungstest verbunden. Jede Stunde tägliches Baby-DVD-Ansehen dagegen ist mit einem Abfall von 17 Punkten verbunden. Der Konsum von Baby-DVDs steht demnach im Zusammenhang mit verzögerter Sprachentwicklung – zumindest für Kinder unter 14 Monaten.

Sie haben ein Baby-Einstein-Video von Disney gekauft? Dann bekommen Sie Ihr Geld zurück. Denn Baby Einstein kann nicht die Intelligenz steigern. Doch warum zeigt sich Disney hier so großzügig? Kritiker meinen, aus Angst vor noch kostspieligeren Prozessen wegen Gefährdung der Sprachentwicklung.

Es ist wahrscheinlich nicht der Bildschirm selbst. Es ist die fehlende Interaktion zwischen dem Sprecher und dem hörenden Kleinkind. Kleinkinder sind auf diese Interaktionen angewiesen: Für eine andere Studie sollten Kinder zwischen zwei und zweieinhalb Jahren vier neue Verben lernen. Dafür betrachteten die Kinder einen Versuchsleiter, der verschiedene Szenen beschrieb – Szenen mit Quatschverben: „Schau, was ich mit dem Spielzeug machen kann! Ich kann es miepen. Siehst du, wie ich es miepe? Toll, ich miepe es …" Für manche Kinder war der Versuchsleiter mit im Raum. Für andere Kinder beschrieb er ihnen Szenen live per Videochat. Wiederum andere Kinder sahen nur den aufgezeichneten Videochat. Der Chat kam „aus der Konserve", sodass Versuchsleiter und Kind keine Möglichkeit zur Interaktion hatten. Welche Kinder lernten die Wörter am besten? Es war egal, ob die Interaktion über den Bildschirm oder real stattfand. Die Kinder lernten unter beiden Bedingungen gleich viel – und mehr als die Kinder mit dem Chat aus der Konserve, bei der es keine Interaktion gab. Um die Bedeutung von Wörtern zu entschlüsseln, ist entscheidend, dass Kinder Situationen interpretieren können. Dabei hilft ihnen die soziale Interaktion. Babys lernen Sprache und die Bedeutungen von Wörtern am besten in reichhaltigen Situationen und der Interaktion mit anderen Menschen.

Kinder lernen Sprache am besten in der Interaktion mit anderen.

Prüfen Sie Ihr Wissen:

1. Welcher Mechanismus hilft den Kindern, die Zuordnung von Wörtern und Bedeutungen zu lernen?
2. Was ist mit *kindlichem Gedankenlesen* gemeint und warum ist das wichtig für die Sprachentwicklung?
3. Woher weiß man, dass die Interaktion so wichtig für das Sprachverständnis ist?

5.5 Die (Wort-)Schatztruhe füllen – Neue Wörter kennenlernen

Die Grundlagen sind gelegt: Ein Sprachstrom kann in Laute und Wörter zerlegt werden. Die Wörter werden nicht nur wahrgenommen, sie werden auch verstanden. Dem jeweiligen Wort wird eine Bedeutung zugeordnet. Laute und Wörter können sogar schon einigermaßen produziert werden.

Die Grundlagen sind also gelegt, die Stützpfeiler stehen, jetzt kann es richtig losgehen – und das tut es auch. Im Alter von anderthalb Jahren findet etwas statt, das als Wortexplosion oder auch Wortschatzspurt bezeichnet wird: In kürzester Zeit werden erstaunlich viele neue Wörter gelernt. Die Wortschatzentwicklung schnellt auf ein Allzeithoch von durchschnittlich mindestens einem neuen Wort alle zwei Stunden. Im Alter von anderthalb Jahren sprechen Kinder im Durchschnitt 50 Wörter. Zum zweiten Geburtstag können es 300, zum dritten 900 und zum vierten 1.600 Wörter sein. Der aktive Wortschatz bei Sechsjährigen liegt bei durchschnittlich 5.000 Wörtern; der von Erwachsenen bei 5.000 bis 16.000. Dieser Wortexplosion geht möglicherweise die kindliche Erkenntnis voraus, dass jedes Ding einen Namen hat. Erwachsene können in dieser Zeit unterstützen, wenn sie die Dinge im Umfeld des Kindes benennen. Das geht natürlich auch beim gemeinsamen Betrachten eines Bilderbuches.

Der aktive (oder auch produktive) Wortschatz umfasst alle Wörter, die ein Kind aktiv verwendet. Dieser Wortschatz bezieht sich damit auf die Sprachproduktion.
Man unterscheidet dazu den passiven (oder auch rezeptiven) Wortschatz – alle Wörter, die ein Kind versteht. Dieser Wortschatz bezieht sich auf die Sprachrezeption und wird auch als Verstehenswortschatz bezeichnet.

Das Verhältnis von aktivem und passivem Wortschatz bei Kleinkindern

Fallbeispiel: Lukas und die 50-Wort-Grenze

Irgendwann kann ein Kind 50 Wörter sprechen und es überschreitet damit eine wichtige Marke: Die 50-Wort-Grenze. Alba (vgl. Tab. S. 143) hat diese Grenze mit anderthalb Jahren passiert. Die meisten Kinder passieren diese Grenze vor ihrem zweiten Geburtstag. Manche schaffen das jedoch nicht. Diese Kinder werden als *Late-Talker* oder Spätsprecher bezeichnet.

Einer von ihnen ist Lukas. Er ist schon 27 Monate alt und benutzt erst dreizehn Wörter. Lukas' Eltern machen sich Sorgen. Der Kinderarzt überweist ihn zum Ohrenarzt. Vielleicht hört Lukas nicht gut? Doch ganz im Gegenteil, Lukas hört sehr gut. Seine Eltern fragen sich immer noch, warum er nicht schon mehr spricht. Vielleicht ist er einfach nur ein Spätzünder und holt alles noch auf? Die Geschwindigkeit der Sprachentwicklung unterscheidet sich von Kind zu Kind. Kann man nicht einfach abwarten?

Ein Drittel der Kinder, die wie Lukas um ihren zweiten Geburtstag herum nicht mindestens 50 Wörter sprechen, zeigen mit drei Jahren schwache Sprachleistungen. Ein weiteres Drittel zeigt allerdings eine echte Sprachentwicklungsstörung. Lediglich beim verbleibenden Drittel der Kinder verläuft die Sprachentwicklung später trotzdem unauffällig. Nur für sie erwies sich der Leitspruch „Das wächst sich aus!" als zutreffend.

Als Lukas drei Jahre alt ist, kann mit ihm eine ausführliche Untersuchung mit normierten Sprachtests durchgeführt werden. Anders als viele andere Kinder zeigt er keine Sprachentwicklungsstörung. Er fällt mit drei Jahren nur noch durch eine unterdurchschnittliche Sprachleistung auf. In den meisten Sprachtests liegt er nicht mehr im stark auffälligen Bereich, sondern nur noch unterhalb des Durchschnitts seiner Altersgruppe.

Die 50-Wort-Grenze gilt nicht nur als wichtige Markierung: Ist die Grenze um den zweiten Geburtstag nicht erreicht, sollten Experten hinzugezogen werden. Die 50-Wort-Grenze gilt auch als wichtige Voraussetzung für die Wortschatz- und Grammatikentwicklung. Was heißt das für die pädagogischen Fachkräfte in der Kita? Sollen sie nun Wörter zählen?

Eine Patholinguistin empfiehlt Fachkräften, einen der vielen Wortschatzfragebögen zu nehmen. Als Screening für alle Kinder seien SBE-2-KT und SBE-3-KT geeignet. Für einen näheren Blick auf ausgewählte Kinder mit Schwierigkeiten seien die Bögen ELAN, ELFRA und FRAKIS gut brauchbar und aussagekräftig.

> Patholinguistik ist die interdisziplinäre Wissenschaft der Sprach-, Stimm- und Sprechstörungen.

Fleißige Forscher haben ausgezählt, wie viel mit kleinen Kindern innerhalb der Familie gesprochen wird. 42 Familien mit etwa acht Monate alten Kindern nahmen an der Studie teil. Für die nächsten zweieinhalb Jahre besuchten die Forscher die Familien. Sie protokollierten und zeichneten jeden Monat für eine Stunde jede Äußerung auf, die das Kind in dieser Zeit von seinen Eltern hörte, und jede, die es selber produzierte. Ergebnis war, dass Eltern auch mal mit 400 Äußerungen pro Stunde auf ihr waches Kind einredeten. Das ist eine Menge und daraus lassen sich viele neue Wörter lernen. Die Forscher erkannten aber auch große Unterschiede zwischen den Familien. Eltern mit Hochschulabschluss (obere Mittelschicht) sprachen mehr mit ihren Kindern als Eltern, die der Arbeiterklasse angehören. Diese wiederum sprachen mehr mit ihrem Kind als Eltern, die von der Sozialhilfe leben. Auch die Kinder äußerten sich entsprechend mehr oder weniger (vgl. Tab. unten).

Die Unterschiede zwischen den drei Gruppen waren groß. Rechnet man die Ergebnisse auf Tage, Wochen, Monate und Jahre hoch – schließlich sind es Jahre, die die Kinder in diesen unterschiedlichen Sprachumwelten leben –, so gelangt man zu folgendem Resultat: Ein Kind einer Familie aus der oberen Mittelschicht hört bis zu seinem vierten Geburtstag rund 45 Millionen Wörter. Ein Kind, dessen Familie von der Sozialhilfe lebt, hört im Vergleich bis dahin rund 13 Millionen Wörter.

Sprachäußerungen von Eltern und Kindern in Abhängigkeit ihrer Zugehörigkeit zu einer Gesellschaftsschicht

	obere Mittelschicht		Arbeiterklasse		Sozialhilfe-empfänger	
	Eltern	Kind	Eltern	Kind	Eltern	Kind
Wortschatz	2.176	1.116	1.498	749	974	525
durchschnittliche Äußerungen pro Stunde*	487	310	301	223	176	168
durchschnittliche Anzahl verschiedener Wörter pro Stunde	382	297	251	216	167	149
hochgerechnete Anzahl gehörter Wörter bis zum vierten Geburtstag	—	45 Mio.	—	26 Mio.	—	13 Mio.

* Die Äußerungen der Eltern und die Anzahl der verschiedenen Wörter sind gemittelt über die Zeit, in der die Kinder 13 bis 36 Monate alt waren. Die Äußerungen der Kinder und ihre Anzahl verschiedener Wörter sind gemittelt über die Zeit, in der sie 33 bis 36 Monate alt waren.

In der Tabelle zeigt sich der enge Zusammenhang zwischen der Anzahl der Wörter, die die Kinder hören, und der Anzahl, die sie sprechen. Eine Nachfolgestudie testete die Kinder in der dritten Klasse. Es zeigten sich auch Zusammenhänge zwischen dem Wortschatz der Kinder im Alter von drei Jahren und der Sprachentwicklung im Alter von neun Jahren. Die Kinder, die mit drei Jahren einen größeren Wortschatz hatten, zeigten ihn auch mit neun. Sie legten eine bessere Sprachentwicklung vor und konnten auch besser lesen.

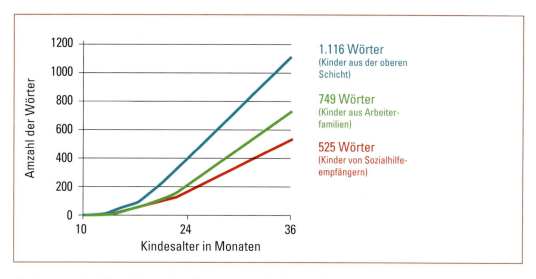

Die Entstehung der Wörterlücke zwischen Kindern aus verschiedenen Schichten

Kinder, deren Eltern von der Sozialhilfe leben, hören bis zum vierten Geburtstag rund 30 Millionen Wörter weniger als Kinder aus Familien, deren Eltern studiert haben. US-Amerikaner sprechen in diesem Zusammenhang vom *30 Million Word Gap*, also von der 30-Millionen-Wörterlücke. Sie hat manch kleinem Amerikaner – gerade erst auf die Welt gekommen – den Lebensweg erschwert. Diese Wörterlücke wird als nationale Schande empfunden. Mittlerweile gibt es viele amerikanische Initiativen, die es sich zur Aufgabe gemacht haben, die Lücke zu schließen.
Aus Deutschland liegen keine vergleichbaren Daten vor. Möglicherweise zeigt sich hier ein ähnliches Bild. Womöglich sind die Unterschiede aber auch nicht ganz so groß. Denn wieso sprechen eigentlich Eltern eher wenig mit ihren Kindern? Ein Schuldiger ist schon gefunden. Er ist in Deutschland nicht ganz so alltäglich wie in Amerika: der im Hintergrund laufende Fernseher.

Eine andere amerikanische Studie hat den laufenden Fernseher mit den Äußerungen von Eltern und Kindern in Zusammenhang gebracht. Kindern im Alter von zwei Monaten bis vier Jahren wurden für einen Tag lang Mikrofone umgehängt, die die Sprache in deren Umfeld aufzeichneten. Automatisierte Analysen ermittelten anschließend, wie viel Eltern und Kind sprachen und wie viel Sprache aus dem Fernseher kam. Es zeigte sich: Mit jeder zusätzlichen Stunde, die der Fernseher lief, nahm die Anzahl der Äußerungen der Eltern und die des Kindes deutlich ab. Selbst wenn der Fernseher nur im Hintergrund lief, wirkte er sich auf die Sprachproduktion von Eltern und Kind aus.

Für eine andere Studie wurden Eltern mit ihrem Kind im Alter von ein bis drei Jahren ins Labor eingeladen. Dort durften die Kinder eine Stunde lang mit vielen schönen Spielzeugen spielen. Die Eltern spielten mit ihnen, lasen Zeitschriften oder schauten fern. Für die Hälfte der Zeit lief ein Fernseher. Was die Eltern taten, war ihnen freigestellt. Den Eltern wurde mitgeteilt, dass die Forscher das Spielen der Kinder mit und ohne TV interessiere. Das stimmte auch.

Doch die Daten wurden später im Hinblick auf die Sprachäußerungen von Eltern und Kindern noch einmal ausgewertet. Und es zeigte sich: Lief der Fernseher, sprachen die Eltern weniger mit ihrem Kind, im Durchschnitt pro Minute zwölf Wörter weniger. War der Fernseher aus, sprachen sie mehr mit ihrem Kind. Nicht nur die Quantität der Sprache (die Anzahl der Wörter) wurde durch den laufenden Fernseher beeinflusst, sondern auch die Qualität: Die Eltern sprachen auch weniger neue Wörter.

Weil Eltern- bzw. Erwachsenensprache so wichtig für die Kindersprache ist, haben sich Initiativen zur Schließung der 30-Millionen-Wörterlücke vieles ausgedacht. Letztlich gibt es aber vor allem eine Faustregel: Mit dem Kleinkind zu sprechen, ist besser, als nicht mit ihm zu sprechen!

Sprechen, sprechen und nochmals sprechen.

Den Wortschatz erweitern: Wie können Erwachsene Kinder unterstützen?

- Nennen Sie die Namen der Dinge. Das Benennen hilft den Kindern, zu verstehen, welches Ding wie heißt. Nennen Sie vor allem die Namen der Dinge, die das Kind interessieren. Das ist einfacher, als sie auf etwas anderes aufmerksam zu machen.

- Begleiten Sie Ihre Aktionen mit Worten: „Ich suche den Teddy für dich. Sitzt er vielleicht in der Puppenecke? Nein. Schauen wir mal im Flur."

- Begleiten Sie die Aktionen der Kinder mit Worten: „Du stellst das rote Auto neben das blaue Auto. Ist dort der Parkplatz?"

- Ergänzen und erweitern Sie die Aussagen der Kinder. Alba: „Huwawawa!" Sie: „Genau, da ist ein Hubschrauber. Der Hubschrauber macht Krach. Jetzt fliegt der Hubschrauber weg. Ich kann ihn gar nicht mehr hören."

- Schauen Sie sich gemeinsam Bilderbücher an. Nutzen Sie dabei auch Gesten, um die Geschichte zu beschreiben. Der Satz „Max war so müde" kann mit großem Gähnen und Augenreiben begleitet werden.

- Lesen Sie dem Kind etwas vor. Das hilft nicht nur der Sprachentwicklung des Kindes. Es schafft auch Nähe und das Kind fühlt sich wohl.

- Und schließlich, denken Sie an die Faustregel: Mit dem Kleinkind zu sprechen, ist besser, als nicht mit ihm zu sprechen!

Prüfen Sie Ihr Wissen:

1. Was wird unter *Wortschatzspurt* verstanden?

2. Was ist die 50-Wort-Grenze und warum ist sie wichtig?

3. In Amerika wird die 30-Millionen-Wörterlücke zwischen Kindern verschiedener Schichten auch für den späteren Leistungsunterschied der Kinder verantwortlich gemacht. Erklären Sie, warum die Verbindung denkbar ist.

4. Es gibt verschiedene Möglichkeiten, die Wortschatzentwicklung von Kindern zu unterstützen (vgl. Box S. 154 f.). Was ist das Gemeinsame aller dieser Möglichkeiten?

5.6 Der Ball, des Balls, dem Ball, den Ball – Grammatik

Wer mag schon Ordnung halten? Selbst wenn Ordnung das Leben leichter macht. Wer mag schon Grammatik? Selbst wenn sie Ordnung in die Sprache bringt und hilft, sprachliche Missverständnisse zu vermeiden? Kaum jemand mag Grammatik, der sie in der Schule lernt und paukt: der Ball, des Balls, dem Ball, den Ball. Doch das Pauken haben kleine Kinder gar nicht nötig! Sie erlernen die Ordnung der Grammatik nebenbei. Das müssen sie auch. Denn ganz ohne Grammatik geht es nicht. Die Grammatik sorgt für Ordnung, in dem sie klarstellt,

- wer etwas womit tut:
  Der Ball traf das Kind. Oder: Das Kind traf den Ball.

- wann etwas geschieht:
  Das Kind traf den Ball. Oder: Das Kind trifft den Ball.

- wo etwas ist:
  Der Ball ist auf der Wiese. Oder: Der Ball ist unter dem Baum.

Man könnte meinen, dass Kinder Grammatik lernen, indem sie das, was sie hören, nachplappern. Doch beim genaueren Hinhören kann das nicht stimmen. Kein Erwachsener sagt das Wort „aufgeesst" oder den Satz „Fahrer aussteigt". Nachplappern kann solche Sprachäußerungen nicht erklären. Vielmehr sind diese Äußerungen typische Fälle von: richtige Regel falsch angewendet. Hier wird deutlich: Kinder als Experten für Mustererkennung extrahieren Regeln aus der Sprache, die sie hören. Und sie lernen, diese Regeln zunehmend richtig anzuwenden. Innerhalb weniger Monate ihres dritten Lebensjahrs lernen Kinder fast blitzartig, grammatikalisch korrekte Sätze zu sprechen. Dabei beachten sie sogar die Feinheiten der jeweiligen Muttersprache. Die Kinder haben das Regelwerk der wiederkehrenden Muster ihrer Muttersprache bestens gelernt – ganz ohne langes Pauken und Büffeln.

Jannis bändigt die Grammatik

Alter	Sprachbeispiele
2;1	„Mama abholen Bus fahren."
2;2	„Oma Opa kommen – ich Auto vorne sitzen." „Ich Kindergarten gehen – allein, Mama arbeiten."
2;3	„Ich habe aufgeesst."
2;4	„Fahrer aussteigt." „Ich groß bin, Müllauto fahren mit Helm."
2;5	„Im Juli hab ich Turtstag, dann feiern wir ganz dolle."
2;6	„Wenn ich groß bin, gehe ich Fahrschule und dann lerne Bagger fahren und dann mache ich Bagger an und fahre zur Baustelle und arbeite."
2;7	„Morgen holst Du mich gestern früh ab."

Dabei durchlaufen die Kinder verschiedene Stadien. Am Anfang stehen die Einwortsätze. Sie bestehen aus einem Wort, meinen aber viel mehr als nur dieses eine Wort. Albas „Hei" (vgl. Tab. S. 143) für „heiß" bedeutet: „Der Backofen ist heiß. Da muss man vorsichtig sein." Ihr „Aufden!" morgens zu ihrem Bruder Justus, heißt so etwas wie „Justus, du sollst endlich aufstehen und mit mir spielen".

Später werden Wörter kombiniert. Mit 14 Monaten sagt Alba „Habn! Telele!" und will das Handy haben. Die beiden Wörter stehen nebeneinander als Einwortsätze. Mit 17 Monaten ruft sie „au amm" für „auch haben". Mit 18 Monaten „nane rula" für „die Banane ist heruntergefallen". Alba benutzt nun schon Wortkombinationen. Es entstehen Zweiwortsätze.

Bald folgen Mehrwortsätze, wie bei Jannis im Alter von 26 Monaten: „Oma Opa kommen", „Ich Auto vorne sitzen" oder „Ich Kindergarten gehen – allein". Diese Sätze bestehen aus aneinandergereihten Wörtern. Mit 26 Monaten hieß es noch: „Ich Kindergarten gehen"; mit 28 Monaten: „Ich groß bin, Müllauto fahren." Und dann geht alles ganz schnell: Grammatische Morpheme kommen hinzu und Verben werden richtig gebeugt. Mit 30 Monaten sagt Jannis nun: „Wenn ich groß bin, gehe ich …", „und fahre zur Baustelle und arbeite." Er bildet lange Sätze mit Nebensätzen.

> Grammatische Morpheme wie un-, -bar, -keit, -s, -en stehen nicht für einen Inhalt, sondern haben eine grammatische Funktion. Das Plural-s macht aus einem Auto mehrere Autos.

Grenzsteine der Sprachentwicklung bis 3 Jahre
24 Monate (um den zweiten Geburtstag herum)
• Kind verfügt über Einwortsprache und spricht mindestens zehn Wörter neben „Papa" und „Mama".
36 Monate (um den dritten Geburtstag herum)
• Kind spricht in Drei- bis Fünf-Wort-Sätzen (Kombinationen verschiedener Wortarten; z. B. „Ich Auto vorne sitzen.").   • Kind verwendet eigenen Vor- und Rufnamen.

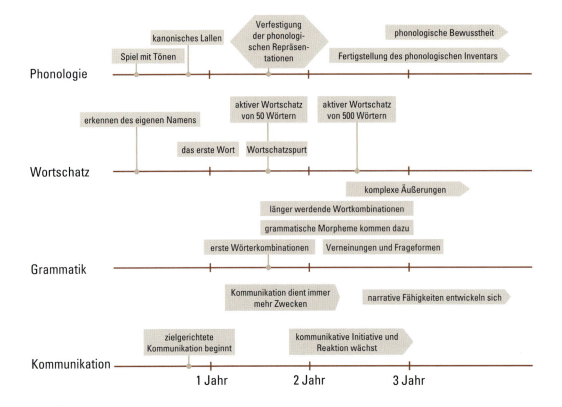

Überblick zur Sprachentwicklung in den ersten drei Jahren

Mehrsprachigkeit

70 Prozent der in Deutschland lebenden Menschen können eine zweite Sprache neben Deutsch mindestens einigermaßen gut sprechen und verstehen. Sie gelten damit als mehrsprachig. Mehrsprachigkeit, so definieren manche Wissenschaftler, liegt vor, sobald eine Person mehr als eine Sprache im täglichen Leben regelmäßig benutzt, egal, auf welchem Niveau. Mehrsprachigkeit entsteht oftmals auch durch Einwanderungen oder berufliche Mobilität.

Was geschieht, wenn ein Kind neben seiner Muttersprache noch eine zweite Sprache erlernt? Ein Kind wird durch eine zweite (oder dritte) Sprache nicht überfordert. Kinder können zwei Sprachen ebenso leicht lernen wie eine. Ein gelingender Spracherwerb wird durch eine zweite Sprache nicht gefährdet. Zweit- und Drittsprachen lösen weder Sprachentwicklungsstörungen aus noch beeinflussen sie bereits existierende Auffälligkeiten negativ.
Die Sprachentwicklung ein- und zweisprachig aufwachsender Kinder verläuft erstaunlich ähnlich. Die wichtigen Meilensteine der Sprachentwicklung werden zu gleichen Zeiten erreicht: Das erste Wort tritt ungefähr im Alter von einem Jahr auf, egal, wie viele Sprachen das Kind in seiner Umwelt erlebt. 50 Wörter spricht ein Kind mit etwa anderthalb Jahren, egal, ob es ein- oder zweisprachig aufwächst.

Auch die ersten kurzen Sätze treten bei allen Kindern fast zur selben Zeit, mit anderthalb Jahren, auf. Die Sprachentwicklung ein- und zweisprachig aufwachsender Kinder hat damit einen ähnlichen Zeitverlauf, weil sie durch die sich entwickelnden kognitiven Fähigkeiten des Kindes bestimmt wird. Zu Unterschieden in der Sprachkompetenz kann es jedoch trotzdem kommen. Das hängt davon ab, wie viel von welcher Sprache ein Kind in seiner Umwelt vorfindet und gebraucht. Für einen erfolgreichen Zweitspracherwerb braucht das Kind einen ausreichenden sprachlichen Input und Kommunikationsmöglichkeiten (oder besser: Kommunikationsnotwendigkeiten) in eben dieser zweiten Sprache. Kinder entwickeln dann eine weitere Sprache, wenn es nötig ist. Gesprächspartner, die die Muttersprache des Kindes nicht verstehen, schaffen diese Notwendigkeit.

Bei Kindern, die ihre Zweitsprache vor dem Hintergrund ihrer Erstsprache entwickeln, sind oft Einflüsse der Erstsprache zu bemerken. Sie machen typische Fehler, die der Erstsprache geschuldet sind:

- Bestimmte Laute bereiten je nach Erstsprache Schwierigkeiten: Franzosen kämpfen mit dem *h*; Griechen ringen mit dem *sch*. Die Laute gibt es in der jeweiligen Herkunftssprache nicht.
- Im Deutschen gibt es drei bestimmte Artikel (der, die, das). Das Italienische kennt nur zwei. Im Englischen reicht ein Artikel *(the)*, das Türkische hat gar keine.
- Im Deutschen steht das Verb im Nebensatz an letzter Stelle. Im Englischen steht es immer an zweiter Stelle nach dem Subjekt. Im Russischen kann man Sätze sogar ohne Verben bilden.
- Was im Deutschen als grammatikalisch falsch gilt („Heute Brot mit Nougatcreme essen."), kann am Einfluss der richtigen Grammatik der Erstsprache des Kindes liegen.

Solche und andere typische Fehler zeigen, dass die Sprachentwicklung noch in vollem Gang ist. Sie sind kein Zeichen von Sprachverwirrung. Eine zweite Sprache verwirrt ein Kind nicht. Das Lernen von zwei Sprachen braucht jedoch mehr Zeit als das Lernen einer Sprache.

Prüfen Sie Ihr Wissen:

1. Wozu wird Grammatik benötigt? Was ist ihre Aufgabe?
2. Welche Stadien in der Grammatikentwicklung lassen sich beschreiben?
3. Wie können Sie Eltern beruhigen, die Sorge haben, weil ihr Kind zweisprachig aufwächst?

Vertiefung und Transfer

1. Analysieren Sie die Äußerungen eines zweijährigen Kindes, das Sie kennen, mithilfe der Stichworte in der Tabelle „Die unterschiedlichen Ebenen der Sprache" (S. 136 f.) und der Abbildung „Überblick zur Sprachentwicklung" in den ersten drei Jahren (S. 158).

2. Wenn der Fernseher viel läuft, läuft bei der Sprachentwicklung wenig. Das zeigen unterschiedliche Studien. Wie kommt es zu diesem Zusammenhang?

3. Beobachten Sie Interaktionen zwischen einem Erwachsenen und einem Kind, die Sie zufällig in Ihrem Alltag, z. B. beim Einkaufen, miterleben. Was an dem Verhalten des Erwachsenen ist sprachförderlich? Wie könnte sich der Erwachsene in der Situation noch sprachförderlicher verhalten? Entwickeln Sie konkrete Vorschläge.

4. Wenn Sie aus diesem Kapitel nur einen Gedanken behalten könnten, welcher wäre es dann? Und warum?

Lesetipps

Szagun, G. (2007). *Das Wunder des Spracherwerbs: So lernt Ihr Kind sprechen.* **Weinheim: Beltz.**
- Das Buch gibt einen Überblick über die Ergebnisse der Spracherwerbsforschung.
- Eine renommierte deutsche Spracherwerbsforscherin hat ihre Wissenschaft für Eltern übersetzt.
- Das Buch enthält charmante Beispiele für Kindersprache und nette Illustrationen.
- Der Schlussteil des Buches enthält häufig gestellte Fragen der Eltern, die beantwortet werden. Mit diesen Fragen werden sicher auch pädagogische Fachkräfte konfrontiert.

Spitzer, M. (2015). Am Anfang war das Wort. *Nervenheilkunde,* **34(6), 466–468.**
- Manfred Spitzer erklärt Hintergründe der Sprachentwicklung und auch, warum Bildschirme dabei stören.
- Der Artikel kann auf der ZNL-Webseite heruntergeladen werden.

Jampert, K., Thanner, V., Schattel, D., Sens, A., Zehnbauer, A., Best, P., & Laier, M. (2011). *Die Sprache der Jüngsten entdecken und begleiten.* **Weimar: verlag das netz.**
- Materialien mit allgemeinen Informationen zum kindlichen Spracherwerb unter drei Jahren.
- Sie wurden im Rahmen des Projekts „Sprachliche Förderung in der Kita" am Deutschen Jugendinstitut (dji) entwickelt.
- Praxisbeispiele und Tipps helfen bei der Umsetzung in der eigenen Kita.
- Eine CD enthält Videosequenzen aus dem Kita-Alltag.

Winner, A. (2012). *Kleinkinder ergreifen das Wort: Sprachförderung mit Kindern von 0–4 Jahren.* **Berlin: Cornelson Scriptor.**
- Zusammenfassende Darstellung der kindlichen Sprachentwicklung im Alter von 0 bis 4 Jahren.
- Erläuterungen zu sprachlichen Kompetenzen von Krippenkindern im pädagogischen Alltag und wie sie erkannt bzw. gefördert werden können.
- Einführung in den Begriff der Sprache allgemein sowie in Literacy, Mehrsprachigkeit, Sprechfertigkeiten und Sprechstörungen – bezogen auf die Altersgruppe in der Krippe.
- Theoretische Zusammenhänge werden durch zahlreiche Praxisbeispiele veranschaulicht.

Albers, T. (2011). *Sag mal! Krippe, Kindergarten und Familie: Sprachförderung im Alltag.* **Weinheim: Beltz.**
- Das Fachbuch vermittelt theoretisch fundiert die grundlegenden Kenntnisse über die Sprachentwicklung.
- In verständlicher Sprache wird ein breiter Überblick über die Fachdiskussion rund um das Thema Spracherwerb gegeben.
- Der Autor zeigt umfassend auf, wie Sprachförderung in der alltäglichen, pädagogischen Praxis umgesetzt werden kann.
- Tolle Praxistipps zum Thema Bilderbücher und Sprache, Einbezug des Elternhauses im Spracherwerb und sprachförderndem Verhalten der Fachkräfte.

Hoff, E., & Core, C. (2015). What Clinicians Need to Know about Bilingual Development. *Seminars in Speech and Language, 36*(2), **89–99.**
- Zur Zweisprachigkeit und ihrer Entwicklung gab es in der Vergangenheit einige Fehlannahmen.
- Die Forscherinnen Hoff und Core fassen die aktuelle Datenlage zusammen und präsentieren neun Fakten, die man über bilinguale Entwicklung kennen sollte.
- Ein guter Crashkurs für alle, die der englischen Sprache mächtig sind.

Wortschatzfragebögen
- Wortschatzfragebögen sind bei Kindern bis maximal Zweieinhalb (bei verzögerten oder Zweitsprachlernern auch etwas länger) das Diagnosemittel der Wahl.
- Bögen zum Screening für alle Kinder:
  - SBE-2-KT/SBE-3-KT
  - Erarbeitet für Eltern, aber auch einsetzbar für pädagogische Fachkräfte.
  - Es gibt sie auch für Kinder, die zweisprachig aufwachsen oder Dialekte sprechen.
  - Wörterlisten und Handbücher lassen sich kostenlos herunterladen. www.ph-heidelberg.de/index.php?id=11082
- Bögen für Kinder mit Schwierigkeiten:
  - ELAN, ELFRA und FRAKIS sind gut brauchbar und aussagekräftig.
  - Die Bögen können über den Hogrefe Verlag bestellt werden.

6

Kognitive Entwicklung – Ich denke, also bin ich

Sophie (9 Monate alt) greift nach dem schönen Ball der jungen Frau. Sie möchte ihn gerne haben. Aber die Frau spielt einfach selber damit. Auch Tobias (12 Monate alt) will den Ball haben. Erst hält ihm die Frau den Ball hin, als er sich aber ausstreckt, zieht sie ihn weg. Noch einmal bietet sie ihm den Ball zum Schein an, nur um Tobias wieder zu ärgern und den Ball doch zu behalten. Gemein! Die will wohl nicht. Derweil stellt sie sich bei Laura (18 Monate alt) einfach nur ungeschickt an: Gerade als sie Laura das Spielzeug geben will, fällt dieses herunter, und auch Laura bekommt es nicht.

Im Ergebnis bekommt keines der Kinder den Ball. Aber während Laura das nicht weiter stört, werden Tobias und Sophie ungeduldig: Sophie greift immer wieder nach dem Spielzeug, Tobias quengelt erst und schaut dann weg.

Kein Wunder, denn die Kinder erkennen, dass hinter dem Verhalten unterschiedliche Absichten stecken, und reagieren darauf.

Auch mit sechs Monate alten Babys wurde dieser Ballversuch durchgeführt. Sie erlebten Situationen, in denen sie den Ball nicht bekamen, weil die junge Frau nicht wollte, nicht konnte oder abgelenkt wurde. Für die Babys machte das aber keinen Unterschied. Denn sie verstanden noch nicht, dass hinter gleichem menschlichem Verhalten unterschiedliche Absichten stecken können.

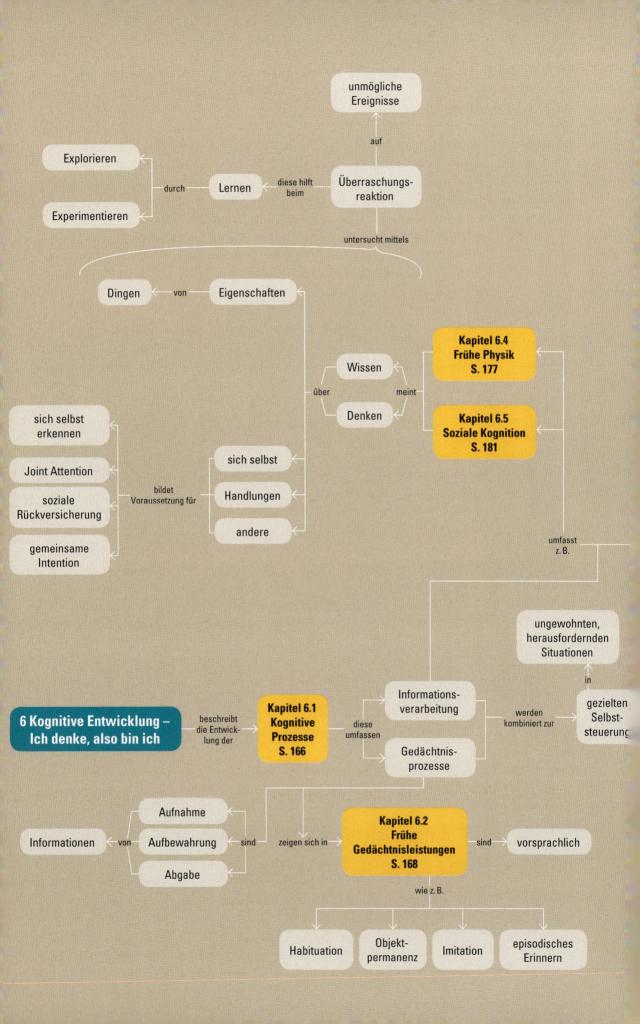

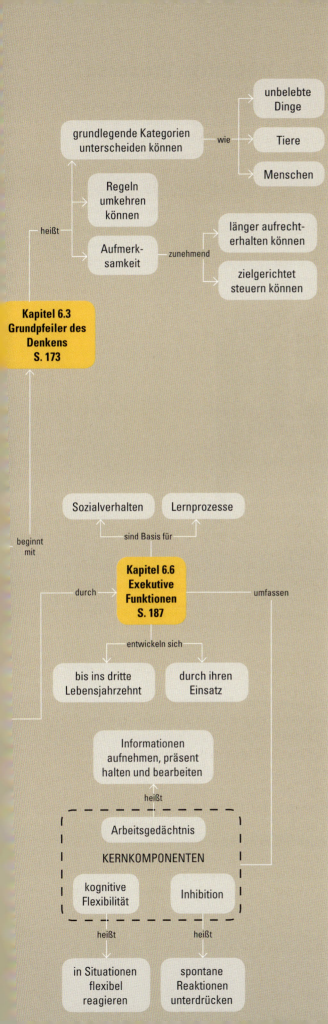

In diesem Kapitel erfahren Sie:

- was kognitive Prozesse sind,
- wie sich kognitive Prozesse in den ersten drei Lebensjahren entwickeln,
- was Kleinkinder über unbelebte Dinge wissen,
- was Kleinkinder über sich und andere wissen,
- wie kognitive Prozesse eingesetzt werden, um Verhalten zu steuern.

6.1 Alles im Kopf – Kognitive Prozesse

Die moderne Babyforschung zeigt, dass bereits Säuglinge in unterschiedlichen Lebens- und Wissensbereichen über erstaunliche geistige Leistungen verfügen: Sie wenden beispielsweise physikalische Gesetze an, haben erste Mengenvorstellungen oder sie erkennen die Absichten anderer.

Drei Monate alte Säuglinge können Ursache-Wirkung-Zusammenhänge erkennen und zeigen bemerkenswerte Gedächtnisleistungen. Wenn man den Fuß von Säuglingen durch ein Band mit einem Mobile verbindet, lernen sie, dass ihr Strampeln das Mobile in Bewegung setzt. Je nach Alter können sie sich an das Gelernte mehrere Wochen lang erinnern.

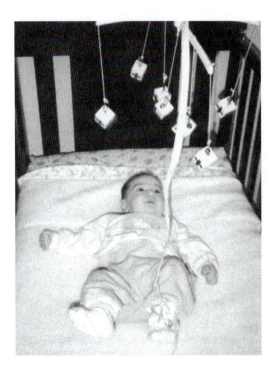

Der Fuß des Säuglings ist durch ein Band mit einem Mobile verbunden, sodass es sich durch das Strampeln bewegt.

kognitiv:
das Denken betreffend

Die kognitive Entwicklung nimmt die Ausbildung jener Prozesse in den Blick, die im Zusammenhang mit der Aufnahme, Verarbeitung, Aufbewahrung und Abgabe von Informationen stehen. Die Gesamtheit der kognitiven Prozesse lässt sich dabei in zwei Bereiche unterteilen. Einerseits sind da die **Gedächtnisprozesse**: die Aufnahme, Aufbewahrung und Abgabe von Informationen. Andererseits gibt es die **Prozesse der Informationsverarbeitung**: beispielsweise Denken, Planen und mentales Problemlösen. Diese Verarbeitungsprozesse bauen auf den Gedächtnisprozessen auf.

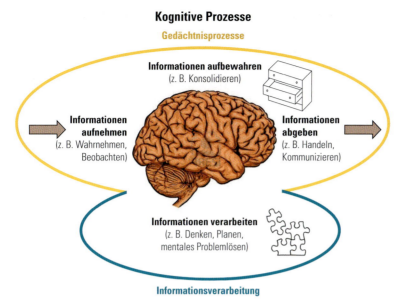

Überblick über die verschiedenen kognitiven Prozesse

Im Mobile-Experiment drücken sich genau diese kognitiven Prozesse im Verhalten des Kindes aus: Durch die Aufnahme von Informationen kann der Säugling das Wackeln des Mobiles wahrnehmen. Informationsverarbeitungsprozesse lassen das Kind den Zusammenhang zwischen seinem Strampeln und dem Wackeln des Mobiles erkennen. Die Prozesse rund um die Aufbewahrung von Informationen ermöglichen es dem Säugling, den Zusammenhang zwischen dem Strampeln und der Mobile-Bewegung oder auch ein Gedächtnismodell des unbewegten Mobiles zu speichern. Die Prozesse im Zusammenhang mit der Abgabe von Informationen erlauben es dem Säugling, zu strampeln, um das Mobile zum Wackeln zu bringen.

Die Komplexität der Informationen, die Kinder verarbeiten können, nimmt in den ersten zwei Lebensjahren massiv zu. Über die Lebens- und Wissensbereiche hinweg lässt sich sagen, dass Kleinkinder es schaffen, mehr und mehr Handlungen, Dingen oder Gedanken zugleich zu folgen und diese in immer komplexerer Art und Weise zu kombinieren: Sind Kinder anfangs nicht in der Lage, sich etwas vorzustellen, wenn sie es nicht mehr sehen können, können sie später eine ganze Handlungsabfolge mit Zeitverzögerung nachahmen oder mit einer anderen Person gemeinsam auf eine dritte Sache achten.

Prüfen Sie Ihr Wissen:

1. Welche kognitiven Prozesse werden unterschieden?
2. Schildern Sie in eigenen Worten, wie Babys diese kognitiven Prozesse in der Mobile-Studie einsetzen.

6.2 War da was? – Frühe Gedächtnisleistungen

Früher wurde das Denken der Kinder über Sprache erfasst. Sie wurden befragt und antworteten. Sie wurden angewiesen und handelten. Kein Wunder, dass man damals dachte, Sprechen und Denken sind ganz eng miteinander verknüpft. Je mehr aber das Denken des Kleinkinds erforscht wird, desto mehr zeigt sich: Denken gibt es schon vor der Sprache.

Babys können sich langweilen. Dafür brauchen sie ihr Gedächtnis, sonst wüssten sie kaum, dass sie genau dieses Ding oder diesen Laut schon einmal gesehen oder gehört haben. Ohne diese ganz frühe Gedächtnisleistung, die sich Habituationsexperimente zunutze machen (vgl. Kap. 1.7, S. 25 ff.; Kap. 2.3, S. 57 ff.), wäre die moderne Säuglingsforschung undenkbar. Wir würden die geistigen Fähigkeiten der ganz Kleinen sehr wahrscheinlich unterschätzen.

Außerdem sind Babys neugierig. Sie gieren nach Neuem und können es auch von Altbekanntem unterscheiden. Sie schnappen sich alles, was sie in die Finger oder den Mund bekommen, um es zu erkunden. Bekanntermaßen auch Dinge, die nicht für Kinderhände (oder -münder) bestimmt sind, wie zum Beispiel eine heruntergefallene Nuss. Wer dem fünfmonatigen Baby die Nuss aus der Hand nimmt, muss dabei noch keine Tränen fürchten. In diesem Alter gilt noch: aus den Augen, aus dem Sinn.

Mit etwa sieben Monaten ließ sich Alba noch leicht vom Spielzeug des älteren Bruders ablenken, indem man es ihr wegnahm oder einfach ihre Krabbelrichtung änderte. Nur zwei Monate später krabbelt sie zielsicher und bei Bedarf auch zeitverzögert wieder zu den Spielsachen zurück.

Dieser Säugling interessiert sich brennend für den Stoffteddy.

Doch sobald der nicht mehr zu sehen ist, ist er für das Kind auch nicht mehr da.

Das Kind im Alter von etwa sechs Monaten ist noch nicht in der Lage, sich ein inneres Bild von Dingen zu machen. Doch wenig später entwickelt sich die sogenannte Objektpermanenz und das Baby sucht nach den Dingen und Personen, die aus seinem Sichtfeld verschwinden. In der Objektpermanenz verbinden sich Wahrnehmung und Denken, die schon früh eng miteinander verflochten sind. Versteckspiele sind nun durch das Vorstellungsbild überhaupt erst möglich. Zugleich ist die kognitive Grundlage für Trennungsgefühle gelegt. Bei der Eingewöhnung in eine Kinderkrippe fällt es dem älteren Kleinkind aus kognitiver Sicht daher schwerer als dem sechs Monate alten Säugling, sich von der Mutter zu trennen. Denn wer noch gar nicht in der Lage ist, sich seine Mutter vorzustellen, wenn sie gerade nicht zu sehen ist, der kann sie auch nicht vermissen, wenn sie nicht da ist.

Objektpermanenz: die Fähigkeit, sich etwas vorzustellen, auch wenn es nicht mehr unmittelbar wahrnehmbar ist

Andere nachzuahmen, hilft beim Lernen (vgl. Kap. 2.3, S. 61 f.). Es hilft Kindern vermutlich auch dabei, in die Regeln ihrer Kultur hineinzuwachsen, weil die Kleinen bevorzugt sinnvolle oder sozial erwünschte Dinge nachahmen. Auch treten Kleinkinder durch Imitation untereinander in Kontakt. Verschiedene Verhaltensweisen, wie lächeln, Hallo sagen oder ein Spielzeug abgeben, können den Beginn eines gemeinsamen Spiels einläuten (vgl. Kap. 7.5, S. 212). So zeigt sich gerade beim Nachahmen, wie leistungsfähig bereits das Gedächtnis bei gut einjährigen Kindern ist.

„Man kann einem Menschen nichts lehren, man kann ihm nur helfen, es in sich selbst zu entdecken." *(Galileo Galilei)*

Beim Fingerspiel achtet Saad (2;9, rechts im Bild) ganz genau auf Belas Bewegungen.

Aus eigener Erfahrung wissen wir alle, dass unsere Erinnerung in der Regel schlechter wird, je länger das zu Erinnernde zurückliegt. Die Gedächtnispsychologie hat zudem umfassend belegt, dass der Kontext, in dem wir etwas gelernt haben, zu dem Gelernten dazugehört: Sollen wir uns unter anderen Umständen als in der Lernsituation an etwas erinnern, fällt uns das schwerer, als wenn die Erinnerungssituation der Lernsituation gleicht.

Kontext: Zusammenhang, bezogen auf eine Situation; Sinnzusammenhang

„Die Menschheit, die fast einzigartig ist in ihrer Fähigkeit, von den Erfahrungen zu lernen, ist auch bemerkenswert für ihre offensichtliche Abneigung, es zu tun."
(Douglas Adams)

Diese Herausforderung hatten 14 und 18 Monate alte Kleinkinder in einer Studie zu meistern: An einem Tag im Labor sahen sie einem gleichaltrigen „Experten" dabei zu, wie er nacheinander mit vier unterschiedlichen Spielzeugen auf ganz bestimmte Weise – also „fachkundig" – hantierte (zum Beispiel eine zusammengesteckte Hantel auseinanderzog). Um das Gedächtnis zu testen, bekamen die Kinder genau diese vier Spielzeuge nacheinander selbst in die Hand. Die Preisfrage lautete: Wer zeigt am meisten fachkundiges Verhalten? Klar, die Kinder aus Gruppe 1, die gleich vor Ort und im Anschluss an die Expertenvorführung nachahmen konnten (vgl. Abb. unten, blaue Säule links). Hier zeigten die Kinder im Schnitt fast drei Expertenhandlungen. Um sicherzugehen, dass die Kinder nicht einfach zufällig beim Herumspielen die speziellen Expertenhandlungen ausprobierten, gab es eine Kontrollgruppe. Diese Kinder sahen entweder gar kein Kind oder ein Kind, das einfach so mit den Spielzeugen spielte. Hier landeten die Kinder im Schnitt etwa bei einem der vier Spielzeuge einen Glückstreffer. Besonders erstaunlich war jedoch, dass auch die Kinder, die ihr nachgeahmtes Expertenwissen erst zwei Tage später in ihrer Krippe stellen konnten (Gruppe 2), ebenso gut wie die Kinder waren, die gleich im Anschluss nachahmen konnten. Und das, obwohl zwei Tage vergangen waren und sie die Spielzeuge nun in ihrer Kita in die Hände bekamen. Eine weitere Gruppe wurde zu Hause, ebenfalls zwei Tage verzögert, getestet und schnitt nicht ganz so gut wie Gruppe 2 ab. Insgesamt zeigen die Ergebnisse, wie effektiv Kleinkinder von Gleichaltrigen lernen.

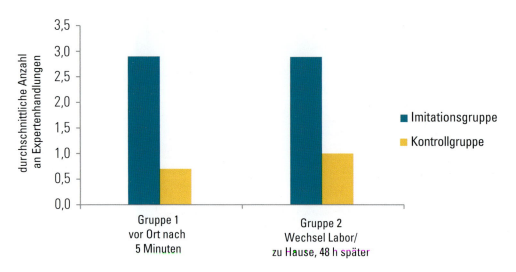

Imitationsleistung in Abhängigkeit von Kontextwechsel und zeitlichem Abstand (durchschnittlich gezeigte Anzahl an Expertenhandlungen)

„Weißt du noch …?", fragen wir uns gerne gegenseitig und meinen meist persönliche Erlebnisse und bedeutsame Ereignisse. Diese bilden unser episodisches Wissen (vgl. Kap. 2.2, S. 54). Doch ab welchem Alter kann sich ein Kind überhaupt an konkrete Vorkommnisse erinnern? Und: wie lange hält diese Erinnerung vor? Hierfür benötigen Kinder ihr episodisches Gedächtnis, das sich im zweiten Lebensjahr ganz deutlich entwickelt.

Weil Kleinkinder im zweiten Lebensjahr jedoch noch nicht von besonderen Ereignissen berichten können, sollten sie in einer Studie Dinge nachbauen. Sie sahen bestimmte Handlungsabfolgen, zum Beispiel wie aus zwei Bechern und einem kleinen Ball eine Rassel zusammengebaut wurde oder aus anderen Alltagsgegenständen ein Gong. Einen Monat, ein halbes Jahr oder ein ganzes Jahr später bekamen die Kinder die entsprechenden Bauteile in die Hände. Die Kernfrage war: Erinnern sich die Kinder daran, was es mit den Teilen auf sich hat? Je nach Alter der Kinder waren große Unterschiede zu sehen: Nach einem Monat erinnerten sich alle 20 Monate alten Kinder und fast alle 16 Monate alten Kinder an die Bauteile und die Handlungsabfolge, während über ein Fünftel der 13 Monate alten Kinder kein Erinnern zeigte. Nach einem Jahr erinnerten sich nur noch die Kinder, die zu Studienbeginn 20 Monate alt waren.

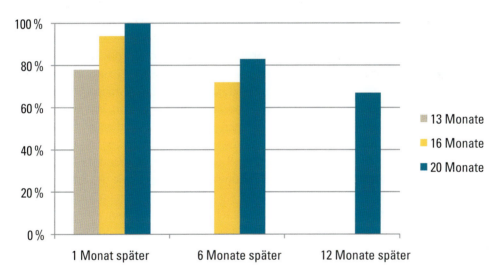

Anteil der Kinder, die sich an eine Handlungsabfolge erinnern, die sie im Alter von 13, 16 oder 20 Monaten gesehen haben.

Vom ersten Langweilen bis zum zuverlässigen Erinnern einzelner Ereignisse wird das kindliche Gedächtnis immer leistungsfähiger, was unter anderem am zunehmenden Wissensbestand liegt. Warum wir uns später dennoch nicht an Erlebnisse der ersten drei Lebensjahre erinnern können, erklären Studien zur kindlichen Amnesie.

„Ein gutes halbes Jahr nach meinem Anerkennungsjahr in der Krippe kam ich die Kinder in der Einrichtung besuchen. Und für die meisten war ich eine fremde Person. Auch wenn ich nachvollziehen kann, warum das so ist, war ich etwas enttäuscht, weil ich ja vor allem mit den Kleinsten in sehr innigem Kontakt stand." *(Anna M., Erzieherin und angehende Psychologin)*

Kindliche Amnesie und präverbale Gedächtnisleistungen

Erinnern Sie sich noch an Ihren zweiten Geburtstag? Wohl kaum. Denn Ereignisse, die wir in unseren ersten drei Lebensjahren erlebt haben, unterliegen der sogenannten infantilen Amnesie. Wir können uns also nicht daran erinnern. Gleichzeitig funktioniert unser Gedächtnis bereits. Wie also kann das sein?

Eine wesentliche Rolle spielt hier die kindliche Sprachentwicklung. Erwachsene können über ihre Erlebnisse sprechen. Kinder können frühe Erfahrungen der präverbalen Zeit eben nicht sprachlich ausdrücken. Deswegen werden diese Erfahrungen nicht Teil unseres autobiografischen Gedächtnisses.

Eine Studie hat dazu Kinder untersucht. Sie durften ein bemerkenswertes Ereignis erleben: Ein Forscher kam zu ihnen nach Hause und brachte eine Zaubermaschine mit, die Spielzeug schrumpfen konnte. Die Kinder legten ein Spielzeug hinein, drehten mehrfach eine Kurbel und – *Simsalabim!* – bekamen sie das Spielzeug verkleinert wieder zurück. Insgesamt sieben Spielzeuge wurden so geschrumpft. Bei ihrem Besuch erhoben die Forscher auch, welche Worte (rund um die Themen Spielzeug, Schrumpfen, Zaubern etc.) die Kinder bereits zu diesem Zeitpunkt verstanden und benutzten. Für einen Gedächtnistest kamen die Forscher nach sechs oder zwölf Monaten wieder. Dass sich die Kinder an die Zaubermaschine erinnerten, war eindeutig: Sie wussten noch besonders gut, wie man sie bedienen muss, und erkannten auf Bildern etwa die Hälfte der Spielzeuge, die geschrumpft worden waren. In der Zwischenzeit hatten die Kinder natürlich auch zahlreiche neue Worte dazugelernt, mit denen sie das Erlebnis hätten beschreiben können. Aber sie konnten diese neuen Worte nicht nutzen, um ihre Erinnerung sprachlich zu beschreiben. Präverbale Erinnerung und Sprache finden also nicht zueinander. Möglicherweise können Sie sich also an Ihren zweiten Geburtstag erinnern – nur sicherlich nicht so, dass Sie in der Lage sind, ihn mit Worten zu beschreiben.

infantil:
der kindlichen Entwicklungsstufe entsprechend, kindlich

Amnesie:
Gedächtnisstörung, Gedächtnisverlust

präverbal:
vor dem Spracherwerb

autobiografisches Gedächtnis:
speichert Ereignisse von großer persönlicher Bedeutung

Prüfen Sie Ihr Wissen:

1. Welche frühen Gedächtnisleistungen werden beschrieben?
2. Beschreiben Sie ein Experiment, das zeigt, wie sich die Gedächtnisleistung in den ersten drei Lebensjahren entwickelt.

6.3 Ran ans Werk! – Grundpfeiler des Denkens

Gedächtnisprozesse (als Grundlage des Wissens) und Denkprozesse liegen bei Kleinkindern sehr nah beieinander: Kinder denken über die Dinge nach, die sie wissen. So enthält das allgemein semantische Wissen (vgl. Kap. 2.2, S. 54) alle extrahierten Regeln, die aus wiederkehrenden Erfahrungen gewonnen wurden, beispielsweise Rasenmäher sind laut und Kinder dürfen sie nicht allein benutzen. Wer so schlussfolgert, braucht dafür einerseits ein verlässliches und gut arbeitendes Gedächtnis, in dem Ereignisse („Neulich bei Opa Toni im Garten") und ihre jeweiligen Ergebnisse („durfte ich nur *mit* dem Opa zum Rasenmäher.") gespeichert sind. Andererseits fußt das Denken auf einigen Grundpfeilern, also grundlegenden kognitiven Fähigkeiten, die sich ebenfalls zuvor entwickeln müssen:

- Regeln umkehren können,
- Dinge nach grundlegenden Kategorien unterscheiden und
- die eigene Aufmerksamkeit mehr und mehr lenken können.

Für das Lernen wurde bereits ein ganz zentraler Mechanismus beschrieben, nämlich die Erfahrung, dass bestimmte Dinge zusammenhängen. Das zu erkennen, hilft Babys dabei, sich in der für sie neuen und vielfältigen Welt zunehmend besser zurechtzufinden. Zu den Dingen, die Neugeborene bereits aus der Zeit vor der Geburt kennen, gehört die Stimme ihrer Mutter. Diese hören sie lieber als eine andere Frauenstimme. In einer Studie (vgl. Kap. 1.7, S. 35 f.) konnten Neugeborene mit ihrer Saugfrequenz steuern, welche Stimme sie über Kopfhörer hören. Sie erkannten das Muster dahinter: Schneller saugen heißt Mamas Stimme hören. Am darauffolgenden Tag forderten die Forscher die Anpassungsfähigkeit der Neugeborenen heraus und kehrten die Regel um: Die Babys, die am ersten Tag für Mamas Stimme schneller saugen mussten, hörten diese nun, wenn sie langsamer saugten. Eine andere Gruppe Neugeborener musste sich von langsamer auf schneller saugen umstellen. Beide Gruppen meisterten die Änderung der Regel mit Bravour. Wenn Forscher einschätzen wollen, ob eine Art über kognitive Fähigkeiten verfügt, ist ein wichtiger Anhaltspunkt, ob es der Art gelingt, mitzulernen, wenn sich eine gelernte Regel umkehrt.

Kleinkinder denken, lange bevor sie ihrem Denken sprachlich überhaupt Ausdruck verleihen können. Dinge nach ganz grundlegenden Kategorien zu unterscheiden, ist eine solche frühe Denkleistung. Immer wieder konnte gezeigt werden, dass junge Säuglinge von drei bis vier Monaten die Kategorie der Tiere bilden – und das, obwohl sie in diesem Alter noch unscharf sehen und über vergleichsweise wenig Erfahrungen mit verschiedenen Objektarten verfügen. Dies mag damit zusammenhängen, dass bereits Neugeborene ein starkes Interesse an Gesichtern und bewegten Gegenstän-

„Das menschliche Denkvermögen sticht hervor wie der Rüssel des Elefanten, der Hals der Giraffe oder der Papageienschwanz."
(Michael Tomasello)

den zeigen (vgl. Kap. 1.6, S. 29 ff.). Sie schauen sich also besonders gerne Menschen und Tiere an.

Die kindliche Begeisterung für Tiere bleibt auch über die Zeit basaler Kategorien hinaus erhalten.

Mit etwa einem halben Jahr ist der Grundstein für die grundlegende Unterscheidung zwischen Menschen, Tieren und unbelebten Gegenständen gelegt. Im Laufe des ersten Lebensjahres werden die Kategorien weiterentwickelt und, beispielsweise Möbel von Fahrzeugen, unterschieden (vgl. Kap. 2.1, S. 48 ff.). So bauen die Kinder erstes Weltwissen und damit auch ihr inhaltliches Denken über die Welt auf. Innerhalb dieser Kategorien entstehen Begriffe, zum Beispiel dass sich belebte Dinge auf bestimmte Art bewegen können.

Sina steigt auf ihren Tripp-Trapp-Stuhl hinauf, sie steigt auf einen Baumstamm, sie erklimmt die Sprossen an der Wand. „Sina, bist du da alleine hochgestiegen?" Sina zieht sich aufs Sofa oder sie steigt auf das kleine Wohnzimmerregal. „Nein, Sina, da sollst du nicht aufsteigen." Und Sina klettert auf Mamas Schoß. So verinnerlicht Sina den Begriff *aufsteigen*. Überall, wo sie nun hochgeht, ihre Füße anhebt und auf einen Gegenstand tritt, der deutlich höher als der Boden ist, sagt sie selbst: „Sina, steige hoch!" Und als Papa auf der Leiter steht, sagt sie: „Papa, aufsteige!"

„Nichts ist im Verstand, was nicht vorher in den Sinnen war, außer dem Verstand selbst."
(Gottfried Wilhelm Leibnitz)

Zentrale Voraussetzung dafür sind sinnliche Erfahrungen: Nur aus konkreten einzelnen Erfahrungen entstehen abstrakte Konzepte und Schemata. Nur wenn ein Kind das Hochsteigen oft und in Varianten erlebt hat, bekommt es eine Idee davon, was das *Hochsteigen* im Allgemeinen ausmacht. Alles, worüber sich Kinder (später) einen Begriff machen sollen, muss also Teil ihrer Erlebenswelt sein.

„Sina, steige hoch!"

Wenn Sie dieses Buch lesen, steuern Sie Ihre Aufmerksamkeit ganz selbstverständlich und über längere Zeit: Sie betrachten die Seiten des Buches, nehmen äußere Reize gezielt auf. Zwischendurch denken Sie über das soeben Gelesene nach. Sie halten inne und verwenden Ihre Aufmerksamkeit auf Ihre Gedanken. Sie konzentrieren sich und blenden dabei Ablenkungen in Ihrer Umwelt aus.

Saad (2;9) ist ganz vertieft und kann schon länger bei der Sache bleiben, wie die umfangreiche Elefantenreihe zeigt.

Unsere Aufmerksamkeit lässt sich mit einer Taschenlampe vergleichen: Wer sich auf etwas konzentriert, stellt den Lichtkegel ganz schmal auf eine bestimmte Sache ein. Denn nur wenn die Taschenlampe auf einen Punkt fokussiert, ist das Licht auch ausreichend, um diese Stelle genau erkennen zu können. Wer diese eine Stelle länger betrachten will, muss in der Lage sein, die Taschenlampe ruhig zu halten und sie nicht zwischendurch auf andere Dinge zu lenken. Doch bis das gelingt, ist es ein weiter Weg. Denn zunächst ist die kindliche Aufmerksamkeit nur von kurzer Dauer, leicht ablenkbar und stark durch das individuelle Interesse gesteuert.

Die nachfolgende Tabelle gibt einen Überblick über die Entwicklung der Aufmerksamkeit in den ersten Lebensjahren.

Entwicklung der Aufmerksamkeit in den ersten Lebensjahren

Alter	Entwicklung der Aufmerksamkeit
erster bis sechster Lebensmonat	Die Aufmerksamkeit ist durch äußere Reize gelenkt: Was interessant oder neu ist, wird beachtet.
Ende des ersten Lebensjahres	Die Aufmerksamkeit kann willentlich zwischen zwei äußeren Reizen gelenkt werden.
im zweiten Lebensjahr	Gemeinsam gerichtete Aufmerksamkeit oder *Joint Attention*: Aufmerksamkeit kann gezielt auf das ausgerichtet werden, was auch andere interessiert.
Ende des zweiten Lebensjahres	Die Aufmerksamkeit kann gezielt auf äußere Reize *oder* innere Vorstellungen gelenkt werden.
Ende des zweiten bis ins vierte Lebensjahr hinein	Die Aufmerksamkeitsspanne wächst stetig, Ablenkungen können immer besser ausgeblendet werden.

„The baby at first can focus on only one thing, then she becomes able to see the relationship between two things, and still later she becomes able to compare or combine two relationships." (Case et al., 1988)

Joint Attention:
Menschen richten ihre Aufmerksamkeit gemeinsam auf ein Objekt

Prüfen Sie Ihr Wissen:

1. Erklären Sie mit eigenen Worten das Experiment zum Umkehren von Regeln.
2. Welche grundlegenden Kategorien können bereits Babys unterscheiden?
3. Wie entwickeln sich die Aufmerksamkeit und ihre Steuerung?

6.4 Was Kleinkinder über unbelebte Dinge wissen – Frühe Physik

Im ersten Lebensjahr wissen Säuglinge schon einiges darüber, wie Dinge normalerweise aussehen und sich verhalten:

- **Feste Dinge gehen nicht durch andere feste Dinge hindurch.**
  Zum Beispiel wird ein Ball oder ein Spielzeugauto von einer Wand aufgehalten; der Ball bzw. das Auto kann nicht einfach durch sie hindurchrollen.

- **Dinge verschwinden nicht oder wechseln (heimlich) ihre Position.**
  Wenn ein Spielzeug beispielsweise an einer Stelle versteckt wurde, kann es nicht plötzlich von selbst an einer anderen Stelle wieder auftauchen.

- **Dinge schweben nicht.**
  Ein Beispiel: Eine Schachtel kann nicht stehenbleiben, wenn sie nur am äußeren Rand auf einer anderen Schachtel steht; sie fällt dann herunter.

- **Dinge haben räumliche Beziehungen.**
  Beispielsweise kann etwas Großes (wie ein Hase mit langen Ohren) nicht komplett hinter etwas Kleinem (wie eine niedrige Kiste) versteckt werden; ein Teil bleibt sichtbar.

Ob sich durchsichtige Dinge auch wie andere feste Dinge verhalten?

Das Wissen, dass feste Dinge nicht durch andere feste Dinge hindurchgehen, wurde in folgendem Experiment untersucht (vgl. Abbildung links).
- Zuerst sehen die Kinder die Ausgangssituation: Ein Spielzeugauto rollt eine Rampe hinunter; am Ende der Rampe verschwindet es hinter einer Abdeckung, hinter der auch ein Hindernis zu erkennen ist.
- Die Ausgangssituation sehen die Kinder, bis sie davon gelangweilt sind. Dann wird die Abdeckung weggenommen und die Kinder sehen eines von zwei Ereignissen.
- Als normales Ereignis: Das Auto bleibt am Hindernis stehen.
- Als unmögliches Ereignis: Das Auto ist scheinbar durch das Hindernis hindurchgefahren.

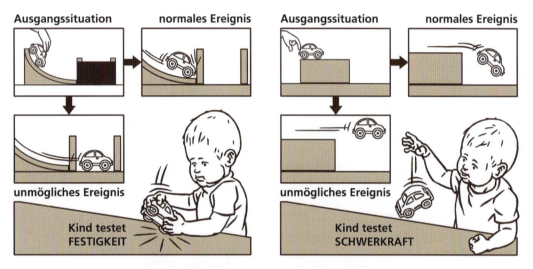

Versuchsaufbau für unmögliche Ereignisse: „Feste Dinge gehen nicht durch andere feste Dinge hindurch" (rechts) und „Dinge schweben nicht" (links).

„Hoppla – hier stimmt was nicht!", so oder so ähnlich denken wohl die Säuglinge, die das unmögliche Ereignis sehen. Sehr wahrscheinlich hatten sie aufgrund zahlreicher Erfahrungen mit festen Gegenständen die Erwartung, dass das Auto vom Hindernis aufgehalten wird. Jedenfalls beobachten sie das unmögliche Ereignis länger. Manche Studien beschreiben verschiedene Reaktionsweisen, in denen sich der Ausdruck von Überraschung zeigt, zum Beispiel Veränderungen im Gesichtsausdruck, der Pupillenweite oder der Gehirnaktivität.

Um die kognitive Entwicklung bei Kleinkindern zu untersuchen, wurden solche Überraschungsreaktionen durch unmögliche Ereignisse in vielen unterschiedlichen Wissensbereichen erzeugt und beobachtet. Es bleibt die Frage: Warum schauen die Kleinen eigentlich so genau hin, wenn sich ihre Erwartung nicht erfüllt? Vielleicht, weil es dann etwas Neues zu lernen gibt?

Dieser Frage ging eine Studie mit elf Monate alten Babys nach. Im Anschluss an ein unmögliches Ereignis lernten die Kinder, dass zu dem Auto oder Ball aus der unmöglichen Szene ein bestimmtes Geräusch gehört. Das lernten die überraschten Babys ziemlich gut.

Eine andere Gruppe wurde nicht überrascht: Sie sah jeweils die Variante des möglichen Ereignisses. Im Anschluss konnten auch sie lernen, dass zu dem Ding aus der (möglichen) Szene ein bestimmtes Geräusch gehört, aber: Sie lernten den Zusammenhang nicht so gut wie die Kinder der ersten Gruppe, die einen Überraschungsmoment erlebten. Das Überraschtsein hilft also beim Lernen.

Und mehr noch: Der Gegenstand aus der unmöglichen Szene hatte das Interesse der Kinder geweckt. Im Anschluss spielten sie besonders häufig mit dem Gegenstand aus dieser Szene, selbst wenn sie zeitgleich auch einen komplett neuen Gegenstand zum Spielen bekamen. Dass sich Babys in der Regel besonders für Neues interessieren, wurde bereits mehrfach deutlich. Überraschung weckt also Interesse.

Schiefe Ebenen auch im Kleinen testen.

Schließlich wurden die Kinder zu kleinen Physikern: Sie untersuchten den Gegenstand aus der Szene zielstrebig, um zu überprüfen, ob er nun den gewohnten Gesetzmäßigkeiten gehorcht oder nicht. Und wie untersucht man, ob etwas Festes durch andere feste Dinge durchgeht? Indem man es gegen etwas anderes festes schlägt. Wie untersucht man, ob etwas schweben kann oder doch herunterfällt? Indem man es auf den Weg bringt und dann fallen lässt. Und genau das taten die Babys auch – ganz gezielt. Folglich denken überraschte Babys ganz konzentriert nach: Was ist hier los? Gilt mein Wissen über die Dinge oder nicht?

„Der einfachste Versuch, den man selbst durchführt, ist besser als der schönste Versuch, den man nur sieht."
(Michael Faraday)

Wer also allmählich die Geduld verliert, wenn ein Kleinkind seinen Löffel zum x-ten Mal loslässt und beobachtet, wie dieser geräuschvoll zu Boden fällt, kann sich zukünftig trösten: Das kluge, physikbegabte Kind will ja nur lernen und überprüfen, wie durchgängig die Regel „loslassen, herunterfallen, laut aufprallen" gilt. Schließlich fällt der Löffel nicht immer zu Boden, manchmal bleibt er in der Kleidung oder am Stuhl hängen. Und gleich klingt der Aufprall auch nicht immer. Entsprechend können geeignete Spielmateriali-

„Kinder sind nicht dümmer als Erwachsene – sie haben nur weniger Erfahrung."
(Janusz Korczak)

en Raum für Erwartungen, Erfahrungen und Überraschungen eröffnen, wenn Kinder die Möglichkeit haben, damit in vielfältiger Weise zu arbeiten.

Pascal (1;3) ist ganz Ohr: Wie es wohl diesmal klingt?

> **Prüfen Sie Ihr Wissen:**
>
> 1. Nennen Sie zwei Beispiele für Wissen, das bereits Babys über unbelebte Dinge haben.
> 2. Wie wirkte sich das Beobachten eines unmöglichen Ereignisses auf die Kinder in der Studie aus?

6.5 Ich und du und das Denken – Soziale Kognition

Sich selbst denken können

Muster erkennen Babys auch rund um ihren Körper. Sie lernen so, was alles zu ihrem Körper gehört und dass sie darauf einen Einfluss haben. In Mobile-Studien erleben die Kinder, wie ihre Bewegungen ein Mobile beeinflussen, im Bettchen oder am Spielbogen bewegen sie Spielsachen. Durch die Fähigkeit, solche Zusammenhänge zu erkennen, entwickeln die Kinder eine erste Vorstellung vom eigenen Körper. Beispielsweise sind Fünfmonatige recht zuverlässig in der Lage, ihre eigenen Körperbewegungen zu erkennen, wenn sie diese zeitgleich über Filmaufnahmen sehen (vgl. Kap. 1.8, S. 39 ff.). Hingegen waren die Dreimonatigen in einer Studie noch unentschieden: Eine Hälfte bevorzugte den Film, der ihre Bewegungen in Echtzeit wiedergab, während die andere Hälfte Filmaufnahmen bevorzugte, die die Bewegungen zeitversetzt wiedergaben.

Wer erkennt, dass die Bewegungen im Film zu den Bewegungen des eigenen Körpers passen, der müsste sich auch selbst im Spiegel erkennen können. Oder? Ganz so einfach ist es aber nicht, denn den Rouge-Test, mit dem seit den 1970er-Jahren die Entwicklung des Selbsterkennens untersucht wird, bestehen Kinder erst gut ein Jahr später. Zunächst wird dem Kind unbemerkt ein Farbtupfer ins Gesicht gemalt. Anschließend sieht sich das Kind in einem Spiegel. Greift es sich dann ins Gesicht, um den Fleck zu entfernen? Kinder ab etwa 18 Monaten tun das in der Regel. Sie erkennen ihr Spiegelbild, während die jüngeren Kinder das häufig noch nicht können. Das Bestehen des Rouge-Tests gilt neben der Fähigkeit, auch umgekehrte Regeln zu lernen, als ein wichtiger Anhaltspunkt für kognitive Fähigkeiten.

Forscher setzten die kleine Pica vor den Spiegel. Sie sah hinein und ging neugierig davor auf und ab. Dann blieb sie kurz stehen und schaute hinter den Spiegel. Irgendetwas schien sie zu irritieren. Die Forscher hatten vorher – ohne dass Pica es gemerkt hatte – einen Farbtupfer an ihrem Hals angebracht. Plötzlich trat Pica auf den Spiegel zu und versuchte, den Farbtupfer durch Reiben an ihrem Kehlkopf zu entfernen. Sie hatte ihr Spiegelbild als solches erkannt und verstanden, dass sie den Farbtupfer am eigenen Körper und nicht am Spiegelbild entfernen musste.
Da waren die Forscher erstaunt, denn Pica war erst wenige Wochen alt. Und vielmehr noch: Denn ihr vollständiger Name lautet Pica Pica, was unter Biologen für die heimische Elster steht.

Yana (2;11) kennt ihr Spiegelbild und experimentiert.

Mit anderen und über andere denken können

Auch die Interaktion mit anderen trägt dazu bei, dass sich das Kind nicht nur als (körperliches) Selbst erfährt, sondern auch als jemand, der eigene Absichten und Gefühle hat. Wer sich in dieser Weise als Selbst wahrnimmt, kann sich vermutlich auch besser vorstellen, dass andere Menschen eigene Ansichten und Absichten haben. Manchen bleibt diese Idee bis ins Erwachsenenalter fremd. Die Grundlagen hierfür werden bereits in den ersten Lebensjahren gelegt.

Um den neunten Lebensmonat findet eine rasante Entwicklung im Verständnis der sozialen Umwelt statt. Kinder machen nun selbst kommunikative Gesten, zugleich beginnen, sie Mimik und Gestik anderer zu verstehen und diese zu nutzen, um ihre Aufmerksamkeit auszurichten: Die Kleinen sind nun zu zwei wesentlichen sozialen Denkleistungen in der Lage.

Gemeinsame Aufmerksamkeit oder *Joint Attention*

Beobachtung einer Erzieherin: Zuerst zeigen die Kinder selbst auf etwas im Raum. „Da!", lenken sie den Blick anderer auf eine Fliege. Dass sie gemeinsam mit anderen Bilderbücher betrachten können, kommt etwas später.

Triangulation:
Menschen richten ihre Aufmerksamkeit gemeinsam auf ein Objekt

Die kleine Clara, der etwas ältere Bela und die Erzieherin betrachten gemeinsam ein Buch. „Da ist der Fuchs!", ruft Bela. Clara und die Erzieherin folgen Belas Finger mit ihrem Blick. Um Belas Hinweis zu nutzen, muss Clara verstehen, was das Zeigen bedeutet: „Hier ist etwas Interessantes!" Sie muss verstehen, dass Bela das gezeigte Ding beachtet und damit beabsichtigt, dass sie (und die Erzieherin) ihre Aufmerksamkeit nun gemeinsam auf etwas Bestimmtes lenken. Dieser Vorgang wird auch *Joint Attention* oder Triangulation genannt. Ab etwa 14 Monaten verstehen die Kinder neben dem Zeigen auch weitere kommunikative Gesten, zum Beispiel wenn ein Erwachsener ein Spielzeug versteckt und dann Hinweise gibt, wo es sich befindet. Schaut der Erwachsene mehrfach zum Versteck, hebt dabei die Augenbrauen oder zeigt auf das Versteck, findet das Kind das Spielzeug. Das Kind kann Hinweise also richtig deuten und erkennt, dass ihm andere auf diese Weise etwas mitteilen. Ein Kind, das vermeintlich „nur" einem anderen Kind zuschaut und mit seiner Aufmerksamkeit folgt, vollbringt dabei also eine hohe geistige Leistung und ist möglicherweise stärker bei der Sache als ein Kind, das halbherzig selbst etwas tut.

Gemeinsam bei einer Sache – dank Joint Attention.

Soziale Rückversicherung

Bei der sozialen Rückversicherung nutzen Kinder den emotionalen Ausdruck einer Bezugsperson als Orientierung dafür, wie sie auf neue Dinge oder Situationen reagieren sollten. Weckt ein unvertrauter Hund das Interesse des Kleinkindes, geht der rückversichernde Blick zur Bezugsperson. Sinngemäß fragt das Kind so: „Kann ich mich dem Hund unbedenklich nähern oder sollte ich besser Abstand halten. Was meinst du?" Abhängig von der emotionalen Reaktion der Bezugsperson, passt das Kleinkind sein Verhalten entsprechend an.

Versuche zur visuellen Klippe zeigen, dass bereits Einjährige erkennen, wenn es unter der Glasplatte in die Tiefe geht. In einer Studie entschieden Kinder, ob sie an der Kante weiterkrabbeln, nach der emotionalen Reaktion ihrer Mutter: Schaute sie ängstlich, hielten alle Kinder an. Blickte sie fröhlich, überwanden 14 von 19 Kindern ihre Angst und krabbelten weiter über die Glasplatte.

soziale Rückversicherung:
Säuglinge ab etwa acht bis neun Monaten orientieren sich bei Unsicherheit am emotionalen Ausdruck einer Bezugsperson.

Eine Absicht gemeinsam verfolgen – die Königsdisziplin der sozialen Kognition

Bereits Einjährige verstehen, dass hinter unserem (sichtbaren) Handeln eine (unsichtbare) Absicht steht (vgl. Kap. 2.3, S. 60 f.). Warum zum Beispiel ein Erwachsener einem Kind einen bestimmten Gegenstand nicht gibt, kann unterschiedliche Gründe haben, wie in der Geschichte zu Beginn des Kapitels deutlich wurde.

Menschen können gemeinsam handeln und dabei gemeinsame Ziele und Absichten verfolgen. Diese Fähigkeit wird auch gemeinsame Intentionalität genannt. Damit unterscheidet sich das menschliche Denken maßgeblich vom Denken anderer Arten. Die Fähigkeit zur gemeinsamen Intentionalität entwickelt sich Stück für Stück in den ersten 14 Lebensmonaten. Sie setzt voraus, dass Menschen gewillt sind, ihre Gefühle, Erfahrungen und Handlungen überhaupt mit anderen zu teilen.

gemeinsame Intentionalität:
das Vermögen, sich in den anderen hineinzuversetzen, seine Intentionen zu verstehen und zu teilen – und auf dieser Grundlage gemeinsame Ziele und Aktivitäten zu entwickeln

Was zur gemeinsamen Intention alles gedacht, berücksichtigt und abgestimmt werden muss, zeigt die untere Abbildung: Zwei Menschen (orangefarbener und blauer Kopf) möchten ein Paket öffnen. Beide Personen haben das gemeinsame Ziel, das Paket zu öffnen. Und beide wissen, dass sie dieses Ziel gemeinsam haben (oberer Kasten). Daher richtet sich ihre gemeinsame Aufmerksamkeit (Dreieck in der Mitte) auf das Paket. Um das Paket zu öffnen, kann man unterschiedlich vorgehen. Wie, wird auch in Abhängigkeit davon entschieden, welche Werkzeuge und Fähigkeiten die Beteiligten jeweils mitbringen (blauer Kasten, oberer Teil). Durch die unterschiedlichen Werkzeuge und Fähigkeiten werden auch unterschiedliche Rollen beim Paketöffnen eingenommen, die jeweils beide Beteiligten in ihren Überlegungen berücksichtigen (unterer Kasten). Bei Bedarf können die Rollen dann auch getauscht werden.

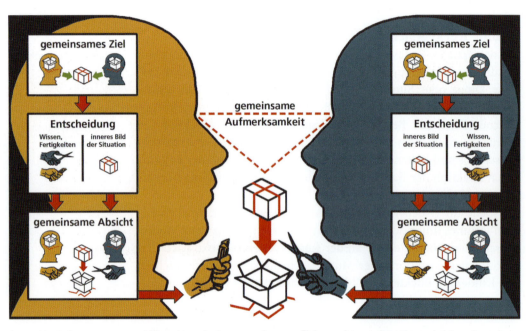

Innere Vorstellungen, wenn zwei Menschen mit einem gemeinsamen Ziel, gemeinsamer Intention und sich ergänzenden Rollen zusammen arbeiten.

Die nachfolgende Tabelle zeigt, welche Entwicklungsschritte der gemeinsamen Intentionalität vorausgehen. Parallel dazu verändern sich die Möglichkeiten eines Kindes, sein Handeln auf andere Personen abzustimmen. Schließlich ist mit der gemeinsamen Intentionalität die kognitive Grundlage für Kooperation gelegt.

Entwicklungsschritte bis zur gemeinsamen Intention

Alter	ab 3 Monate	ab 9 Monate	ab 14 Monate
Ebene des Verstehens beim Beobachter	Lebewesen bewegen sich und handeln.	Handelnde haben Ziele.	Handelnde wählen aus Plänen aus.
Form der Interaktion	**dyadische Interaktion** zwischen Baby und Bezugsperson	**triadische Interaktion** zwischen Baby, Bezugsperson und einem Objekt, auf das beide ihre Aufmerksamkeit richten	**kollaborative Interaktion** zwischen Baby und Bezugsperson (Es agiert aktiv mit der Bezugsperson, regt Dinge an, versteht unterschiedliche Rollen.)
Motiation	Der Wille, eigene Gefühle, Erfahrungen und Handlungen mit anderen zu teilen, besteht.		
Interaktion beinhaltet …	… gemeinsame Emotionen und Verhalten.	… gemeinsame Ziele und Wahrnehmungen.	… gemeinsame Intention.
Beispiele	Baby und Bezugsperson „unterhalten" sich, wechseln sich dabei im Ausdruck einer gemeinsamen Emotion ab.	Ein Geben und Nehmen zwischen Baby und Bezugsperson: einen Ball hin und her rollen, gemeinsam aufräumen, essen und trinken spielen, gemeinsam einen Turm bauen.	Das Kind ist auch aktiv. Es ermuntert den anderen zum Beispiel nach Unterbrechung am Turm, weiter zu bauen.
Darstellung in der Abbildung (S. 184)	Kopf ist leer	nur grüne Elemente	alle Komponenten (grüne und blaue)

Ab etwa 18 Monaten erleben Kleinkinder, dass Handlungsziele, die mit Gegenständen verbunden sind, voneinander abweichen können. Die Aufmerksamkeit richtet sich zwar noch auf den gleichen Gegenstand, das Ziel dahinter weicht aber ab. Wenn sich das Kind beispielsweise für den heißen Topf interessiert und ihn anfassen möchte, kann es sein, dass die Mutter dies verhindert. Andere Menschen können Gegenstände offensichtlich mit einer anderen Bewertung erfassen als das Kind selbst. Ab dieser ersten Entdeckung beginnen Kinder, dies nun systematisch zu überprüfen und stellen fest, dass andere Menschen mitunter anders auf Gegenstände und Situationen reagieren.

Schließlich vollzieht sich um den dritten Geburtstag noch eine Veränderung im Blinkwinkel auf gemeinsame Handlungen: Ein gewisses Verständnis für gegenseitiges Einvernehmen und gerechten Ausgleich entsteht. Im Vergleich zur Kooperation von Zweijährigen sind sich Dreijährige bewusst, dass beide Partner durch das gemeinsame Hinarbeiten auf ein gemeinsames Ziel verpflichtet sind, auf das Erreichen des Ziels zu beharren. Sie wissen auch, dass sie berechtigt sind, ihren Teil – einen gleichen Teil – des gemeinsamen Ziels oder der Belohnung zu erhalten.

Bereits Dreijährige teilen Spielzeug fair, wenn beide es sich zusammen verdient haben.

Prüfen Sie Ihr Wissen:

1. Wie entwickeln Babys ein Gefühl für ihr körperliches Selbst?
2. Mit welchem Test stellt man fest, ob sich ein Kind selbst im Spiegel erkennt?
3. Welche zwei wesentlichen sozialen Denkleistungen sind ab etwa neun Monaten möglich?
4. Gemeinsame Intentionalität setzt bestimmte innere Vorstellungen voraus. Erklären Sie die Begriffe in der Abbildung auf S. 184 an einem eigenen Beispiel.

6.6 Alles andere als Autopilot – Selbststeuerung

Ausgelassen toben die Kinder durch den Bewegungsraum. Dazu wird gesungen: „Im Kuckucksland, im Kuckucksland, da ist die Welt verhext!" Bei „verhext" bleiben alle plötzlich stehen und verharren bewegungslos auf der Stelle. Wirklich alle? Irgendeiner tappt meist doch weiter. Einen Moment wird noch gemeinsam innegehalten, dann kommt das erlösende Signal „Biddiwex!" und das bunte Treiben geht sofort mit voller Geschwindigkeit weiter. Bis zum nächsten „Verhext".

Wer hier mitspielen will, der muss sein Verhalten steuern können: Er muss innehalten, obwohl die Situation (Bewegungsraum, gemeinsames Lied, andere Kinder) einen hohen Aufforderungscharakter hat und zum Tanzen und Herumtollen verleitet. Dafür brauchen wir kognitive Steuerungsprozesse. Diese sind nötig, wann immer wir unser Verhalten gezielt ausrichten wollen. Unsere Selbststeuerung umfasst ein ganzes Bündel an Fähigkeiten, die als exekutive Funktionen zusammengefasst werden.

exekutiv: ausführen

Im engeren Sinne umfassen unsere exekutiven Funktionen drei Kernkomponenten:
- Wer sich überlegt, was er als nächstes tun möchte (z. B. weiterrennen), muss erst einmal präsent haben, worauf es im Moment ankommt (z. B. das Signalwort „Biddiwex!"). Dafür brauchen wir unser **Arbeitsgedächtnis**.
- Wenn es darum geht, ein wenig zu warten oder eine Handlung nicht auszuführen, brauchen wir die Fähigkeit zur Inhibition.
- Oft funktioniert etwas nicht so, wie wir dachten. Damit wir unser Verhalten anpassen können, brauchen wir unsere **Flexibilität**, sonst versuchen wir immer wieder das Gleiche.

Inhibition: Verhinderung, Unterdrückung

Exekutive Funktionen

Weil exekutive Funktionen Denkvorgänge steuern und Verhalten regulieren, kommen sie insbesondere in ungewohnten, herausfordernden Situationen zum Einsatz. Wenn automatisches oder routiniertes Handeln nicht zielführend ist, ist diese Funktionen gefordert.

Diese Fähigkeiten entwickeln sich sehr stark im Kindergarten- und Vorschulalter, sogar bis ins dritte Lebensjahrzehnt hinein. Dabei bauen die Kernkomponenten in ihrer Entwicklung wie in ihrer Funktionsweise aufeinander auf. Auf die frühe Entwicklung des Arbeitsgedächtnisses folgen Inhibition und schließlich Flexibilität, die komplexeste Fähigkeit. Alle drei Kernkomponenten durchlaufen je eigene Phasen intensiver Entwicklung, wie die Abbildung „Entwicklung der Kernkomponenten exekutiver Funktionen" zeigt. Während der Kindergartenjahre entwickelt sich dann insbesondere das Wechselspiel zwischen den einzelnen Komponenten noch intensiver.

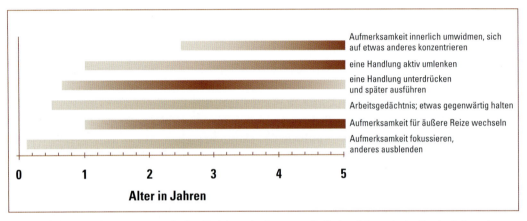

Entwicklung der Kernkomponenten exekutiver Funktionen in den ersten fünf Lebensjahren. Je dunkler der Balken, desto intensiver die Entwicklung in diesem Alter.

Selbststeuerung lässt sich mit einem Muskel vergleichen: Wer seine exekutiven Funktionen einsetzt und dabei trainiert, der kann sich auch immer besser selbst steuern. Insbesondere so lange Kinder sich noch nicht so gut selbst steuern können, kommt auch die Fremdsteuerung durch andere zum Tragen: Kinder werden von etwas abgehalten, wenn sie sich selbst noch nicht entsprechend im Griff haben, oder an Dinge erinnert, wenn sie sich diese noch nicht vorstellen und merken können.

Da das exekutive System also besonders dann gefördert wird, wenn eine Situation oder Aufgabe den Einsatz von Arbeitsgedächtnis, Inhibition und Flexibilität erfordert, ist es für die Entwicklung der Selbststeuerung zuträglicher, wenn andere nur so weit unterstützen, wie es nötig ist (vgl. Kap. 3.4, S. 94 ff.). Speziell Hilfestellungen, die die Bewältigung herausfordernder Situationen unterstützen, dienen der Entwicklung dieser Funktionen. Durch gezielte Hilfe werden Aufgaben erleichtert und Kinder können sie selbstständig meistern, ohne dass ihnen das Suchen nach passenden Lösungen abgenommen wird oder sie überfordert werden.

Viele Spielsituationen im Krippenalltag brauchen Selbststeuerung. Zumeist sind Arbeitsgedächtnis und Inhibition gefordert. Durch Regelwechsel kommt auch Flexibilität ins Spiel, was ab etwa drei Jahren möglich wird.

Aktivitäten mit Kindern zwischen sechs und 18 Monaten
Schoßspiele, zum Beispiel Schotterwagen oder Hoppe, hoppe, Reiter Hier gibt es viele verschiedene Spiele, die unterschiedliche Fähigkeiten beanspruchen. Doch alle folgen einfachen Regeln, die das Verhalten der Erwachsenen und der Kinder leiten. Wiederholungen helfen den Kindern dabei, sich zu erinnern und ihr Verhalten den Regeln entsprechend anzupassen. Beliebt sind Reime im Singsang, die mit einer aufregenden, jedoch erwarteten Überraschung enden. Kleinkinder trainieren ihr Arbeitsgedächtnis, wenn sie mit dem Lied vertraut werden. Bis zur Überraschung müssen sie mit großer Spannung und Vorfreude umgehen.
Versteckspiele mit Dingen oder Personen Versteckspiele fordern das Arbeitsgedächtnis heraus. Für so junge Kinder reicht es schon, ein Spielzeug unter einem Tuch zu verstecken. Sind sie in der Lage, dieses wiederzufinden, wird das Versteck einmal oder mehrfach gewechselt. Ältere Kinder können Dinge suchen, ohne vorher gesehen zu haben, wo sie versteckt wurden. Während des Suchens müssen sie sich merken, wo sie bereits gesucht haben.
Imitationsspiele Wer andere nachahmt, muss Handlungen aufmerksam verfolgen, sich einprägen, warten bis er an der Reihe ist und sich dann daran erinnern. Imitierspiele können zahlreiche Formen annehmen: einfache Gesten nachahmen (wie winken), Spielzeuge anordnen und die Anordnung nachbauen (wie Tiere im Stall oder einfache Gebäude aus Bauklötzen). Mit zunehmendem Alter der Kinder steigt die Schwierigkeit.

Alltagsgegenstände unterstützen Imitation und Fantasiespiel.

Aktivitäten mit Kindern zwischen 18 und 36 Monaten
Sortierspiele In diesem Alter können Kinder einfache Sortierspiele spielen, bei denen sie die Sortierregel (wie nach Größe, nach Farbe, nach Form etc. sortieren) verstehen, erinnern und befolgen müssen. • *Abwechseln:* Beide Spieler ordnen abwechselnd Dinge nach Größe, Form oder Farbe zu. • *Quatschsortieren:* Beispielsweise kommen kleine Formen in den großen Eimer und große Formen in den kleinen Eimer. Kinder sortieren meist Gleiches zu Gleichem. Beim Quatschsortieren müssen sie umdenken und ihre gewohnte Handlung unterdrücken, außerdem brauchen sie ihre selektive Aufmerksamkeit und das Arbeitsgedächtnis.
Fantasiespiel/Als-ob-Spiel Kinder unter drei Jahren sind zu einfachem Fantasiespiel in der Lage. Während jüngere Kinder Alltagstätigkeiten von Erwachsenen (zum Beispiel mit dem Besen zu kehren oder mit dem Topf zu kochen) imitieren, kommen nun einfache Handlungsstränge hinzu. Beispielsweise stellt das Kind den Topf nach dem „Kochen" auf den Tisch und nimmt sich etwas zu essen. Hilfreich ist, wenn Alltagsgegenstände (zum Beispiel Haushaltsgegenstände, Spielzeug, Kleidungsstücke) bereitstehen. • *Mit dem Kind mitspielen* und ihm die Führung überlassen: Dabei darf das Kind die Rolle zuweisen und bestimmen, wie sie gespielt wird. Das Verhalten anderer zu steuern, ist eine wichtige Art und Weise, die eigene Selbststeuerung zu entwickeln.
Bewegungsspiele Kleinkinder entwickeln in diesem Alter viele wichtige körperliche Fähigkeiten und sie lieben Bewegung. Bei diesen Spielen müssen die Kinder ihre Aufmerksamkeit auf ein Ziel ausrichten und aufrechterhalten. Sie müssen unnötige und untaugliche Handlungen unterdrücken und verschiedene neue Wege erproben, falls die erste Variante nicht funktioniert. Bei vielen dieser Aktivitäten ist es erforderlich, dass Erwachsene häufig an die Regeln erinnern. *Ein paar Anregungen:* • Viele Materialien bereitstellen und Gelegenheiten geben, unterstützt die Kinder darin, ihre neue Fähigkeiten (wie Bälle werfen und fangen, balancieren, hüpfen, eine Schräge rauf- und runterlaufen) auszuprobieren. Einfache Regeln, zum Beispiel abwechselnd zu einer Ziellinie und zurück zu rennen, fordern zusätzlich Arbeitsgedächtnis und Inhibition heraus. • „Einfrieren", sobald das Lied endet (zum Beispiel *im Kuckucksland*), oder auch Liedspiele, bei denen die Kinder losrennen und anhalten oder schneller und langsamer gehen müssen, eignen sich gut; ebenso Bewegungslieder (wie *Das ist hoch und das ist tief, Bimmel bammel bommel – die Katze schlägt die Trommel*).

Exekutive Funktionen sind von weitreichender Bedeutung für das menschliche Sozialverhalten und Lernprozesse. Unter anderem bilden sie für folgende Kompetenzen die Grundlage:

- Impulskontrolle und Frustrationstoleranz,
- Emotionsregulation,
- planvolles und vorausschauendes Handeln,
- logisches Denken und Problemlösen,
- Aufmerksamkeitslenkung und Fokussierung,
- flexibles und angepasstes Verhalten.

Prüfen Sie Ihr Wissen:

1. Wofür brauchen wir exekutive Funktionen?

2. Erklären Sie die drei Kernkomponenten der exekutiven Funktionen.

3. Welche späteren Kompetenzen bauen auf den exekutiven Funktionen auf?

Vertiefung und Transfer

1. „Vom Begreifen zum Begriff" – was könnte damit gemeint sein?

2. Zur präverbalen Gedächtnisentwicklung: Geben Sie einem Kind die Gelegenheit, ein neues, besonderes Spielzeug zu erkunden. Verstecken Sie das Spielzeug anschließend gemeinsam. Begeben Sie sich ein paar Tage oder Wochen später mit dem Kind auf die Suche nach dem Spielzeug: Erinnert es sich an das Versteck? Und können Sie beobachten, ob es sich erinnert, wie es mit dem Spielzeug gespielt hat?

3. Kleinkinder verfügen über Wissen und sind in der Lage, zu denken, lange bevor sie über etwas sprechen können. An welchen beobachtbaren Verhaltensweisen können Sie das festmachen?

4. Beobachten Sie zwei Kinder, die gemeinsam spielen und kooperieren. Versuchen sie, „in ihre Köpfe zu schauen": Was würden diese Kinder zueinander sagen? Wie könnte ihr inneres Modell zur gemeinsamen Intentionalität aussehen?

5. Wählen Sie ein Spiel aus den Aktivitäten, die exekutive Funktionen erfordern oder ein selbst gewähltes Spiel (Lied), das Sie gerne mit Kindern umsetzen. Wofür benötigen die Kinder jeweils die Kernkomponenten ihrer exekutiven Funktionen?

6. Wie würde ein Tag in Ihrem Leben aussehen, an dem Sie sich nicht gut im Griff haben? Vergleichen Sie ihn mit einem Tag, an dem Sie sich noch besser als sonst steuern können.

Lesetipps

Psychologie der kognitiven Entwicklung

Pauen, S. (2006). *Was Babys denken: eine Geschichte des ersten Lebensjahres*. München: CH Beck.

- Der Schwerpunkt des Buchs ist die Denkentwicklung von Säuglingen im ersten Lebensjahr, die anhand zahlreicher Experimente beschrieben wird.
- Es wird deutlich, was schon die ganz Kleinen können, aber auch wie Säuglingsforscher vorgehen und wo noch kontrovers diskutiert wird.

Goswami, U. (2001). *So denken Kinder: Einführung in die Psychologie der kognitiven Entwicklung*. Bern: Huber.

- Das Buch beschreibt die kognitive Entwicklung von Kindern bis ins Alter von zehn Jahren.
- Es werden nicht nur die Erkenntnisse, sondern auch die Wege der Wissenschaftler dorthin geschildert.
- Ein fundierter Einblick für alle, die auch das Dahinter, beispielsweise die durchgeführten Experimente, verstehen wollen.
- Anders als bei Aufsatzsammlungen von mehreren Autoren besteht das Buch aus einem Guss und enthält gute Querverweise.
- Die deutsche Ausgabe ist nicht mehr die neueste. Wer aber vor Englisch nicht zurückschreckt, kann sich über die aktuellere Ausgabe aus dem Jahr 2008 freuen.

Frühe Physik und Lernen

Stahl, A. E. & Feigenson, L. (2015). Observing the unexpected enhances infants' learning and exploration. *Science*, 348(6230), 91–94.

- Für ganz Mutige: die Originalstudie zur Rolle des Überraschtseins für das kindliche Lernen; erschienen in der renommierten Wissenschaftszeitschrift Science.

Soziale Kognition

Tomasello, M. & Hamann, K. (2012). Kooperation bei Kleinkindern. Forschungsbericht des Max-Planck-Instituts für evolutionäre Anthropologie.

- Wer zum Thema gemeinsame Intentionalität und Kooperation noch mehr wissen möchte, wird hier fündig.
- Der Bericht stellt auch heraus, wie sich die soziale Kognition beim Menschen von derer verschiedener Affenarten unterscheidet.

Kognitive Entwicklung unterstützen
Schneider, K. & Wüstenberg, W. (2010): Die Welt der Dinge: Anregende Materialien für Säuglinge, Krabbel- und Kleinkinder. In: W. Weegmann, W. & C. Kammerlander (Hg): *Die Jüngsten in der Kita – ein Handbuch zur Krippenpädagogik* (S. 251–265). **Stuttgart: Kohlhammer.**
- So kann der Weg vom Begreifen zum Begriff unterstützt werden: ein Plädoyer für sinnliches Erfahrungslernen der Kinder zum Aufbau ihres Weltbilds mithilfe eines geeigneten Materialangebots.
- Veranschaulicht an einem Praxisbeispiel, enthält das Kapitel viele nützliche und konkrete Tipps für die Fachkräfte zum Thema Materialauswahl.

Höke, J. (2011). Die Bedeutung des Spiels für die kognitive Entwicklung. *KiTa Fachtexte.*
- Das Erleben von Autonomie, Kompetenz und Eingebundensein bildet eine wichtige Vorbedingung für gelingendes Lernen.
- Es wird deutlich, warum gerade das Spiel ermöglicht, dass sich Kinder selbstbestimmt und an den eigenen Interessen orientiert, in einer wohlwollenden Umgebung mit Herausforderungen auseinandersetzen.

Walk, L. M. & Evers, W. F. (2013). *Fex – Förderung exekutiver Funktionen.* **Bad Rodach: Wehrfritz.**
- Die exekutiven Funktionen sind hier knapp, gut verständlich und mit vielen Beispielen aus der Praxis dargestellt.
- Mit Bezug zu den drei Kernkomponenten werden zahlreiche, im Alltag leicht einsetzbare Spiele zur Förderung der kindlichen Selbststeuerung beschrieben.
- Im Fokus stehen hier zwar Kinder über drei Jahre, jedoch lassen sich viele Praxistipps und -beispiele übertragen.

7

Beziehung und Interaktion – Miteinander und füreinander

Aufregung in der Krippe: Gerade eben noch spielten die Kinder an unterschiedlichen Plätzen. Jedes Kind war beschäftigt mit einer Sache oder anderen Personen. Plötzlich geht die Tür auf, ein Mann schiebt einen großen Rollwagen mit einer Kiste in den Raum und geht wieder. Im Nu verändert sich die Stimmung, jedes Kind reagiert auf seine Weise auf dieses Ereignis: Oskar, am Boden kauernd, schreit los und krabbelt Richtung Erzieherin. Celia, Maja und Leon rennen zu dem Wagen, inspizieren ihn von allen Seiten. Irina dreht den Kopf kurz in Richtung Wagen, schaut dann zu ihrer Erzieherin und spielt mit den Bällen weiter. Etwas zeitverzögert fängt nun auch Murat an, zu weinen, bleibt aber sitzen und umklammert sein Kuscheltier. Sein Freund Lars schaut ihn mit großen Augen an und hält ihm seine Bauklötze hin. Fenja stapft in eine Ecke, drückt sich rücklings mit ihrem ganzen Körper an die Wand, schaut dabei sehr interessiert und gespannt, was um sie herum geschieht. Ihre Freundin Tamara stellt sich zu ihr dazu, schaut abwechselnd Fenja an, den Wagen mit der Kiste, die Erzieherin und die anderen Kinder. Die Erzieherinnen sind unterdessen sehr aufmerksam. Sie beobachten die Kinder, ein jedes mit seinem eigenen Verhalten, und stehen zur Verfügung, falls sie gebraucht werden.

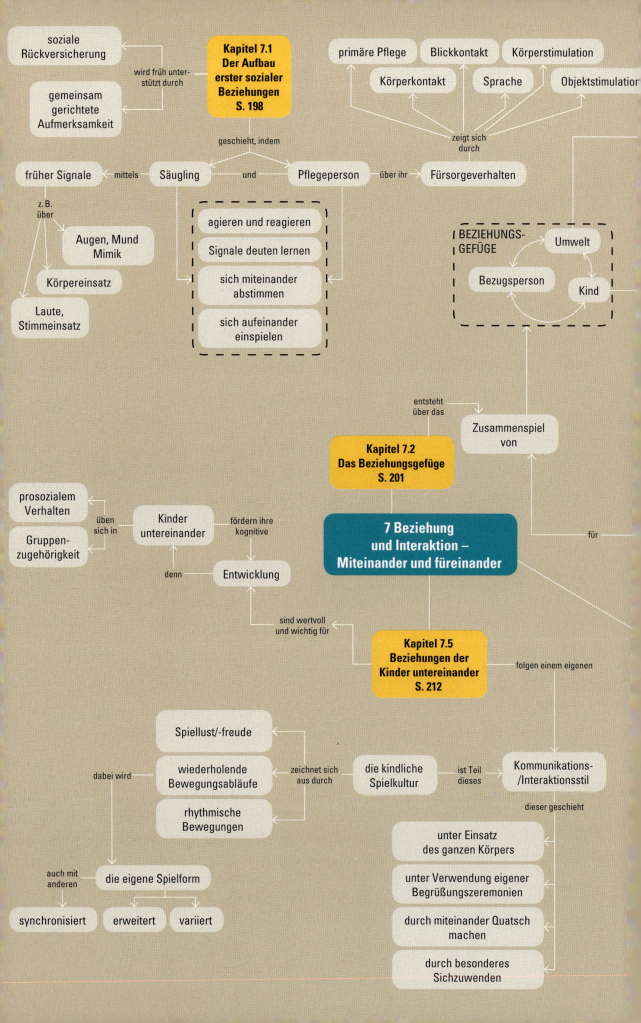

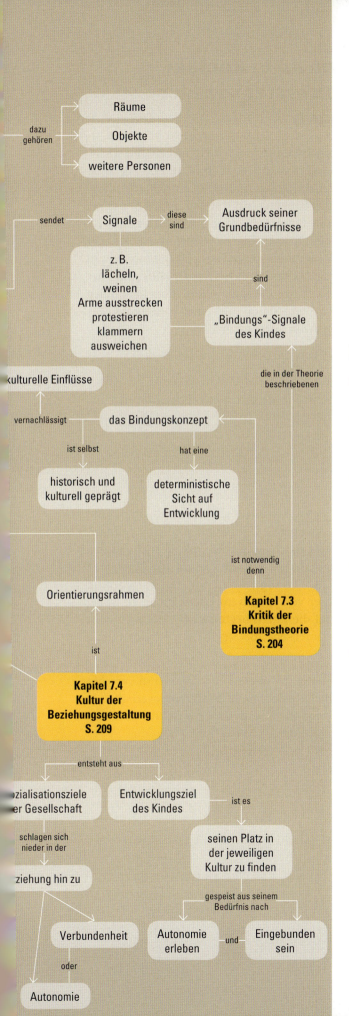

In diesem Kapitel erfahren Sie:

- wie soziale Beziehungen entstehen,
- wie Kleinkinder sich auch ohne verbale Sprache verständigen,
- warum das Bindungskonzept in Krippe und Kita kritisch zu betrachten ist,
- welche Rolle die Kultur bei der Beziehungsgestaltung spielt,
- wie Kleinkinder ihre Beziehungen untereinander gestalten.

7.1 Von Beginn an in Kontakt – Der Aufbau erster sozialer Beziehungen

Es gehört zum Grundrepertoire des Menschen – neben den wichtigen Lernmechanismen (vgl. Kap. 2.3, S. 57 ff.) –, in Phasen, in denen er Unterstützung braucht, auf sich aufmerksam zu machen (vgl. Kap. 3.3, S. 84 ff.). Auch der Säugling tritt früh in Kontakt mit seiner Umgebung. Er äußert seine Befindlichkeit und signalisiert seine Bedürfnisse. Vielleicht ist es zu kalt oder der Säugling hat Hunger, vielleicht ist er müde oder es tut ihm etwas weh, beispielsweise weil die Windel zu stramm sitzt. Diese frühen sozialen Hilfsmittel des Lernens bringen ihn, lange bevor die ersten Worte über die Lippen kommen, in eine intensive Interaktion mit seiner Umgebung. Das Baby setzt dabei seinen ganzen Körper ein:

Interaktion, interagieren: aufeinander bezogenes Handeln zweier oder mehrerer Personen; Wechselbeziehung zwischen Handlungspartnern

- Augen- und Mundbewegungen, besonders in den ersten Monaten,
- Körpereinsatz mit zunehmend zielgerichteten Bewegungen der Hände und Füße,
- Laute, Stimmeinsatz,
- Mimik.

Damit das Baby die Befriedigung seiner Bedürfnisse erfährt, bedarf es einer Umgebung, die sich auf seine Möglichkeiten abstimmt und von Beginn an richtig „mitspielt". Und damit das auch gelingen kann, gibt es quasi als eine Art biologischen Spiegel auch bei den Erwachsenen angelegte Verhaltensweisen, die auf die kindlichen Kommunikationsmöglichkeiten abgestimmt sind. Das Forscherehepaar Papousek spricht hier von intuitivem Elternverhalten, wobei dieses Verhalten nicht auf die Eltern begrenzt ist. Und es ist auch nicht garantiert, dass Erwachsene die Signale des Kindes richtig deuten.

Die Psychologin Heidi Keller hat elterliches Verhalten in verschiedenen Kulturen beobachtet. Sie beschreibt das Fürsorgeverhalten in sechs Komponenten, die vor allem beim Umgang mit Babys im ersten Lebensjahr wesentlich sind.

Komponenten des Fürsorgeverhaltens

- **Primäre Pflege:** Die Bezugsperson versorgt den Säugling mit Essen und Trinken. Sie kümmert sich um die körperliche Pflege.

- **Körperkontakt:** Die Bezugsperson berührt das Kind, nimmt es in den Arm, stellt also körperliche Nähe her.

- **Körperstimulation:** Wer mit Babys umgeht, neigt dazu, den Säugling motorisch anzuregen. Die Beine oder Arme werden bewegt, der Säugling wird getragen, gedreht, vielleicht sogar in die Luft geworfen.

- **Blickkontakt:** Hier tauschen Säugling und Bezugsperson mimische Signale aus. Die Zuwendung ist in diesem Moment sehr exklusiv: Die volle Aufmerksamkeit richtet sich auf das Baby.

- **Objektstimulation:** Die Bezugsperson bietet dem Baby Spielzeuge, aber auch Alltagsgegenstände an, damit es diese untersucht und sich damit beschäftigt.

- **Sprachumwelt:** Die Bezugsperson passt sich in ihrem Sprachverhalten an den Entwicklungsstand des kindlichen Gehörsinns an. Die Stimme wird etwas höher (vgl. Kap. 5.3, S. 140 ff.), die Konturen der eigenen Sprache werden übertrieben (Überbetonung mancher Laute, Wiederholungen, Verlangsamung). Man spricht auch von Ammensprache oder im Englischen von *Motherese*.

exklusiv: die Umgebung wird ausgeblendet und der Kontakt spielt sich nur zwischen Kind und der Bezugsperson ab

Diese Verhaltensweisen im Umgang mit Babys zeigen Menschen in allen Kulturen. Zwar sind die Ausprägungen und die Intensität der verschiedenen Formen kulturell verschieden, aber die Komponenten selbst sind in städtischen Kleinfamilien in Mitteleuropa wie auch bei Volksstämmen in Afrika beobachtbar.

Von Beginn an laufen also vielfältige Interaktionen zwischen Babys und den Personen in ihrer direkten Umgebung ab. Babys senden Signale, auf die ihr Umfeld zunächst reagiert. Daraus wiederum leiten die Kleinkinder mit der Zeit Muster ab (vgl. Kap. 2.3, S. 65 f.) und passen ihr Verhalten an. Babys lernen in diesen Interaktionen viel über sich in der Welt: Am Anfang reicht ihre Aufmerksamkeit nur für eine Sache: entweder ein Ding oder eine Person. Ab etwa neun Monaten können sie auf Objekte und Personen zugleich reagieren: Sie blicken dann dorthin, wo eine Person hinschaut. Babys zeigen dann auf Gegenstände, auf die auch eine andere Person zuvor gedeutet hat. Die Interaktion zwischen einer Bezugsperson und einem Baby bekommt damit einen gemeinsamen Fokus. Dies wird als gemeinsam ausgerichtete Aufmerksamkeit bezeichnet, oft wird auch der englische Begriff *Joint Attention* in der Fachliteratur verwendet (vgl. Kap. 6.5, S. 182).

Mit der Zeit werden die Babys mobiler, sie können sich auf das zubewegen, was Aufmerksamkeit erzeugt. Bei ihren Erkundungen schauen sie immer mal wieder zu ihrer vertrauten Person. Man spricht von sozialer Rückversicherung (*Social Referencing*). Als würde das Baby fragen: „Kann ich das machen/anschauen oder darf ich das nicht?" Je nachdem, wie die Bezugsperson reagiert, ist das Baby ermutigt oder hält sich zurück. Vermittelt die Bezugsperson eine positive Einstellung gegenüber der Situation, wird das Baby die Gegenstände ausführlicher untersuchen.

Auch umgekehrt finden Anpassungsleistungen statt: Eltern oder andere Bezugspersonen senden feine Signale, auf die der Säugling reagiert. Diese Reaktionen versuchen die Bezugspersonen zu deuten und passen sich ihrerseits an. Nicht nur das Baby lernt hier und passt sich an, auch Erwachsene lernen in diesem feinen Zusammenspiel etwas über sich selbst, beispielsweise ihre emotionalen Empfindungen, die während der Interaktionen erzeugt werden, ihre Fähigkeit, sich auf das Kind einzulassen oder es zu verstehen.

> **Prüfen Sie Ihr Wissen:**
>
> 1. Nennen Sie Beispiele für Signale des Babys und Signale der Bezugspersonen in den frühen Interaktionen.
>
> 2. Wenn wir sagen: „Das Baby lernt in der frühen Interaktion viel über sich in der Welt.", was denken Sie, lernt das Baby?
>
> 3. Die frühen Interaktionen zwischen dem Baby und seinen Bezugspersonen kann man auch als einen Dialog bezeichnen. Warum ist das so?

7.2 Ein Kosmos voller Menschen und Dinge – Das Beziehungsgefüge

Ein Schrei hallt durch den Raum. Dennis (1;3) liegt am Boden und weint herzzerreißend. Sofort wendet sich die Erzieherin ihm zu, streicht ihm über Arm und Wange, schaut ihn an. Sie weiß noch nicht, was passiert ist, vermutet aber, dass Dennis jetzt Trost braucht. Die anderen Kinder unterbrechen ihr Spiel, beobachten die Szene. Bela, zweieinhalb Jahre alt, läuft zu einer anderen Erzieherin, lässt sich von ihr ein Taschentuch geben. Damit rennt er zu Dennis, um es ihm zu geben. Die Erzieherin redet mit Bela, bezieht ihn in die Szene ein. Dennis hört auf zu weinen, schmiegt sich an die Erzieherin und beobachtet gleichzeitig, wie Bela sich mit der Erzieherin unterhält. Mit dem Taschentuch trocknet diese Dennis' Tränen. Ein paar Minuten später ist alles vorbei. Dennis spielt wieder mit seinem Auto, Bela ist wieder bei den anderen Kindern und die Erzieherin hat sich aus der Szene zurückgezogen, bleibt noch in einer beobachtenden Haltung. Dennis schaut sie noch ein paar Mal an, atmet tief durch – und wendet sich wieder seinem Auto zu.

Bela kommt Dennis zur Hilfe.

Die Szene macht deutlich, wie komplex Interaktionen sind und wie Akteure sich aufeinander abstimmen. Da ist Dennis mit einem deutlichen Signal und seine Umgebung reagiert – nicht nur die Erzieherin, auch Bela. Das Taschentuch, das Bela für Dennis holt, wird zum Hilfsmittel des Tröstens. Und schließlich, als Dennis sich seinem unterbrochenen Spiel mit den Autos wieder zuwendet, gibt ihm das Sicherheit, und er entspannt sich allmählich. Wenn auch nicht direkt beteiligt, so beeinflussen auch die anderen Kinder, die die Szene beobachten, die Atmosphäre.

Handlungsleitend für das Kind sind immer Motive, die aus seinen Grundbedürfnissen erwachsen (vgl. Kap. 3.2, S. 76 ff.; Kap. 3.3, S. 84 ff.). Das Kleinkind sendet Signale und handelt. Und die Umgebung reagiert darauf. Die Bezugsperson antwortet, indem sie das Kind bei seiner Bedürfniserfüllung unterstützt. Die Umgebung mit ihrer Ausstattung und ihren Objekten wird mit einbezogen. Interaktionen laufen nicht nach einem Schema F ab: Sie finden in einem komplexen Gefüge aus Menschen, Dingen, Räumen und Strukturen statt, indem die Handelnden sich aufeinander einspielen.

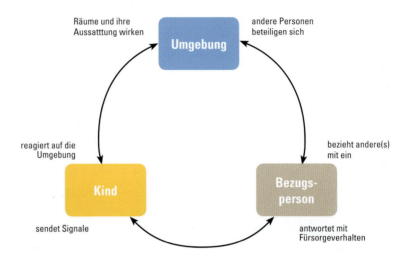

Beziehungsgefüge rund um die Regulation von Bedürfnissen

Hier einige Beispiele für psychische und physiologische Motive, die zu Interaktionen führen können:

- Hilf mir, ich brauche Orientierung!
- Lass mich alleine machen!
- Das ist spannend, das will ich ausprobieren.
- Das macht mir Angst, ich brauche Schutz.
- Ich mag dich, ich möchte mit dir zusammen sein.
- Ich will meine Ruhe.
- Ich bin satt.

Auch in der kleinen Anfangsgeschichte werden unterschiedliche Bedürfnisse deutlich: Der plötzlich im Raum stehende Wagen löst unterschiedliche Reaktionen aus. Manche Kinder zeigen ihre Neugierde, indem sie den Wagen sofort untersuchen, andere schauen ihn sich aus der Ferne an: ist Fenja in der Ecke weniger neugierig, nur weil sie in der Ecke steht? Murat weint zwar, es genügt ihm aber offenbar, sein Kuscheltier festzuhalten. Außerdem kümmert sich sein Freund um ihn. Die Signale der Kinder richtig zu deuten und zu erkennen, was welches Kind in einer konkreten Situation braucht, ist die große Herausforderung.

Bela scheint sich bei der Erzieherin rückzuversichern, ob er Dennis das Auto geben darf.

Und die Kinder finden sich in ihrer Umgebung zurecht. Sie passen ihr Verhalten auch daran an, wie die Umgebung auf sie reagiert und was sie an eigenen inneren Ressourcen oder Personen und Dingen in der Umgebung zur Verfügung haben. Sie wollen ihre emotionale Balance wiederherstellen und handlungsfähig bleiben (vgl. Kap. 3.4, S. 94 ff.). Die vertraute Bezugsperson spielt eine wichtige, aber nicht die alleinige Rolle, wenn Kinder danach streben, ihre Bedürfnisse zu erfüllen.

> **Prüfen Sie Ihr Wissen:**
>
> 1. Überlegen Sie sich eine Szene, in der deutlich wird, dass außer dem Kind und einem Erwachsenen auch andere Personen und Dinge an einer Interaktion beteiligt sind.
> 2. Wodurch kann das Kind Schutz oder Trost erfahren, außer durch seine Bezugspersonen?
> 3. Woran merken Sie selbst, dass sich ein Raum und seine Ausstattung positiv oder negativ auf Ihr Befinden auswirken?

7.3 Bindung in der Kita? – Kritik der Bindungstheorie

Nahezu alle Fachbücher der Entwicklungspsychologie beschreiben zum Aufbau erster sozialer Beziehungen das Bindungskonzept nach John Bowlby und Mary Ainsworth. *Bindung* wird dabei als das emotionale Band bezeichnet, das sich zwischen dem Säugling und seinen wesentlichen Bezugspersonen entfaltet und auf Dauer angelegt ist.

Bis in die 1960er-Jahre des letzten Jahrhunderts ging man davon aus, dass Säuglinge eher gefühllose, halb blinde Wesen seien. Man dachte, soziale Kontakte seien nicht so relevant bzw. es sei wichtig, Säuglinge nicht zu sehr zu verwöhnen. In den Waisenhäusern und Psychiatrien fand man aber viele Kinder, die offensichtlich aufgrund der mangelnden emotionalen Fürsorge hospitalisiert waren. John Bowlby wurde daraufhin beauftragt, sich mit dem sozialen Kontakt zwischen Säugling und Pflegeperson zu beschäftigen. Er ging davon aus, dass sich über die Menschheitsentwicklung hinweg ein Wechselspiel aufgebaut und in unseren Genen verankert hat, das das Überleben des Säuglings sichert: Die Pflegeperson wird über bestimmte Verhaltenssignale des Säuglings (Weinen, Lächeln, Klammern, Nachfolgen) motiviert, sich um den Säugling zu kümmern: Sie bietet so Schutz vor Kälte, bewahrt vor Feinden und sichert die Nahrung.

Bowlby sprach davon, dass zwischen der Pflegeperson und dem Säugling ein emotionales Band entsteht. Das Kind bindet sich an die Person, die es versorgt. Seine Kollegin Mary Ainsworth suchte nach einer Möglichkeit, diese von Bowlby sogenannte Bindung zwischen Säugling und Pflegeperson systematisch zu untersuchen. Aus Alltagsbeobachtungen generierte sie Kategorien von Bindungsverhalten des Kindes und entwickelte einen Test, der in der Bindungsforschung zum Standard wurde. Dabei wird beobachtet, wie sich ein Kleinkind verhält, wenn es einer fremden Person begegnet, und wie die Kontaktaufnahme zur Mutter verläuft, wenn die Mutter wieder im Raum ist. Auf Basis der Reaktion in dieser speziellen Testsituation wird eine Aussage über die Güte der Bindung des Kindes zur Mutter getroffen. Der Qualität der Bindung werden spezifische Auswirkungen auf die Entwicklung des Kindes, insbesondere seiner späteren Beziehungsfähigkeit, zugeschrieben.

John Bowlby selbst betonte in den Anfängen seiner Untersuchungen, dass die Art der Beziehungsgestaltung zwischen Kind und Pflegeperson kulturspezifisch geprägt sei. Und auch wenn es nach seiner Vermutung ein genetisch verankertes System für einen Bindungsaufbau geben sollte, seien die Verhaltensweisen, die ein Kind zeigt, davon abhängig, in welchem Kontext es aufwächst. Allerdings schlug sich dieser Aspekt in Bowlbys weiteren Forschungen nicht nieder. Auch nachfolgende Forschungsgruppen haben den kulturellen Einfluss nicht berücksichtigt.

Hospitalismus:
das Auftreten von Entwicklungsstörungen oder seelischen Veränderungen durch langen Krankenhausaufenthalt oder Isolation

„Aschenputtel wäre nie auf den Ball gegangen, wenn sie gedacht hätte, dass jeder sie so behandeln wurde, wie ihre Stiefmutter."
(Judith Harris)

Aus folgenden Gründen betrachten wir die Bindungstheorie, die darauf basierende Forschung und praktischen Ableitungen vor allem für die Pädagogik in Krippe und Kita mit Vorsicht:

- Die Bindungstheorie ist ein Kind ihrer Zeit. In den Anfängen der Bindungsforschung wurde die mütterliche Betreuungsrolle einseitig betont: Ihr Verhalten galt als maßgeblich für die Qualität der Bindung. Dass Kinder eine aktive Rolle im Beziehungsaufbau spielen und von sich aus schon aufgrund ihrer Veranlagung bestimmte Verhaltensangebote machen, wurde bei der Theoriebildung außen vor gelassen.
- Die Bindungstheorie betrachtet eine Zweierbeziehung aus Mutter/Bezugsperson und Kind zunächst als ideales Modell. In unserem Kulturkreis ist aber von Beginn an in der Regel mindestens der Vater in engem Kontakt mit dem Baby, aber auch Geschwister und Großeltern sind hier Mitspieler. In der Weiterentwicklung der Bindungstheorie wurde daraufhin ein Hierarchiemodell der Bindungen entwickelt, das aber kontrovers diskutiert wird.
- Die Kategorien der Bindungsqualitäten nach Ainsworth enthalten Bewertungen. Ainsworth definierte mit ihrer Kategorisierung zwei grundsätzlich unterschiedliche Bindungstypen: das sicher gebundene Kind und das unsicher gebundene Kind. Die Kinder, die als unsicher gebunden eingestuft werden, haben, wie das Wort *unsicher* nahelegt, demnach eine leichte Störung in ihrer Bindung an die Mutter. Mit dieser Kategorisierung wird unterstellt, dass es einen optimalen Bindungstypus gibt, nämlich die sichere Bindung.
- Der Versuch, aus dem frühen Bindungsverhalten Voraussagen über die zukünftige Beziehungsfähigkeit zu machen, wird in der Forschung viel diskutiert. Die Frage, wie es einem Menschen einmal in einer Beziehung gehen wird, ist nicht im Voraus beantwortbar, da es grundsätzlich immer die Möglichkeit gibt, neue Erfahrungen zu machen.
- Es ist eine deterministische Sicht auf die Entwicklung: Bowlby/Ainsworth halten die erste Bindung (zur Mutter) für ein Grundmuster, das beim Aufbau von späteren sozialen Beziehungen als inneres Arbeitsmodell leitend ist. Unbestritten ist, dass sich auch bei Beziehungsgestaltungen Muster herausbilden. Das Kind leitet aus den ersten Erfahrungen mit den vertrauten Personen Musterhaftes ab. Das entspricht den Lernmechanismen. Doch Muster sind änderbar. Menschen können neue Beziehungsmuster entwickeln. Deshalb lässt sich diese Vorherbestimmtheit nach heutiger Forschungslage nicht mehr halten und wird kontrovers diskutiert.
- Soziale Interaktion und Kommunikation sind abhängig von der Kultur, in der ein Kind lebt. Die Entwicklung des Kindes, seine Art, in Beziehung zu seiner Umwelt zu treten und zu kommunizieren, wird in höchstem Maße davon bestimmt, in welchem kulturellen Kontext es aufwächst. Letztlich ist die Bindungstheorie selbst im westlichen Kulturkreis entstanden. Das bedeutet, dass die Typen, wie sie Mary Ainsworth definiert hat, nicht ohne Weiteres auf Kinder aus anderen Kulturkreisen übertragbar sind.

> In anderen Kulturen betreuen und versorgen wechselnde Bezugspersonen innerhalb der Großfamilie das Baby. Die Rolle der Mutter ist auf das Stillen beschränkt.

> **kontrovers:**
> wenn etwas kontrovers diskutiert wird, heißt das, es gibt sich widersprechende Standpunkte und daher keine Einigkeit

> Mary Ainsworth differenzierte ihre Bindungstypen in insgesamt vier Kategorien aus: sicher/unsicher-distanziert/unsicher-ambivalent/desorganisiert. Es kommt uns bei unserer Kritik auf die grundsätzliche Wertung an, die in den Begriffen *sicher* versus *unsicher* steckt

> **deterministisch:**
> vorher bestimmbar, festgelegt

Der Bindungsbegriff in Krippe und Kita

Häufig liest man in der Literatur für die pädagogische Praxis, dass pädagogische Fachkräfte auch Bindungspersonen sein können. Hier gilt es, genau hinzuschauen. Was wird überhaupt unter *Bindung* verstanden? Die Pädagogik hat einen Begriff übernommen, der selbst in der Bindungsforschung nicht eindeutig definiert ist. Es gibt lediglich die von Bowlby immer wieder zitierte Formulierung des *inneren Gefühlsbandes*, das auf Dauer angelegt ist. Doch geht es in der Kita tatsächlich darum, dass ein inneres Gefühlsband zwischen Fachkraft und Kind entsteht, das auf Dauer angelegt ist? Oder geht es um verlässliche, von Vertrauen geprägte Beziehungen?

Pädagogische Fachkräfte beschreiben, dass Kinder Schutz bei ihnen suchen, wenn es ihnen nicht gut geht, sie müde sind oder sich in einer Situation überfordert fühlen. So wie Oskar aus der Anfangsgeschichte, der beim Eintreten des Mannes mit dem Wagen zu weinen anfing. Die Interpretation lautet: Kinder suchen eine Bindung und brauchen den sicheren Hafen. Doch was ist hier erkennbar? Kinder signalisieren ihre Bedürfnisse und streben nach deren Erfüllung. Oskars Weinen und auch Dennis' Aufschrei in der Taschentuchgeschichte (vgl. Kap. 7.2, S. 201) waren Ausdruck dafür, dass etwas ins Ungleichgewicht geraten ist. Dass die beiden Jungen dann Kontakt zur Erzieherin aufnehmen und Trost finden, hat aber mit Bindung nichts zu tun. Oskar und Dennis streben nach Sicherheit, da die Situation offenbar in diesem Moment eine Überforderung ist. Dennis erlebt, dass Bela ihm zur Hilfe kommt – mit einem Taschentuch und seiner ganzen Aufmerksamkeit – auch das gibt Sicherheit.

Nicht die Bindung ist das psychische Grundbedürfnis, sondern Kompetenzerleben, Autonomieerleben und das Eingebundensein (vgl. Kap. 3.3, S. 84 ff.) sind es. Handeln, Verhalten und Signale der Kinder haben ihren Ursprung darin, dass eines oder mehrere ihrer Bedürfnisse nicht erfüllt sind. Es sind keine Bindungssignale. In dem kindlichen Streben, die Balance wieder herzustellen, können Bezugspersonen dabei helfen, aber eben nicht nur.

Die Fremdenreaktion:

Eine besonders markante Interaktionssituation beschreibt das sogenannte Fremdeln. Babys um den achten und neunten Lebensmonat herum, oder auch später, reagieren verstärkt auf Fremdes. Man interpretierte die Signale früher vor allem als Angstäußerung und sprach von der Achtmonatsangst. Inzwischen ist bekannt, dass die Emotionen hier vielfältiger sind und Angst nur eine Spielart von vielen ist. Deshalb wird diese Reaktion inzwischen neutraler bezeichnet: Fremdenreaktion. Das Baby kann dabei die folgenden Verhaltensweisen zeigen:

- scheu, befangen lächeln,
- Blick abwenden, Blick zur vertrauten Person suchen, sich rückversichern,
- die Mimik einfrieren,
- sich ruhig verhalten/innehalten,
- zur Bezugsperson krabbeln,
- anklammern,
- bis hin zu Weinen und Schreien.

Warum sind diese Verhaltensweisen in dem Alter zu beobachten? Welche Funktion könnte die Fremdenreaktion haben?

Dazu gibt es viele Interpretationen in der Forschung. Ein wichtiger Aspekt ist sicher, dass Kinder in dieser Lebensphase zunehmend selbst mobiler werden. Sie können sich fortbewegen und damit auch selbst in Gefahr geraten. Damit sich das Kind nicht ernsthaft in Gefahr begibt, schützt es sich sozusagen selbst, indem es vorsichtig wird und auch innehält.

Ebenso könnte man vom Neunmonatswunder sprechen: Das Kind macht in dieser Zeit einen riesigen Entwicklungsschritt: Es erkennt, dass hinter unterschiedlichen Verhaltensweisen ähnliche Absichten stecken können oder auch umgekehrt. Das Gleiche zu tun, heißt nicht, das Gleiche zu meinen. Sein zunehmendes Unterscheidungsvermögen mit der einhergehenden Vielschichtigkeit der Verhaltensweisen anderer Personen verunsichert das kleine Kind zunächst. Diese Verunsicherung äußert es. Und es strebt wieder nach Sicherheit.

Was also hat der Bindungsbegriff überhaupt in der pädagogischen Praxis verloren? Der Grund liegt in der Politik, die einen gesellschaftlichen Wandel begleitet hat: Es ging in den 1980er-Jahren darum, aufzuzeigen, dass die außerfamiliäre Betreuung von Kleinkindern nicht per se schädlich ist, sondern dass es ein Konzept braucht, Kindern den Übergang in die Krippe zu erleichtern. Durch die Behauptung, dass pädagogische Fachkräfte bindungsähnliche Beziehungen zu den Kindern aufbauen, sollte verdeutlicht werden, dass die Kinder gut versorgt sind und sich auch außerhalb des Elternhauses sicher und wohlfühlen können.

Dass die Beziehungsgestaltung zwischen dem jungen Kind und seiner Bezugsperson in den Fokus der pädagogischen Konzepte rückte, war notwendig. Doch dazu hätte man sich nicht der Bindungstheorie bedienen müssen. Loris Malaguzzi, der Begründer der Reggio-Pädagogik wies auf die Bedeutung von Beziehungsgestaltung hin. Und auch die Erkenntnisse von Emmi Pikler eignen sich, Konzepte zu Beziehungsaufbau und -gestaltung zu entwickeln: Fachkräfte und Kinder lernen, miteinander vertraut zu werden. Das Kind lernt seine neue Umgebung mit ihren Strukturen und Tagesabläufen kennen. Es hat genügend Zeit, eine Beziehung zu neuen Personen in der Kita einzugehen, bevor es sich dort ohne seine Eltern (oder andere vertraute Bezugspersonen) zurechtfindet.

Der Aufbau und die Gestaltung der Beziehung zwischen Fachkräften und den jungen Kindern sind geprägt von einem intensiven Wechselspiel unterschiedlicher Signale auf beiden Seiten. Aufgabe der Fachkräfte ist es, die Kinder in ihren individuellen Bedürfnissen, auch nach Nähe und Distanz, wahrzunehmen. Dabei ist zu berücksichtigen, dass die Kinder bereits mit Erfahrungen, nämlich der Beziehungsgestaltung zu den ersten Bezugspersonen in der Familie, in die Krippe kommen. Dieser Kontext, der auch sehr von der Kultur der Familie geprägt ist, hat Einfluss auf den Aufbau der Beziehung zwischen Kind und Fachkraft.

> **Prüfen Sie Ihr Wissen:**
>
> 1. Was war in den 1960er-Jahren der Auslöser dafür, sich mit der Beziehung zwischen Kind und Pflegeperson zu beschäftigen?
> 2. Was ist das Grundproblem bei der Verwendung des Bindungsbegriffs in der Frühpädagogik?
> 3. Wenn bestimmte Verhaltensweisen des Kindes keine Bindungssignale sind, was drückt das Kind dann damit aus?

7.4 Andere Länder, andere Sitten – Kultur der Beziehungsgestaltung

Menschen wollen ihren Platz in ihrer jeweiligen Umgebung finden. Die Quelle für dieses Entwicklungsziel findet sich wieder in den psychischen Grundbedürfnissen. Das Bedürfnis nach Eingebundensein, Autonomie- und Kompetenzerleben treibt das Kind in seiner Entwicklung voran. Gleichzeitig hat auch die Umgebung, also im weitesten Sinne die Kultur, in die das Kind hineingeboren wird, Werte und Normvorstellungen davon, wie jemand leben und sich verhalten soll. Diese Werte schlagen sich ebenfalls in der Erziehung nieder. Man spricht hier von Sozialisationszielen. Erwachsene, die mit einem Kind zu tun haben, vermitteln bestimmte Werte und Verhaltensweisen, die zu ihrer Kultur gehören. Dabei lassen sich folgende zwei Extreme beschreiben, deren Übergänge fließend sind und von denen es zahlreiche Mischformen gibt:

- Erziehung hin zur **Autonomie**: Das Kind wächst in einer Gemeinschaft/in der Familie auf und es wird von Beginn an als autonomes, selbstbestimmtes Wesen gesehen. Die Erziehung ist auf die Verstärkung dieser Autonomie ausgerichtet. Das heißt, die Bezugspersonen richten ihre Aufmerksamkeit auf die Entwicklung des Selbstbewusstseins und der Unabhängigkeit von der Herkunftsfamilie.
- Erziehung hin zur **Verbundenheit** oder Relationalität: Das Kind wächst in der Gemeinschaft auf, es sind von vornherein mehrere Mitglieder der Gemeinschaft an der Betreuung beteiligt. Die Erziehung ist darauf ausgerichtet, dass sich das Kind in diese Gemeinschaft einfügt und einbringt.

Sozialisation: das Hineinwachsen in eine Gruppe durch Übernahme ihrer Verhaltensweisen und Werte

Relationalität: aufeinander bezogen sein, Verbundenheit

Das Sozialisationsziel der Autonomie findet man vorwiegend in der westlichen Welt, vor allem beim Bildungsbürgertum. Das Modell der Relationalität ist leitend in Dorfgemeinschaften, beispielsweise in Afrika. Und dazwischen gibt es fließende Übergänge, denn Familien aus afrikanischen Städten, in denen der Bildungsstatus hoch ist, zeigen inzwischen eher das Modell der Autonomie, wohingegen Familien aus ländlichen Gebieten in Europa auch das Modell der Relationalität aufweisen.

In beiden Modellen werden die Bezugspersonen jeweils so auf Signale des Kindes reagieren, wie es in der jeweiligen Kultur üblich ist und dem Sozialisationsziel entspricht. Und das Kind selbst ist damit beschäftigt, seine Bedürfnisse nach Autonomie einerseits und Eingebundensein andererseits auszutarieren. Der gesamte frühe Interaktionsprozess ist damit vom kulturellen Kontext geprägt.

In Studien, in denen kamerunische Kinder untersucht wurden, zeigte sich als häufigste kindliche Strategie ein extrem passives und aus unserer Sicht emotionsloses Verhalten, wenn sie einer fremden Person begegneten. Die Interviews mit den Müttern zeigten, dass diese das Verhalten der Kinder als positiv und sozial erwünscht bewerten: Die Kinder sollen früh mit mehreren Bezugspersonen in Kontakt kommen und lernen, sich ruhig zu verhalten.

Ein Vater aus der ländlichen Region der schwäbischen Alb erzählte, dass seine Kinder in der Großfamilie im Dorf aufwachsen: Papa, Mama, Tanten, Onkels und die Großeltern beider Familien. Und die Kinder halten sich überall gerne auf. Seine Frage war: „Wissen denn die Kinder, wo sie hingehören bei so vielen Erwachsenen?" Klare Antwort: Sie gehören zu ihrer Gemeinschaft. Und diese besteht eben aus mehr als nur der Kernfamilie.

Die dargestellten Komponenten des Fürsorgeverhaltens (vgl. Kap. 7.1, S. 199) sind in den Kulturen unterschiedlich stark ausgeprägt. Das macht folgende Grafik deutlich:

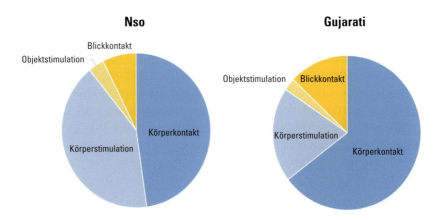

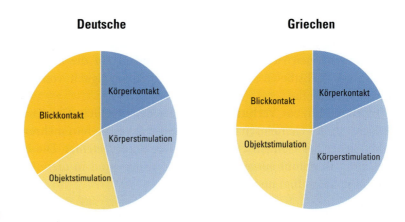

Fürsorgeverhalten im Kulturvergleich

„Ich finde auch, dass man sich immer mehr zu sehr auf irgendwelche Modelle stützt, die gar nicht auf die Individualität des Einzelnen konzipiert sind. Mein Kleiner ist jetzt 2 Jahre alt und total verrückt nach seiner neuen Erfahrung ‚Kindergarten'. Er kennt den auch schon, dadurch dass seine Schwester dort Praktikum gemacht hat, und hat keinerlei Angst oder Scheu, morgens dorthin zu gehen und allein zu bleiben. Nun sind wir in der zweiten Woche der Eingewöhnung und das Modell wird stur nach Schema F durchgezogen. Nein, ER würde gern mittags noch mal hingehen und mit den anderen spielen, ER läuft immer rüber (der Kindergarten ist direkt neben unserem Haus) und möchte rein, aber er DARF ja noch nicht, weil das ja schädlich sein könnte!? Ich finde die Einstellung und Engstirnigkeit der Erzieherinnen einfach nur verrückt!"
(Kommentar einer Mutter auf www.erzieherin.de)

Bei den Nso-Bauern dominieren Körperkontakt und Körperstimulation. Die indischen Gujarati nehmen ihr Kind weniger häufig auf den Arm. Als Erklärung wird hier mit in Betracht gezogen, dass die Bäuerinnen aus Gujarati häufig unterernährt sind, also eine insgesamt schlechtere körperliche Konstitution aufweisen als die Nso-Frauen. Sie haben daher vermutlich oft nicht die Kraft, ihre Kinder in dem Maße zu stimulieren, wie es die gut ernährten Nso-Frauen können. Deutsche und griechische Mütter haben demgegenüber viel Blickkontakt und setzen Objekte ein, um das Kind anzuregen (vgl. Kap. 3.3, S. 93).

Die Verschiedenheit der Sozialisationsziele konnte man auch in einem zeitlichen Vergleich aufzeigen. Innerhalb unseres Kulturkreises hat sich im Verlaufe von nicht einmal 30 Jahren die Sicht auf die Kinder verändert. Für Interaktionssituationen mit Müttern und ihren drei Monate alten Säuglingen lagen Daten von 1977 und 2001 vor. Während 1977 Körperkontakt und Körperstimulation eine große

Rolle spielten, überwogen in den Daten von 2001 Blickkontakt und Objektspiel.

Kulturelle Aspekte zeigen uns Kinder auch in ihrem Rollenspiel: In ihren Szenen spiegeln sich ihre Erfahrungen

Im Feld der frühpädagogischen Praxis bedarf es einer höheren Aufmerksamkeit für die kulturelle Verschiedenheit. Denn inzwischen sind in den Kitas Kinder aus ganz unterschiedlichen Ländern mit vielfältigen kulturellen Gepflogenheiten der Familien. Wie die Unterschiede in den Sozialisationszielen zeigen, sind damit nicht allein Ess- oder Schlafgewohnheiten gemeint. Es gilt zu prüfen: Was gilt im jeweiligen Kulturkreis beim Umgang mit den Kleinkindern als angemessen? Und wenn sich Eltern ihren Kleinkindern gegenüber anders verhalten als nach den Vorstellungen der Fachkraft: Welches kulturell geprägte Elternverhalten und welche Erziehungsziele stecken dahinter? Aufgabe der pädagogischen Fachkräfte ist es demnach, auch die kulturell bedingte Art der Beziehungsgestaltung in den Blick zu nehmen.

Prüfen Sie Ihr Wissen:

1. Erklären Sie die beiden Sozialisationsziele *Autonomie* und *Relationalität*.
2. Tauschen Sie sich mit einer anderen Person über die Sozialisationsziele aus, die Sie selbst bei Ihrer Erziehung erfahren haben: Was war Ihren Eltern wichtig? Interviewen Sie auch Ihre Eltern zu dieser Frage, wenn möglich.
3. Was verstehen Sie unter der Aussage: „Interaktionen sind geprägt vom kulturellen Kontext"?
4. Warum muss sich der Vater in der Randbemerkung auf S. 207 keine Sorgen machen?

7.5 Gemeinsam sind wir besonders stark – Beziehungen der Kinder untereinander

Peers:
Menschen in etwa gleichem Alter, Mitglieder eigener Bezugsgruppe, Gefährten

Kinder unternehmen nicht nur bei ihren ersten Bezugspersonen, also den Erwachsenen, frühe Anstrengungen, mit der Umgebung in Kontakt zu treten. Das tun sie auch bei anderen Kindern. Allerdings unterscheidet sich die Kommunikation, die Kinder untereinander gestalten, in ihrer Struktur, Dynamik und auch in ihren Inhalten von der Kommunikation mit Erwachsenen. Wenn Kinder mit anderen Kindern in Kontakt treten, eröffnen sich ihnen vielfältige Erfahrungs- und damit Lernmöglichkeiten. Die Peers stehen als gleichrangige Interaktionspartner zur Verfügung.

Prosoziales Verhalten umfasst die Handlungen, die jemand ausübt, um das Wohlbefinden einer anderen Person bzw. einer Gruppe zu erhöhen, wiederherzustellen oder um eine andere Person bzw. eine Gruppe zu begünstigen.

Kleinkinder passen sich dabei nicht einfach nur an andere an, sie verhalten sich bereits sehr früh auch prosozial. In einer Studie untersuchte man sechs Formen des prosozialen Verhaltens: Assistieren, Trösten, Zuneigung zeigen, Objekte anbieten, Wiedergutmachung sowie prosoziales Verhalten gegenüber Objekten. Bereits acht Monate alte Säuglinge zeigten erste Formen dieses Verhaltens (Anbieten von Objekten). Bei 16 Monate alten Kleinkindern waren alle Formen beobachtbar. Die eigenen Gefühle und jene anderer wahrzunehmen und dafür angemessenes Verhalten zu lernen, erprobt das Kleinkind also auch im Umgang mit anderen Kindern.

Zu einer Gruppe dazuzugehören, zählt zu den frühen Entwicklungsthemen. Eine mögliche Strategie dabei ist es, sich in seinem Verhalten anzupassen. Bereits im Alter von zwei Jahren richten sich Kinder in ihrem Verhalten auch danach aus, was eine Gruppe macht. So orientieren sich Kinder bei einer Problemlöseaufgabe daran, wie andere Kinder bei der Lösung vorgehen.

Außerdem profitieren Kinder in ihrer kognitiven Entwicklung, wenn sie mit anderen Kindern den Tag verbringen. Das war ein Teilergebnis einer Studie, in der u.a. die unterschiedlichen Betreuungsformen (Tagesmütter, Betreuung durch Großeltern, Kindertageseinrichtungen) miteinander verglichen wurden. Obwohl die Qualität (z.B. hinsichtlich Einfühlungsvermögen der Fachkräfte oder deren pädagogische Impulse zur Entwicklung) in den untersuchten Tageseinrichtungen niedriger war als bei den Großeltern oder einer Tagesmutter, schnitten die Kinder bei einem kognitiven Test besser ab. Offensichtlich geben sich die Kinder gegenseitig wichtige Anregungen in ihren Lernprozessen.

Zuhören, beobachten, mitdiskutieren: ein gleichwertiges Miteinander dieser drei Personen

Kindliche Spielkultur

Emma, eineinhalb Jahre alt, greift nach einem etwas größeren Schuhkarton. Sie schiebt ihn sich zwischen die Beine und setzt sich hinein. Triumphierend schaut sie sich um, die Beine baumeln entspannt über dem Schachtelrand, sie klatscht in die Hände. Die zwei Monate jüngere Sara kommt hinzu. Emma steigt aus der Schachtel, schiebt sie zu Sara. Sara versucht nun ebenfalls, in die Schachtel zu kommen. Emma holt unterdessen eine neue Schachtel. Nun sind beide Mädchen in den nächsten 20 Minuten damit beschäftigt, immer wieder in die Schachteln einzusteigen und sich wieder herauszuschälen. Sie tauschen ihre Schachteln, versuchen, auch zu zweit in eine Schachtel zu steigen, stellen sich mit den Füßen hinein, schieben die Schachteln durch den Raum. Sie kommentieren ihre Handlungen immer wieder mit freudigen Lauten und ersten Worten: „Sitzen, sitzen, nei-sitze, ups, Sara au, Emma nei-sitze".

Genaue Beobachtungen und Studien bei ein- bis zweijährigen Kindern haben gezeigt, dass diese einen eigenen Stil haben, sich zu äußern und miteinander zu verständigen. Wie im Beispiel beschrieben, setzen die Kleinkinder ihren ganzen Körper ein, nicht nur, um etwas auszuprobieren oder sich fortzubewegen, sondern auch, um ihrer Umgebung etwas mitzuteilen und sich in diesen spielerischen Handlungen mit anderen auszutauschen.

Andere Kinder kommen an Emma und Sara vorbei. Miro, fast zwei Jahre alt, will Bauklötze in Emmas Schachtel legen. Emma lässt das zunächst zu, dreht dann aber ihre Schachtel um, sodass die Klötze wieder herausfallen. Sie setzt sich wieder hinein, greift dann aber nach den Klötzen und legt sie zu sich in die Schachtel. Dann gibt sie Miro die Bauklötze nach und nach wieder zurück. Sie untermalt ihre Bewegungen mit Lachen und Lautäußerungen. Miro strahlt und legt seine Klötze wieder in Emmas Schachtel. Sie lässt ihn gewähren und kommentiert seine Handlungen.

Die Fortführung des Beispiels zeigt, die Interaktion beschränkt sich nicht auf ein einfaches Hin und Her zwischen den beiden Mädchen, sondern entfaltet sich zu einem komplexen Zusammenspiel dreier Beteiligter. Die beiden Mädchen entwickeln eigene Geschichten und Handlungsabfolgen, sie regen den Jungen dazu an, sich in ihr Spiel einzuklinken. Seine Impulse greifen sie auf und verbinden sie wiederum mit eigenen Ideen.

Die Kommunikation der Kleinkinder ist stark von ihrem ganzen Körpereinsatz geprägt. Dieser Toddler Style, auch Kleinkindstil, weist bestimmte Ausdrucksformen der Verständigung auf, zum Beispiel

- sich auf besondere Art einem Spielpartner nähern, zum Beispiel vor ihn hinkauern,
- gemeinsam durch die Räume rennen und dabei rufen, lachen,
- Zärtlichkeiten austauschen,
- Begrüßungszeremonien entwickeln und nachahmen,
- Miteinander Quatsch machen.

Toddler Style: von englisch *toddler*, „Kleinkinder im Alter von ein bis drei Jahren". Ihre Art der Bewegung, das toddling („Krabbeln, Trippeln") wird als Synonym für diese Altersgruppe verwendet. Der Begriff *Toddler Style* wurde von der norwegischen Kleinkindforscherin Gunvor Lokken geprägt.

Saad (2;9) geht mit seinem Oberkörper weit hinunter, um Luis' (2;11) Blick einzufangen.

Beobachtbar sind diese Formen eigener Spielkultur vor allem dann, wenn Kinder regelmäßig die Gelegenheit haben, in vertrauter Umgebung ihre Aktivitäten mit anderen Kindern frei zu wählen. Sie kreieren eigene Spielideen, verständigen sich nonverbal und stimmen sich ab, zum Beispiel über ein Innehalten, Blicke zuwerfen, Loslaufen und dann Umdrehen, um nachzusehen, ob das andere Kind folgt. Dabei entstehen Spielroutinen mit typischen Dynamiken: sich abwechseln, wiederholen, beobachten und abwarten.

nonverbal: nicht sprachlich, sondern durch Gestik, Mimik oder optische Zeichen

Typische Spielarten bei Kleinkindern sind:

- Aufnehmen und Hinlegen,
- Anbieten und Annehmen,
- Rennen und Verfolgen,
- Verschwinden und Wiedererscheinen.

Leander (2;0) hat heute seinen Bruder Henri (5;0) zu Besuch. Sofort wird dieser von Leander und Saad (2;9) ins Spiel hineingezogen.

Kleinkinder imitieren sich auch: Das Nachahmen wird eine Art Kontaktaufnahme und signalisiert dem anderen Kind die Bereitschaft, in dessen Spiel einzusteigen. Diese kindliche Spielkultur zeichnet sich durch große Spiellust oder Spielfreude aus, erkennbar am Kichern und Kreischen sowie ausgeprägter Bewegungsfreude. Die Kleinkinder bewegen sich hin und her, wiederholen ihre Bewegungsabläufe, wechseln sich auch ab. Sie machen Musik, indem sie rhythmische Geräusche und Melodien in ihr Spiel integrieren. Und sie verbinden es häufig mit Tanz. Kennzeichnend für ihre Spielkultur ist die Wiederkehr ihrer eigenen Spielformen: Sie wiederholen sie, variieren und erweitern sie.

Yana zeigt Sina, wie man auf dem Xylofon spielt.

Synchronizität: Gleichzeitigkeit

Die Synchronizität von Handlungs- oder Bewegungsabläufen ist bei Kleinkindern immer wieder zu beobachten: Sira und Lara, beide knapp drei Jahre alt, sitzen am Tisch einander gegenüber. Sie haben ein Bilderbuch vor sich liegen, schauen abwechselnd in ihr Buch und sich auch immer wieder an. Sira fängt an, zu singen, und klatscht rhythmisch mal die Hände zusammen, mal auf den Tisch. Lara stimmt in die Melodie ein. Auch sie beginnt, zu klatschen. Zunächst ist ihr Klatschen noch zeitlich versetzt zu Sira. Sira hält kurz inne und wartet, bis Lara wieder klatscht. Sie versucht nun, im Rhythmus von Lara mit zu klatschen. Die Mädchen lachen dabei und erfinden Varianten des Klatschens. Lara haut sich mit einer Hand an den Kopf, Sira wiederholt es. Dann versuchen sie, diese Bewegung wieder synchron aufeinander abzustimmen. Immer wenn es ihnen gleichzeitig gelingt, lachen sie und freuen sich riesig. Dieser emotionale Gleichklang und auch die Synchronizität der Bewegungen intensivieren die Beziehung zwischen den Kindern. In diesen Momenten sind sie sehr aufeinander bezogen. Was um sie herum geschieht, ist nicht in ihrem Fokus.

Aus dem Curriculum in Neuseeland: Das Charakteristische an Kleinkindern

Das neuseeländische Curriculum für die frühe Kindheit „Te Whariki" hat die dem Kleinkind eigene Art, sich auszudrücken, zusammengestellt und beschrieben:

- Kleinkinder sind energiegeladen und in Bewegung.
- Kleinkinder streben danach, ihre Welt zu erkunden, indem sie Grenzen, Ursachen und Wirkungen austesten.
- Die Wünsche der Kleinkinder sind oft ihren sprachlichen und körperlichen Fähigkeiten voraus.
- Kleinkinder sind aktiv und neugierig, sie wollen sich als kompetent erleben und Ereignissen, Gegenständen und Vorstellungen einen Sinn geben.
- Die Gefühle der Kleinkinder sind intensiv und nicht vorhersehbar.
- Kleinkinder streben nach Gelegenheiten und Ermutigungen, um zu erkunden und kreativ zu sein.
- Kleinkinder sind impulsiv und eher unbeherrscht.
- Kleinkinder richten sich auf das Hier und Jetzt.
- Kleinkinder suchen die Interaktion und lernen, indem sie andere imitieren.
- Kleinkinder lernen mit ihrem ganzen Körper und lernen eher durch das Tun, als dadurch, dass ihnen etwas nur mit Worten vorgegeben wird.

Bereits die Jüngsten spielen also auch miteinander und dieses Spiel ist Ausdruck ihrer Beziehungsgestaltung und Kommunikation. In der Vergangenheit wurde davon ausgegangen, dass Kinder erst ab einem Alter von etwa drei Jahren „richtig miteinander spielen" (was auch immer darunter verstanden wurde). Es galt die Sichtweise, dass Kleinkinder unter drei Jahren nur wenig mit anderen Kindern oder einer ganzen Gruppe anfangen können und, wenn überhaupt, vor allem parallel nebeneinander spielen. Mittlerweile haben sich die Sicht auf die kommunikativen Fähigkeiten der Jüngsten und die Erkenntnisse dazu gewandelt. Das mag auch daran liegen, dass auch jüngere Kinder – zumeist ab zwölf Monaten – mittlerweile Kindertageseinrichtungen oder Krippen besuchen. Sie machen früh Erfahrungen mit anderen ähnlichaltrigen Kindern. Ihre frühen kommunikativen und spielerischen Fähigkeiten untereinander treten dadurch zutage.

Prüfen Sie Ihr Wissen:

1. Nennen Sie drei mögliche Arten prosozialen Verhaltens der Kinder untereinander.
2. Welche typischen Spielarten lassen sich in dem Beispiel von Emma, Sara und Miro erkennen?
3. Was bedeutet der Begriff *Synchronizität*?

Vertiefung und Transfer

1. Was meinen Sie: Kann man Kleinkinder verwöhnen, wenn sie uns ihre Bedürfnisse signalisieren? Nehmen Sie in Ihrer Antwort die Ausführungen in Kapitel 7.2 und Kapitel 3 zur Hilfe.
2. Die Grafik „Beziehungsgefüge rund um die Regulation von Bedürfnissen" (S. 202) stellt schematisch Interaktionssituationen von beteiligten Personen und Objekten dar. Wenden Sie das Schema an, um die Szene mit Emma und den Schachteln zu analysieren.
3. Diskutieren Sie anhand der Grafik „Fürsorgeverhalten im Kulturvergleich" (S. 210) die kulturellen Unterschiede im Fürsorgeverhalten: Wie lassen sich die Unterschiede erklären? Welche Beobachtungen machen Sie selbst in Ihrer Umgebung?
4. Warum ist die Bindungstheorie als Grundlage für frühpädagogische Konzepte nicht geeignet? Begründen Sie mithilfe der Kulturperspektive.
5. Nehmen Sie sich einmal die Zeit und beobachten Sie Kinder auf dem Spielplatz oder im Freispiel in der Kita: Welche Signale für psychische Bedürfnisse können Sie erkennen? Und wie sorgen die Kinder selbst dafür, in Balance zu kommen? Welche Hilfe holen sie sich dabei?

Lesetipps

Die Kulturperspektive
Keller, H. (2011). *Kinderalltag: Kulturen der Kindheit und ihre Bedeutung für Bindung, Bildung und Erziehung.* Berlin: Springer.
- In gut verständlicher Sprache bringt Heidi Keller die kulturspezifische Perspektive ein.
- Fotos aus ihren Studien machen das Thema anschaulich.

Zum Hintergrund der Bindungsforschung
Harris, J. R. (2009). *The Nurture Assumption: Why Children Turn Out the Way They Do* (2nd). New York: Free Press.
- Die Autorin untermalt ihre fundierten und mit Quellen belegten Aussagen immer wieder mit konkreten Beispielen.
- Das kompetente Kind tritt hier sehr deutlich zutage.
- Judith Harris hat die heilige Kuh „Eltern bestimmen über Wohl und Wehe des Kindes" geschlachtet. Die Vereinigung amerikanischer Psychologen (APA) prämierte ihre Theorie als herausragenden Artikel für allgemeine Psychologie.

Vicedo, M. (2013). *The nature and nurture of love: From imprinting to attachment in Cold War America.* Chicago: The University of Chicago Press.
- Die Autorin bettet die ersten Studien der Bindungsforscher in den damaligen gesellschaftlichen Kontext ein und deckt Widersprüche auf.
- Für die neugierige Leserschaft, die hinter die Kulissen der Bindungsforschung schauen will und sich vom Englischen nicht abschrecken lässt.
- Nach dieser Lektüre stellt sich wirklich die Frage, ob es noch legitim ist, der Bindungsforschung diese Bedeutung in der Frühpädagogik beizumessen, wie es aktuell der Fall ist.

Die Diskussion zur Bindungstheorie in der Praxisliteratur
Winner, A. (2013). Alles Bindung – oder was? Zu Risiken und Nebenwirkungen eines Modebegriffs *Betrifft KINDER,* 9(6/7), 16–23.
- Mit diesem Beitrag in einer Kita-Fachzeitschrift stößt Anna Winner die Diskussion neu an.
- Lesenswert, weil hier Begriffe sortiert werden.

Hédervári-Heller, É. und Dreier, A. (2013). Ohne Bindung geht es nicht! *Betrifft KINDER,* 9(11/12), 16–23.
- Die Autorinnen antworten auf den Beitrag von Anna Winner.
- Hier wird das Problem offenbar: Begriffe sind nicht definiert, Konzepte werden vermischt.

Zur Bedeutung der Beziehungen der Kinder untereinander
Schneider, K. & Wüstenberg, W. (2014). *Was wir gemeinsam alles können. Beziehungen unter Kindern in den ersten drei Lebensjahren.* Berlin: Cornelsen.
- Welche eine Lust und eine Freude macht dieses Buch! Die Autorinnen führen die Leserschaft mitten in das Geschehen der Kinder untereinander.
- Wissenschaftlich fundiert, weil Aussagen mit Studien belegt sind.

Brückenschlag zur Pädagogik

8

Entwicklung begleiten – You never walk alone

Erziehung ist anstrengend? Ja, aber aus anderen Gründen, als es auf den ersten Blick zu vermuten wäre. In einem Kinderbuch richtet Korczak ein Vorwort an die Leser:

„Ihr sagt: ‚Der Umgang mit Kindern ermüdet uns.'
Ihr habt recht.
Ihr sagt: ‚Denn wir müssen zu ihrer Begriffswelt hinuntersteigen. Hinuntersteigen, uns herabneigen, beugen, kleiner machen.'
Ihr irrt euch. Nicht das ermüdet uns.
Sondern dass wir zu ihren Gefühlen emporklimmen müssen. Emporklimmen, uns ausstrecken, auf die Zehenspitzen stellen, hinlangen. Um nicht zu verletzen."

Janusz Korczak, eigentlich Henryk Goldszmit (1878–1943), polnischer Arzt und Schriftsteller, widmete sich armen und verwahrlosten Kindern. Er übernahm die Leitung eines jüdischen Waisenhauses *(Dom Sierot)* in Warschau. Hier setzte er sich mit pädagogischen Themen auseinander und verfasste Schriften und Bücher. Seine Mitarbeiterin Stefania Wilczyńska und er entwickelten innovative pädagogische Konzepte. Stefania Wilczyńska bezeichnete sich selbst als Schülerin Maria Montessoris. Im Zuge der Deportation der Juden im Zweiten Weltkrieg begleiteten beide die ihnen anvertrauten Kinder ins KZ und in den Tod.

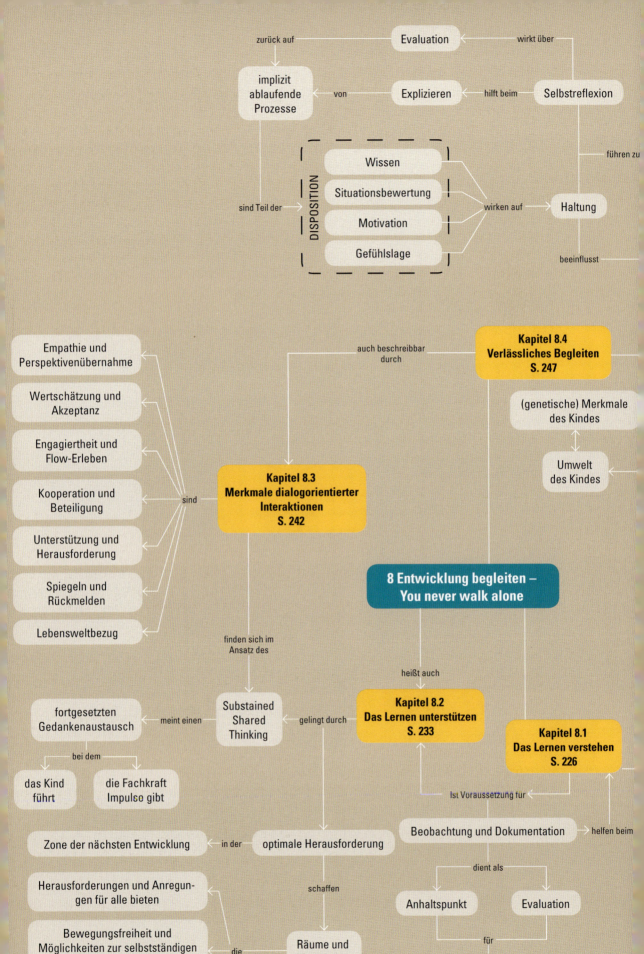

In diesem Kapitel erfahren Sie:

- warum pädagogische Rezepte zu kurz greifen,
- wie pädagogische Fachkräfte das Lernen trotzdem unterstützen können,
- welche Anhaltspunkte es hinsichtlich Raumnutzung und Materialeinsatz gibt,
- was es mit der Haltung auf sich hat,
- wie gut gestaltete Interaktionen aussehen können.

8.1 Aha! So geht's! – Das Lernen verstehen

Man nehme … – Warum gut gemeinte Ratschläge in die Sackgasse führen können

Beim Hereinflattern eines Werbeflyers für eine Praxismappe positionierte sich Kornelia Schneider, selbst Autorin, sehr deutlich:
„Ich bin als Fachfrau für die Entwicklung und Begleitung von Kindern in den ersten drei Lebensjahren davon leider gar nicht begeistert. Wir brauchen nicht noch mehr Praxis-Tipps, wie man Kinder beschäftigt, sondern grundlegende Anregungen für das Beobachten und Erforschen, wie Kinder sich die Welt erschließen und was ihre Handlungen und Äußerungen bedeuten."

„So lernen Kinder richtig essen", „Jedes Kind kann schlafen lernen", „Sprachförderung: So geht's" – werfen Sie einmal einen Blick in pädagogische Fachzeitschriften: Nach dem Motto „hier wird Ihnen geholfen", finden sich auf nahezu alle pädagogischen Alltagsfragen Lösungsvorschläge – immer in guter Absicht. Sie, die (zukünftigen) Fachkräfte, sollen Werkzeuge und Hilfsmittel an die Hand bekommen, um die Kinder pädagogisch sinnvoll zu fördern. Manchmal hat man aber auch das Gefühl, hier soll ein neues Produkt (z. B. sogenannte Lernspiele) pädagogisch verpackt und auf dem Markt der 1.000 Möglichkeiten angepriesen werden.

Beim genauen Hinschauen, erst recht bei dem Versuch, dem Tipp zu folgen, stellen sich dann erste Zweifel ein: „Irgendwie passt das nicht so recht auf meine konkrete Situation; Jasmina verhält sich anders. Unsere Kita hat gar nicht die Rahmenbedingungen, um den Vorschlag umzusetzen."

Was Ihr Bauchgefühl hier signalisiert, speist sich im Wesentlichen aus zwei wichtigen Komponenten in der kindlichen Entwicklung:

Erstens: Entwicklungsverläufe zeigen eine hohe Variabilität
Die Szenen aus den vorangegangenen Kapiteln zeigen es: Kinder entwickeln sich in unterschiedlicher Geschwindigkeit mit unterschiedlicher Intensität in den jeweiligen Bereichen. Das Alter allein sagt nichts darüber aus, was ein Kind können soll.

Kahlei meistert mit zwei Jahren das Skateboardfahren, während andere Zweijährige beim Versuch, beidbeinig von der unteren Treppenstufe zu springen, noch das Gleichgewicht verlieren. Der zweijährige Marco ist bereits früh am Morgen wach und braucht täglich 14 Stunden Schlaf, während die gleichaltrige Sina zwar ein Morgenmuffel ist, aber mit elf Stunden Schlaf auskommt. Kinder mit ähnlichem Körpergewicht haben ein unterschiedliches Essverhalten, was die Menge anbelangt. Diese interindividuellen Unterschiede, auch interindividuelle Variabilität, zeigt sich in allen Entwicklungsbereichen. In der motorischen Entwicklung kann man sie aber am besten erkennen. Ein Beispiel: Der zweijährige Kahlei ist auf dem Skateboard besser als andere Zweijährige, aber nicht beim Auffädeln von Perlen. Da ist die gleichaltrigen Berta, die ein Faible für glitzernden Schmuck hat, unschlagbar.

Variabilität:
Veränderlichkeit, Schwankung oder Abweichung von einem Durchschnitt

Bei der Sprachentwicklung sind ebenfalls interindividuelle Unterschiede erkennbar. So begann Nilla spät mit dem Sprechen. Mit 15 Monaten konnte sie nicht viel mehr als „Mama", „Papa", „ja" und „nein" sagen. Doch dann ging alles ganz schnell. Plötzlich formulierte sie Sätze. Und an ihrem zweiten Geburtstag sprach sie bereits mit ausgefeilter Grammatik: „Mama, ich bin ja so glücklich, dass du heute an meinem Geburtstag mit mir in den Zoo gehst." Bei Nillas

Schwester Fanny war alles anders. Sie reihte bereits vor ihrem ersten Geburtstag mit großer Begeisterung und Ausdauer Silben aneinander. Ab dem 13. Monat sprach sie die ersten Wörter. Aber die korrekte Satzstellung und richtige Beugung der Verben kamen bei Fanny erst nach dem dritten Geburtstag mit dazu – ein Jahr später im Vergleich zu ihrer großen Schwester. Alle diese Unterschiede sind normal und kein Grund zur Sorge – sofern die Kinder die Grenzsteine passieren.

Zweitens: Entwicklung vollzieht sich im Wechselspiel zwischen Anlagen und Umwelt

Die Fachdiskussionen in der Forschung haben es längst hinter sich gelassen: Es geht im Grunde nicht mehr um die Frage, was am Verhalten eines Menschen angeboren und was umweltbedingt ist. Es geht auch nicht um die Frage, ob wir die Marionetten der Umgebung oder die der Gene sind. Wir sind weder das eine noch das andere. Besonders dann nicht, wenn wir die Wirkungen von beiden verstehen. Denn beide Faktoren haben Einfluss auf die Entwicklung. Das Kind bringt biologische Komponenten mit: seine Gene und sein jeweiliges Alter. Angeborene Lernmechanismen, z. B. die Fähigkeit, Regeln aus Erfahrungen herauszufiltern und diese zu lernen (vgl. Kap. 2.3, S. 57 ff.), bekommen dabei ihren Input aus der Umwelt. Aus der Wechselwirkung beider Faktoren entsteht das individuelle Weltwissen des Kindes.

Ein Kind, das sich nicht für Skateboards interessiert, wird sich nicht daraufstellen. Es wird sich eher wehren, wenn man versucht, es zum Fahren zu bringen. Ein Kind wie Kahlei lernte Skateboardfahren, weil es sich dafür interessierte, weil es sich geschickt anstellte und sich von der Begeisterung seiner Geschwister fürs Skateboardfahren anstecken ließ. Die Kinder suchen gezielt nach bestimmten Erfahrungen, die ihren Interessen und ihrem Entwicklungsstand entsprechen. Die Umwelt stellt das Angebot an Erfahrungen bereit, die ein Kind machen kann (oder auch nicht). Das Kind bestimmt seinerseits, was es annimmt.

„Je besser wir unsere Gene und unsere Neigungen verstehen, desto eher verlieren sie den Charakter des Unvermeidlichen."
(Matt Ridley)

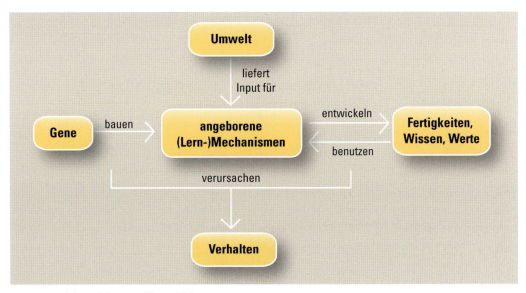

Zusammenspiel von Anlage- und Umweltfaktoren

Altersgerechtes Spielzeug oder auch altersgerechte Angebote erscheinen in diesem Kontext wenig sinnvoll. Zu groß sind die Unterschiede zwischen den Kindern. Man sieht aber beim Spielen jedem einzelnen Kind an, ob ein Spielzeug oder ein Angebot zu ihm passt.

In welcher Umgebung ein Kind aufwächst, welche Menschen es erlebt und wie diese Menschen mit ihm umgehen, hat Einfluss auf die Entwicklung. Und hier werden Unterschiede sichtbar: Jede Krippe ist anders, jede Familie ist anders; jedes Kind wächst in seiner individuellen Umgebung auf. Hinzu kommt, dass Kinder nicht gleichviel Interesse an den Dingen haben, die ihnen angeboten werden. Konkrete Tipps und Handlungsvorschläge können diese spezifischen Situationen vor Ort gar nicht aufgreifen.

Wenn Sie schon lange im Beruf sind, stehen Ihnen die Tipps aus Ratgebern nicht im Wege. Sie können die Vorschläge so verändern, dass sie für Ihre Situation passen. Sie lassen sich nicht beirren. Aber was machen diejenigen unter Ihnen, die gerade in der pädagogischen Praxis Fuß fassen? Woran können Sie festmachen, was Kinder wirklich von Ihnen brauchen? Ein erster wichtiger Schritt ist getan: Sie haben sich in den vorangegangenen Kapiteln mit Entwicklungsbereichen beschäftigt; Sie haben sich auf die Lernspuren der Kinder begeben. Sie als pädagogische Fachkräfte nehmen mit Ihrem Verhalten Einfluss, entscheiden über die Bereitstellung von Materialien, Raum und Zeit. Für dieses pädagogische Handeln gibt es – jenseits von Rezepten – Anhaltspunkte und Kriterien.

Kinder lernen. Immer. Vor allem nebenbei. Am liebsten Bedeutsames. Neues fesselt ihre Aufmerksamkeit. Und das lässt sich nicht verhindern. Sie sind von Beginn an mit dem Rüstzeug ausgestattet, das sie brauchen, um sich ihr Bild von der Welt zu machen, sich Wissen, Fähigkeiten und Fertigkeiten anzueignen: Sie setzen ihre Sinne ein, sie kommunizieren mit ihrer Umgebung, sie holen sich Unterstützung (vgl. Kapitel 2.3, S. 57 ff.).

Hier zeigt sich, was ganzheitliches Lernen bedeutet: Kinder in den ersten Jahren sind immer mit ihrem ganzen Körper dabei. Die Welt ist für sie nicht in Mathematik, Naturwissenschaft oder Kreativität/Ästhetik untergliedert. Sie machen Erfahrungen mit der Natur, mit den Menschen, mit den unbelebten Dingen. Ihre Sinne sind ihre Antennen. Sie erkunden sich und ihre Umwelt.

Sinnliches Erleben: Doktorspiele und andere Beobachtungen

Fachkräfte aus Krippen berichten, dass Kinder ab einem bestimmten Alter ein verstärktes Interesse an Körperöffnungen des Spielpartners zeigen oder sich auch selbst befriedigen. Diese beiden Aspekte werden in der Pädagogik unter dem Sammelbegriff *Sexualerziehung* thematisiert. Kinder in den ersten drei Jahren machen vielfältige sinnliche Erfahrungen. Das ist ihr Zugang zur Welt. Was Wohlbefinden auslöst, wird verstärkt gesucht und gemacht. Wenn sich Dunja wohlig auf dem Schaukelpferd rekelt und dabei ihren Po über die Sitzfläche reibt, macht sie das, weil es sich einfach gut anfühlt. Hier den Erwachsenenbegriff der Masturbation zu verwenden, ist fehl am Platz. Erwachsenensexualität und deren Körperempfinden ist anders. Matschen im warmen Sand und das Spielen mit Schaum sind für viele Kinder ebenso lustvoll. Erkundungen des eigenen Körpers oder dem des Spielpartners, allgemein zusammengefasst unter dem Begriff der *Doktorspiele*, gehören ebenso zum kindlichen Lernen. Kindern sollten diese Erfahrungen nicht verwehrt werden. Sie brauchen allerdings auch Orientierung, denn es gibt Grenzen. Wenn eine Fachkraft den Eindruck hat, ein Kind reagiert sich in Stresssituationen verstärkt und immer wieder ab, indem es sich reibt, wird sie sich genauer mit dem Kontext befassen und prüfen müssen, was das Kind zu diesen kompensatorischen Handlungen verleitet. Doktorspiele haben ihre Grenze dort, wo Verletzungsgefahr besteht oder sich die Kinder nicht auf einer partnerschaftlichen, ebenbürtigen Ebene bewegen.
Umgang mit Körperlichkeit ist stark beeinflusst von kulturellen Werten. Manche Eltern mögen es zum Beispiel nicht, wenn ihr Kind nur mit Windeln bekleidet durch die Räume läuft. Daher gibt es auch hier keine starren, auf alle anwendbaren Regeln. Eltern und Fachkräfte sollten sich darüber verständigen, welchen Spielraum sie den Kindern geben.

Bevor Sie sich also fragen, wie Sie ein Kind am besten unterstützen, ist es wichtig, gut zu verstehen, wie Kinder lernen und welche Strategien sie dabei anwenden. Ahmen sie gerade etwas nach? Versuchen sie, Muster zu erkennen und Kategorien herauszufinden? Wollen sie gerade etwas Bestimmtes über einen Gegenstand herausfinden?

Gehen Sie auf Entdeckungsreise, lassen Sie sich von folgenden Fragen leiten:

- Woran ist das Kind interessiert?

- Was fesselt seine Neugier?

- Welchen Zugang wählt es?

- Wie bezieht es andere Personen (Kinder oder Fachkräfte) von sich aus in sein Spiel oder Handeln ein?

- Wie geht es bei seinen Erkundungen vor?

- Wie reagiert es auf andere Personen?

Beobachtung und Dokumentation

Das Verstehen und das Sich-Einfühlen in die Aktivitäten der Kinder kommen also vor dem Planen und Gestalten des pädagogischen Handelns. Über die leitenden Fragen hinaus helfen Beobachtungs- und Dokumentationskonzepte. Dass Beobachtung und Dokumentation inzwischen fester Bestandteil der pädagogischen Arbeit sind, ist unbestritten. Aber es wird immer wieder darum gerungen, welche Formen gut sind: Soll man eher stark strukturiert beobachten – anhand von Checklisten? Oder soll man die Kinder mit einem möglichst ungefilterten Blick wahrnehmen? Die Antwort ist wie bei so vielem: Es kommt darauf an. Darauf, was das Ziel der Beobachtung ist. Ein gemeinsames Ziel haben alle Beobachtungssysteme: Sie sollen Anhaltspunkte für das pädagogische Handeln geben. Sie dienen dazu, begründen zu können, warum Sie bei welchem Kind wie handeln und welche Impulse Sie setzen sollen. Und sie dienen Ihnen auch bei der Auswertung und Bewertung Ihres Handelns: Wie hat das Kind den Impuls aufgenommen? Was hat sich verändert? Inwieweit waren die pädagogischen Aktivitäten hilfreich? Damit wird ein Beobachtungs- und Dokumentationskonzept auch zu einem Evaluationsinstrument.

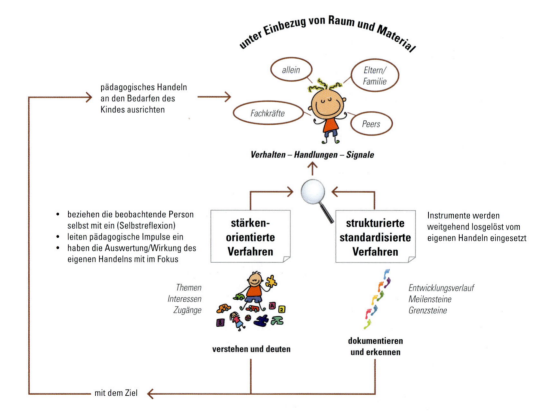

Schwerpunkte beim Beobachten und Dokumentieren

Strukturierte standardisierte Beobachtungssysteme zeichnen sich dadurch aus, dass sie entlang von meist geschlossenen Fragen (mit ja oder nein zu beantworten) bestimmte Entwicklungsmerkmale festhalten. Oft haben sie einen Bezug zu einer Normgruppe. Die Grenzsteine der Entwicklung gehören zu diesen Verfahren: Grenzsteine markieren den Zeitpunkt, zu dem die meisten Kinder, nämlich 90 bis 95 Prozent, eine bestimmte Fähigkeit in einem Bereich erlangt haben (vgl. Kap. 4.3, S. 113 f.). Auch die Entwicklungstabelle nach Beller & Beller (vgl. Lesetipps, S. 257) gehört dazu. Sie definiert keine Grenzsteine, sondern beschreibt typische Handlungen, die Kinder in bestimmten Phasen ihres Lebens in den verschiedenen Bereichen durchlaufen.

Konzepte mit einem stärken- bzw. ressourcenorientierten Ansatz haben in den letzten Jahren an Bedeutung gewonnen. Diesen Konzepten ist gemein, dass sie vom Kind als kompetenten Lerner ausgehen. Diese Beobachtungsverfahren sind in das jeweilige pädagogische Konzept der Einrichtung integriert, denn die Rückschlüsse für pädagogische Impulse richten sich ganz stark danach, welches pädagogische Grundverständnis in der Einrichtung besteht.

Beispiele für den stärkenorientierten Ansatz sind:

- Der Ansatz der ungerichteten Aufmerksamkeit nach Schäfer: Die Fachkraft ist herausgefordert, beobachtend wahrzunehmen, was das Kind direkt oder indirekt über sich mitteilt.

- Die Leuvener Engagiertheitsskala nach Laevers: Hier geht es um Wohlbefinden und Engagiertheit, die es bei kindlichen Tätigkeiten zu entdecken gilt. Die Skala floss mit in das Infans-Konzept ein, ebenso in den Early-Excellence-Ansatz.

- Das Early-Excellence-Konzept aus Großbritannien, das vom Pestalozzi-Fröbel-Verband in Deutschland adaptiert wurde: Die Beobachtung erfolgt entlang der Aspekte Wohlbefinden und Engagiertheit des Kindes in dessen Tätigkeit und Verhaltens- bzw. Handlungsmustern, sogenannten Schemata.

- Das Infans-Konzept von Andres und Laewen: Vielfältig strukturierte Beobachtungsbögen und Reflexionsinstrumente helfen bei der Herausarbeitung der Themen der Kinder und integrieren auch den Prozess der eigenen Auseinandersetzung mit sich selbst als handelnde Fachkraft. Es wird den stärkenorientierten Verfahren zugeordnet, wobei hier auch die Grenzsteine der Entwicklung integriert wurden.

- Das Konzept der Learning Stories nach Carr, aus dem für Deutschland die Bildungs- und Lerngeschichten erwachsen sind.

„Beobachte! Lerne dein Kind kennen! Wenn du wirklich bemerkst, was es nötig hat, wenn du fühlst, was es tatsächlich kränkt, was es braucht, dann wirst du es auch richtig behandeln, wirst du es richtig lenken, erziehen."
(Emmi Pikler)

Die Bildungs- und Lerngeschichten

Das Deutsche Jugendinstitut (DJI) hat die von der Neuseeländerin Margret Carr entwickelten Lerngeschichten *(Learning Stories)* für Deutschland adaptiert. Das Konzept der Bildungs- und Lerngeschichten ist wissenschaftlich erprobt und in den letzten zehn Jahren weiterentwickelt worden.

Über das Schreiben einer Geschichte erlangen Fachkräfte einen erzählenden Zugang zu den Bildungs- und Lernprozessen der Kinder. In diesen Lerngeschichten erzählt die Fachkraft, welche Handlungen des Kindes sie beobachtet hat. Dabei berücksichtigt sie auch die Umgebung des Kindes, die Beziehung zwischen dem Kind und seinem Umfeld sowie konkrete Spielsituationen. Auch die Fachkraft selbst bezieht sich mit ihrem Handeln in die Geschichte mit ein. Von Interesse ist, *wie* ein Kind in seinem Lernen vorgegangen ist. Um zu einer Lerngeschichte zu kommen, beobachtet die Fachkraft Spiel-/Handlungssituationen des Kindes entlang sogenannter Lerndispositionen:

- interessiert sein,
- engagiert sein, sich vertieft mit etwas beschäftigen,
- standhalten bei Herausforderungen und Schwierigkeiten,
- sich ausdrücken und mitteilen,
- an der Lerngemeinschaft mitwirken und Verantwortung übernehmen.

Die Erfahrungen aus der Umsetzung dieses Konzept zeigen, dass Fachkräfte sensibler werden für die Lernstrategien der Kinder. Sie können dabei ein vertieferes Verständnis für deren Handeln entwickeln. Darauf weisen wissenschaftliche Begleituntersuchungen in Deutschland und in der Schweiz hin.

Die Kinder in ihrem Handeln verstanden zu haben, reicht natürlich noch nicht aus, aber es ist eine notwendige Voraussetzung dafür, sie in ihrem Lernen optimal zu unterstützen

---

Prüfen Sie Ihr Wissen:

1. Was sind die zwei Hauptgründe dafür, dass Tipps und Ratschläge aus Fachzeitschriften kaum zur konkreten, individuellen Situation passen können?

2. Wie wirken Anlage und Umwelt in der kindlichen Entwicklung zusammen?

3. Was kennzeichnet stärkenorientierte Beobachtungs- und Dokumentationssysteme? Wie unterscheiden sie sich von anderen?

8.2 Hilf mir, es selbst zu tun! – Das Lernen unterstützen

Kinder bringen sich selbst in den Bereich der Herausforderung. Sie meiden Langeweile und Überforderung (vgl. Kap. 2.3, S. 57 ff.). Denn sie wollen ja Kompetenzerfahrungen machen, erleben, dass sie etwas Neues für sich erobert haben und einen Schritt weitergekommen sind (vgl. Kap. 3.3, S. 88 ff.). Dann scheint ja alles gut. Kinder kümmern sich also selbst um ihre Entwicklung und brauchen nichts weiter als Herausforderungen. So simpel es klingt, so komplex ist es mit der optimalen Herausforderung.

„Aiutami a fare da solo." – „Hilf mir, es selbst zu tun." (Maria Montessori; Leitmotiv der Montessori-Pädagogik)

Die Zone der nächsten Entwicklung wird zur Zone der optimalen Herausforderung

Emma (2;3) rollt mit ihrem Dreirad über den Hof. An einer Bordsteinkante bleibt sie hängen. Hier scheint die Fahrt zu Ende zu sein. Sie stößt mit dem Vorderrad immer wieder gegen die Kante und jammert dabei: „Geht nich, des geht nich!" Sie steigt vom Dreirad ab, schaut es sich von der Seite an, zieht und drückt – vergeblich. Ihre Kraft, das Vorderrad anzuheben, scheint noch nicht auszureichen. Hilfesuchend schaut sie Florian, ihren Erzieher, an: „Geht nich! Menno!"

Florian kommt ihr zu Hilfe. Er weiß, dass Emma diese Hürde noch nicht alleine schafft. Viel fehlt aber nicht mehr. Er kniet sich neben sie, hebt das Vorderrad ein Stück an und spricht dabei mit Emma. „Schau mal, das Rad muss ein Stück hoch. Pack mal mit an, versuchen wir es zu zweit." Emma zieht mit am Lenker. Gemeinsam heben sie das Vorderrad über die Kante. Emma strahlt.

„Autonomie bedeutet Vertrauen und die Unterstützung der freien Entfaltung. Ständige Bevormundung, Kontrolle, Überprüfung und Zwang sind zu vermeiden." (Carl Ranson Rogers)

> „Was das Kind heute in Zusammenarbeit und unter Anleitung vollbringt, wird es morgen selbstständig ausführen können. Und das bedeutet: Indem wir die Möglichkeiten eines Kindes in der Zusammenarbeit ermitteln, bestimmen wir das Gebiet der reifenden geistigen Funktionen, die im allernächsten Entwicklungsstadium sicherlich Früchte tragen und folglich zum realen geistigen Entwicklungsniveau des Kindes werden. Wenn wir also untersuchen, wozu das Kind selbstständig fähig ist, untersuchen wir den gestrigen Tag. Erkunden wir jedoch, was das Kind in Zusammenarbeit zu leisten vermag, dann ermitteln wir damit seine morgige Entwicklung."

Der Psychologe Lew Wygotski spricht hier von der Zone der nächsten Entwicklung. Kinder lernen an ihren Herausforderungen. Diese Momente gilt es, zu erkennen. Denn manchmal brauchen Kinder auch Unterstützung beim nächsten Schritt.

Emma signalisiert ihrem Erzieher Florian: „Hilf mir, das schaffe ich nicht allein!" Florian weiß, dass es nicht nur darum geht, Emma wieder freie Fahrt zu verschaffen. Er hilft ihr, nachzuvollziehen, welcher kleine Schritt nötig ist, um weiter voranzukommen. Er unterstützt sie, ohne dass er ihr die komplette Lösung abnimmt. Sie packt mit an und merkt, was getan werden muss. Dass Florian hier

„Wesentlich ist, dass das Kind möglichst viele Dinge selbst entdeckt. Wenn wir ihm bei der Lösung aller Aufgaben behilflich sind, berauben wir es gerade dessen, was für seine geistige Entwicklung das Wichtigste ist. Ein Kind, das durch selbstständige Experimente etwas erreicht, erwirbt ein ganz andersartiges Wissen als eines, dem die Lösung fertig geboten wird."
(Emmi Pikler)

im Sinne Wygotskis gehandelt hat, wird einige Minuten später sichtbar: Emma fährt wieder – diesmal gezielt – an die Bordsteinkante. Sie probiert es nun allein. Sie steigt ab, stellt sich vor den Lenker und siehe da: Diesmal reicht ihre Kraft, das Rad über die Schwelle zu heben. Sie hat den Dreh raus.

Emma bleibt beharrlich – sie will die Bordsteinkante allein überwinden.

Die Zone der nächsten Entwicklung lässt sich entlang der motorischen Entwicklung anschaulich darstellen. Aber auch die anderen Entwicklungsbereiche haben diese individuellen Zonen. Nur sind sie schwerer erkennbar. Für die sprachliche Entwicklung hilft hier das Praxismaterial des Deutschen Jugendinstitutes „Die Sprache der Jüngsten entdecken und begleiten". Entlang von Orientierungsleitfäden können Fachkräfte die Strategien der Kinder erkennen, die sie beim Erlernen der Sprache anwenden. Die Entwicklung der Sprache ist hier nicht entlang des Alters der Kinder angelegt, sondern entlang bestimmter Etappen. In jeder gibt es entsprechend der verschiedenen Sprachebenen (z. B. Grammatik oder Wortschatz, vgl. Kap. 5.1, S. 134 ff.) Ankerbeispiele für Tätigkeiten und Lautäußerungen. Anhand dieser Beschreibungen erkennt die Fachkraft, in welcher Etappe sich ein Kind gerade bewegt und was es im Begriff ist, zu lernen.

Die gut eineinhalbjährige Alba sagt schon länger „guh" (Kuh) zu allen möglichen größeren Vierbeinern (große Hunde, Schafe, Pferde). Das weist zum einen auf die erkannte Kategorie der Vierbeiner hin, zum anderen zeigt es, dass sie noch keine weiteren Wörter zur Verfügung hat. Man spricht hier von Überdehnung: Ein Begriff wird auch für andere Objekte mitbenutzt. Es ist also in dem Sinne kein Fehler. Der noch kleine Wortschatz will erweitert werden. Wenn Alba viele weitere Tiernamen mitbekommt, lernt sie diese Wörter und legt sie in die Kategorie der Vierbeiner ab. Oft vergewissert sich das Kind auch selbst durch die Fragen „Ist das?" oder „Da?", während es auf etwas zeigt. Und dann helfen dem Kind entsprechende sprachliche Angebote.

> „Jedes Kind braucht seinen Fähigkeiten entsprechend angemessenen Raum; allerdings immer groß genug, den nächsten Entwicklungsschritt zuzulassen."
> *(Emmi Pikler)*

Darin besteht genau die erwähnte Entdeckungsreise (vgl. Kap. 8.1, S. 226 ff.): Die Fachkraft versucht, die Lernspuren der Kinder nachzuvollziehen. Sie entdeckt die vielfältigen Wege, die ein Kind einschlägt. Und sie bekommt Anhaltspunkte dafür, welche Impulse dem Kind weiterhelfen.

Sustained Shared Thinking: Teilhabe an den Gedankengängen der Kinder

Auch bei seiner kognitiven Entwicklung bewegt sich das Kind immer wieder in der Zone der nächsten Entwicklung. Die Fachkraft lässt sich auf die Gedankengänge des Kindes ein, versucht nachzuvollziehen, womit es sich gedanklich auseinandersetzt, und bringt zur Unterstützung eigene Impulse ein. Als besonders wirksame Komponente erweist sich dabei eine bestimmte Form des Dialogs, wie das nachfolgende Beispiel zeigt.

Sustained Shared Thinking
wörtlich übersetzt: Anhaltend geteiltes Denken. Im Englischen bedeutet aber *to share* in diesem Kontext nicht „teilen", sondern „teilhaben".

Emma sitzt vor Dosen und Schachteln, umgeben von Perlen, Murmeln, Steinen und anderen Kleinteilen. Eine ganze Weile war sie zunächst mit Ausschütten und Wegwerfen beschäftigt. Nun widmet sie sich einzelnen Teilen. Der Blick geht suchend zu Florian.

Beim Sortieren lässt sich prima denken und reden.

Emma: „Is des?"
Dabei streckt sie ihm etwas hin. Florian erkennt es. zunächst nicht.
Florian: „Du willst von mir wissen, was das ist?"
Emma: „Ja. Is des?"
Florian: „Hmmm. Ich weiß auch nicht genau, vielleicht ein Stein?"
Emma: „Nein."
Sie steht auf, geht zu einer Dose.
Florian: „Ah, du weißt, wo das hingehört, nicht wahr?"
Emma *lächelt triumphierend:* „Ja! Da nei."
Florian: „Dann ist das wohl eine Linse?"
Florian weiß, dass in der Dose noch andere Linsen und auch Bohnen sind.
Emma *schaut ihn lange an, dann bestätigt sie:* „Ja. Inse."
Florian *drückt seine Begeisterung aus und kommentiert nun, was er beobachtet:* „Wow, und du hast genau gewusst, wo sie hingehört! Kommst du klar mit der Dose?"
Emma schaut ihn an, während sie dabei ist, die Dose zu öffnen. Ihre Mimik signalisiert Anstrengung.
Florian: „Das geht wohl schwer? Du hast ja richtige Falten auf deiner Stirn."
Dabei greift er sich selbst an die eigene Stirn und macht ihre Mimik nach. Emma imitiert seine Geste, greift sich an den Kopf:
Emma: „Swer."
Florian: „Ja, das sehe ich! Ich glaube aber, du schaffst das."
Emma *strahlt wieder:* „Ja!"
Sie beugt sich wieder über die Dose, zieht mit beiden Händen am Deckel. Ihre kleinen Finger umgreifen den Dosenrand dabei sehr exakt.
Florian: „Deine Finger passen da ja gut hin. Das dauert bestimmt nicht mehr lang, bis du den Deckel von der Dose gezogen hast."
Emma löst ihre Finger kurz von der Dose, schaut ihre Fingerspitzen genau an und wendet sich dann wieder dem Öffnen der Dose zu. Ihr Blick wirkt konzentriert, mal auf die Dose gerichtet, mal Florian anschauend. Florian lächelt ihr ermunternd zu. Dann ist es tatsächlich geschafft. Emma strahlt über das ganze Gesicht.
Emma: „So etzet. Wieda zumache."

„etzet" oder „etzetle": Oberschwäbischer Ausdruck für „jetzt"

Florian bietet Emma in dieser Szene nicht nur sprachliche Impulse an. Er versucht, ihre Gedanken zu lesen und nachzuempfinden, was sie fühlt. Mit dem Hinweis auf ihre Mimik verknüpft er ihr Handeln mit ihren möglichen Emotionen. Im weiteren Verlauf, als Emma sich wieder den anderen Dingen ihrer Box zuwendet, geht er auf das Zuordnen und Sortieren ein. Er bringt dabei immer mal wieder die Anstrengung beim Öffnen der Linsendose ein. Emma nimmt seine Verknüpfungen auf, denn als sie eine andere Dose aufmachen will, meint sie: „Au swer. Inse swer, des swer", und zeigt dabei auf die Dose mit den Linsen.

„Die Aufgabe der Umgebung ist es nicht, das Kind zu formen, sondern ihm zu erlauben, sich zu offenbaren."
(Maria Montessori)

Die besondere Kunst bei dieser Form des Austauschs besteht darin, dem Kind die Führung zu überlassen. Florian folgt Emmas Handlungen, kommentiert sie, vergewissert sich, ob er sie richtig verstanden hat und zeigt seine Bewunderung.

Längsschnittuntersuchungen in Großbritannien zeigten, dass Kinder in den Einrichtungen, in denen sich die Fachkräfte in solchen intensiven Dialogen mit den Kindern austauschen, in ihrer sprachlichen und kognitiven Entwicklung profitieren.

An den Gedankengängen teilzuhaben, in den Dialog mit den Kindern zu gehen, ist bei der Altersgruppe der Kleinkinder anspruchsvoll. Sie sagen ja noch nicht, was sie denken. Man muss es aus ihren Gesten und ihren Handlungen herauslesen. Je mehr Sie als Fachkraft die Kinder beobachten, sie kennenlernen und auch von ihren Erlebnissen außerhalb der Kita wissen, desto leichter fällt es Ihnen.

Ein Königreich für seine Gedanken

Schadet die Krippe Kindern?

Hin und wieder gehen Berichte durch die Zeitungen und auch zum Teil durch die Fachliteratur, in denen auf das Gefährdungspotenzial von Krippen hingewiesen wird. Kleinkinder würden einen psychischen Schaden davontragen können, wenn sie in eine Kita gehen. Die Autoren berufen sich dabei auf Studien, in denen man das Stresshormon Cortisol bei Kindern gemessen hat. Bei genauerer Betrachtung halten die Behauptungen jedoch nicht stand. Cortisol ist ein Hormon, das bei besonderen Erregungszuständen ausgeschüttet wird. Eine erhöhte Menge sorgt dafür, dass der Körper Energiereserven mobilisiert. Cortisolmessungen sind daher Momentaufnahmen. Was genau die Ausschüttung zum Moment der Messung in Gang gesetzt haben könnte, wurde bei den Studien nicht untersucht. Die Forschungsgruppen selbst sagen in ihren Veröffentlichungen, dass die Datenlage zu dünn und die Effekte, die sie gemessen haben, zu gering seien, als dass man daraus den Schluss ziehen könne, der Krippenbesuch schade den Kindern. Gleichwohl ziehen aber andere diese Schlüsse aus den Studien.

In einer Untersuchung finden deutsche Kinderärzte auch positive Zusammenhänge zwischen Krippenunterbringung und der späteren Entwicklung der Kinder: Man erfasste bei knapp 4.000 Kindern des Einschuljahres 2013/14 in Dresden unterschiedliche Daten, um deren psychische Gesundheit zu ermitteln. Es wurden Kinder aus allen sozialen und kulturellen Kontexten einbezogen. Resultat war, dass Kinder, die früher und damit länger in einer Kita waren, zum Zeitpunkt der Einschulung weniger psychische Auffälligkeiten zeigten als Kinder, die später in die Kita gingen. Es lohnt sich also, auch bei wissenschaftlichen Untersuchungen genau hinzuschauen – besonders dann, wenn es um Themen geht, die politisch-gesellschaftlich kontrovers diskutiert werden.

Räume und ihre Ausstattung bilden

Der Ausdruck „der Raum als dritter Erzieher", dem Konzept der Reggio-Pädagogik nach Malaguzzi entnommen, wird oft genutzt. Und schnell stellt sich einvernehmliches Kopfnicken ein. Daher lohnt es, diesem Thema auch Raum zu geben.

Ausgangspunkt sind die Bedürfnisse des Kindes und seine Art, zu lernen, sich sein Weltwissen anzueignen: Es will sich als kompetent erleben, will selbstständig handeln und sozial eingebunden sein. Und es will sich körperlich gut versorgt wissen. Die Welt erkundet es mit all seinen Sinnen. Es bringt sich selbst in die Zone der Herausforderung, ist neugierig und interessiert. Daraus leiten sich die folgenden Kriterien für eine gute Raumgestaltung ab.

Bewegungsfreiheit und Möglichkeiten zur selbstständigen Erkundung:

Räume,
- die zum Entdecken einladen,
- die Schutz und Rückzugsmöglichkeiten bieten,
- die Begegnungen ermöglichen.

Herausforderungen und Anregungen für alle Kinder:

Räume,
- die individuelle Erfahrungen ermöglichen,
- in denen Kinder ihren Themen nachgehen können und dazu ihren eigenen Zugang wählen (für Kinder unterschiedlichen Alters und unterschiedlichen Entwicklungsstandes),
- die alle Dimensionen ausschöpfen: Höhenunterschiede, Nischen, schiefe Ebenen, Stufen,
- in denen Elemente zu finden sind, die die Kinder selbst verändern können (Podeste verschieben, Trennwände bauen),
- in denen Materialien, die die Sinne vielfältig anregen, frei zugänglich sind.

Funktionalität und Variabilität:

Räume,
- die die unterschiedlichen Bedürfnisse berücksichtigen, zum Beispiel Essen, Trinken, körperliche Pflege nach individuellem Rhythmus,
- die den Kindern ermöglichen, an Erwachsenentätigkeiten teilzuhaben, zum Beispiel beim Zubereiten des Essens,
- die eine Atmosphäre des Wohlbefindens schaffen.

Wenn Kinder ihre Räume immer wieder so umgestalten können, wie es für sie passt, schaffen sie sich nicht nur den Raum für ihr Lernen, sie erleben auch noch, dass sie es selbst in der Hand haben, ihre Umgebung zu gestalten. Gleiches gilt für Materialien: Je vielfältiger einsetzbar, variabler in der Umgestaltung und Veränderung, je multifunktioneller sie sind, um es einmal technisch auszudrücken, desto besser. Denn dann steigt die Chance, dass jedes Kind entsprechend seiner Bedürfnisse und seiner Möglichkeiten Anregungen bekommt.

Pädagogische Angebote

Was ist bei der Arbeit mit den Jüngsten ein Angebot? Es gibt Tendenzen in der Krippenpädagogik, Strukturen und Systematiken zu nutzen, die ihren Ursprung in der Schulpädagogik haben. Danach teilt man die Entwicklung der Kinder in bestimmte Bereiche ein und erarbeitet Konzepte für deren spezielle Förderung, zum Beispiel im Bereich der Bewegungserziehung, musikalischen Früherziehung, naturwissenschaftlichen Förderung usw. Für diese Entwicklungsbereiche wird dann ein spezifisches Angebot erstellt, das den Kindern einen bestimmten Inhalt nahebringen soll und meistens noch eine Abfolge von einzelnen Arbeitsschritten vorgibt. Es wird geplant, was das Kind lernen soll und mit welchen Materialien

---

Pfiffige Eltern, die es leid waren, ihrem eineinhalbjährigen Mädchen permanent hinterherzulaufen und es am Erkunden zu hindern, fanden eine wunderbare Lösung: Sie steckten nicht das Kind in den Laufstall, sondern sperrten Laptop, Stereoanlage und andere *„Nein, das ist nichts für dich"*-Dinge kurzerhand in den Laufstall.

„Möbel raus – wir brauchen Platz zum Spielen!", so nannte eine Fachkraft ihr Praxisthema im Rahmen einer Qualifizierungsarbeit. Sie hatte sich mit der Raumgestaltung in ihrer Krippe auseinandergesetzt. In einem ersten Schritt erkundete sie die Räume aus der Perspektive der Kinder: Sie setzte sich auf ein Rollbrett, fuhr durch die Räume und stellte fest: Die Kinder sehen ja gar nichts! Laufwege und Blicke waren durch Regale und Tische verstellt, ein Labyrinth an Gegenständen.

und pädagogischen Aktivitäten die Fachkraft diese Lerneinheit gestaltet. Dieses Angebot ist dann häufig in eine Einführungsphase, eine Hauptphase und eine Abschlussphase untergliedert.

Eine Erzieherin plante während ihrer Weiterqualifizierung ein Angebot mit Trommeln zum Thema Musik und Rhythmus. So hatte sie es in ihrer Grundausbildung gelernt und in Lehrproben durchgeführt. Doch schon bei ihrem ersten Umsetzungsversuch stellte sie fest, dass sich die Kinder nur kurz für die Trommeln interessierten. Sie blieben nicht bei den Trommeln sitzen, sondern produzierten Geräusche und Klänge im ganzen Raum und mit vielen Materialien. Die Erzieherin veränderte daraufhin ihr Vorgehen: Sie beobachtete in den darauffolgenden Tagen, wo und bei welchen Gelegenheiten die Kinder Klänge und Rhythmen erzeugten oder sich von Geräuschen angezogen fühlten. Eine Szene war für sie besonders markant: Auf einem Ausflug mit dem Bollerwagen fing ein Kind plötzlich an zu summen. Es hatte bemerkt, wie die Stimme rhythmisch mitschwingt, während der Bollerwagen holpernd über das Kopfsteinpflaster rollte. Die anderen drei Kinder im Wagen stimmten sofort mit ein. Sie produzierten lang anhaltende Töne, schauten sich dabei gegenseitig an, wurden mal lauter, wieder leiser, lauschten einander, holten tief Luft, um mit dem nächsten Luftstrom einen Ton zu singen, rhythmisch-vibrierend und synchron zum „Takt" des Kopfsteinpflasters.

Kinder in den ersten Jahren erschließen sich ihre Welt, aber nicht eingeteilt in Lern- oder Entwicklungsbereiche. Für sie gibt es keine speziellen Funktionsbereiche oder Bildungsinseln. Wenn sie in ein Rollenspiel einsteigen, in dem sie Erfahrungen nachspielen, kann das im Bewegungsraum passieren, in der Bauecke oder am Experimentiertisch; sie brauchen dazu keinen speziellen Rollenspielbereich. Wenn sie Klängen nachgehen oder selber Klänge erzeugen, brauchen sie keine Musikecke und auch keine spezielle Fördereinheit zum Thema Musizieren. Das hat die Erzieherin im Beispiel sehr schnell erkannt. Sie veränderte ihr Vorgehen: Sie beobachtete die Kinder und entdeckte dabei, dass diese nebenbei, in ihrem Spiel Klänge produzierten, Geräusche und Rhythmen entdeckten. Und plötzlich gab es ein Kind, das seine ganze Aufmerksamkeit darauf richtete und nun verstärkt und gezielt seine Stimme erprobte. Andere Kinder stiegen daraufhin mit ein. Und auch die Erzieherin ließ sich anstecken und inspirieren: Sie produzierte selbst einen langen Ton und legte dabei immer wieder ihre Hand auf den offenen Mund. Diesen Impuls griffen die Kinder auf. Ihr pädagogisches Angebot bestand nun darin, dass sie die Gelegenheiten nutzte, sich mit weiteren Impulsen an den Interaktionen der Kinder zu beteiligen. Sie reicherte dadurch den Erfahrungsraum der Kinder an: Vibrationen der Stimme durch Körperbewegungen, unterschiedliche Tonfärbungen beim Summen und Singen durch Röhren und vieles mehr.

Ein Angebot zu machen, heißt, den Kindern etwas anzubieten: ein Objekt, eine körperliche Aktivität, einen sprachlichen Impuls, auch sich selbst als Person. Ein Angebot kann auch abgelehnt werden:

Leider verlangen Fachakademien und Fachschulen nach wie vor von den angehenden pädagogischen Fachkräften, dass sie in sogenannten Lehrproben didaktisch durchgeplante Angebote für Kinder machen – oft an den Interessen der Kinder vorbei. Ihnen wird dann vorgeworfen, die Kinder nicht richtig im Griff gehabt zu haben.

„Vieles hätte ich verstanden, wenn man mir nicht soviel erklärt hätte!"
(Stanislav Jerzy Lec)

Die Kinder der Trommelgruppe fanden diese nicht reizvoll genug. Sie verfolgten andere Ideen. Die Erzieherin blieb jedoch präsent, wartete ab, beobachtete genau, was die Kinder machten, wofür sie sich interessierten, und klinkte sich dann mit ein.

Angebote können vielfältiger Art sein. Entscheidend ist, ob und wie die Kinder sich davon angesprochen fühlen. Die pädagogischen Fachkräfte bereiten die Räume vor, stellen Situationen her und Material zur Verfügung, bieten Beziehungsmöglichkeiten an und achten darauf, wie diese Impulse bei den Kindern ankommen und was die Kinder daraus machen. Die Reaktion der Kinder ist wiederum ein Angebot an die Fachkräfte, sie wissen zu lassen, was für Kinder anregend und bedeutsam ist. Daraus können sie ableiten, wie sie die Kinder am besten unterstützend begleiten. All das kann im Alltag geschehen und muss nicht speziell inszeniert werden.

Prüfen Sie Ihr Wissen:

1. Was bedeutet Wygotskis Zone der nächsten Entwicklung?
2. Was meint der englische Begriff *Sustained Shared Thinking* und woran erkennt man, dass die Führung beim Kind liegt?
3. Worauf kommt es bei guter Raumgestaltung an?

8.3 Mehr als Frage-Antwort-Sätze – Merkmale dialogorientierter Interaktionen

Luis (3;0) schluchzt, Tränen rollen über sein Gesicht. Er sitzt in der Hocke, schaut zu Saad (2;9), der mit verschränkten Armen und einem ernsten Gesichtsausdruck, die Lippen zusammengekniffen, vor ihm steht. Die zwei haben gerade einen Streit. Luis hat etwas gemacht, womit Saad nicht einverstanden ist. Daraufhin hat er ihn weggestoßen.
Carmen, die Erzieherin, gerade im Spiel mit anderen Kindern, hat die Szene mitbekommen, hält inne, bleibt bei den anderen Kindern sitzen und fragt zunächst: „Luis, brauchst Du Hilfe?" Luis schaut sie an, schüttelt den Kopf. Carmen bleibt aufmerksam, beobachtet, wie Saad und Luis ihren Konflikt alleine lösen.

Konflikte gehören dazu – und Kinder können sie oft alleine regeln.

Carmens Feinfühligkeit in dieser Situation zeigt sich an verschiedenen Punkten: Sie bemerkt, dass die zwei Jungs miteinander in Streit geraten sind. Vielleicht hat sie mitbekommen, wie es zum Tränenausbruch kam, vielleicht aber auch nicht. Sie greift nicht ein, sondern bietet ihre Hilfe an. Damit signalisiert sie den Jungs: „Ich habe euch wahrgenommen, mindestens einem von euch scheint es gerade nicht gut zu gehen; wenn ihr mich braucht, ich bin da." Sie traut den Jungs zu, dass sie ihren Konflikt alleine lösen, auch das steckt in ihren Worten und in ihrer Körperhaltung. Denn sie springt nicht auf und geht dazwischen. Im Gegenteil, sie bleibt bei den Kindern sitzen, mit denen sie sich gerade unterhalten hat. Auch diese erleben, dass Carmen mit ihrer Aufmerksamkeit trotz dieser Unterbrechung noch bei ihnen ist.

Pädagogische Fachkräfte sind den Kindern immer in ihrem Handeln und Verhalten Modell – das können sie nicht verhindern, denn

Kinder sind aufmerksame Beobachter: Sie wollen ja auch von anderen lernen. Diesen Aspekt sollten Sie als Fachkraft immer mit im Blick behalten. Sie agieren nicht nur mit den Kindern, um beispielsweise bei der Lösung eines Konflikts zu helfen oder mit ihnen zu spielen und Spaß zu haben. In Ihrem Handeln zeigen Sie den Kindern, wie *Sie selbst* dabei vorgehen, welche Strategien Sie haben, wie Sie Ihre eigenen Gefühle ausdrücken und regulieren und wie Sie für einen Überblick sorgen.

In Studien mit Situationsanalysen ließen sich Merkmale herausarbeiten, die für die Gestaltung von dialogischen Interaktionen kennzeichnend sind. Diese Merkmale passen zum Ansatz des *Sustained Shared Thinking* (vgl. Kap. 8.2, S. 235 ff.). Sie dienen als Anhaltspunkte dafür, zu wissen, wie sich Fachkräfte in unterschiedlichen Situationen verhalten und wie sie Kindern begegnen können.

Zuhören, sich einfühlen, Zeit lassen.

Empathie und Perspektivenübernahme
Die Fachkraft versucht, sich in die Gedanken- und Gefühlswelt des Kindes hineinzuversetzen. Das Gespräch auf Augenhöhe und mit körperlicher Nähe zu führen, unterstützt dieses Bemühen. Die Fachkraft lässt sich durch interessiertes Nachfragen auf das Kind ein, richtet ihre Aufmerksamkeit auf das, was das Kind beschäftigt. Diese gemeinsam gerichtete Aufmerksamkeit hilft also nicht nur dem Kind, sondern auch der Fachkraft.
Oft spielen sich Situationen auch unter Beobachtung anderer Kinder ab. Sie sind nicht direkt beteiligt, haben aber teil. Sie spüren die Aufregung, nehmen Ärger oder Schmerz wahr. Die Fachkraft bezieht diese Kinder mit ein. In der Szene mit dem Konflikt zwischen den beiden Jungs bleibt Carmen bei den anderen Kindern sitzen. Sie erklärt ihnen, dass sie gerade ihr Spiel unterbrechen musste, weil Luis weint, und sie herausfinden wollte, ob er ihre Hilfe braucht. Sie öffnet das ganze Geschehen, macht es für die im Raum Anwesenden transparent.

„Das Kind wird unser Lehrmeister; der Erwachsene wird zum Diener des Kindes."
(Maria Montessori)

Wertschätzung und Akzeptanz

Die Fachkraft versetzt sich in die Gefühlszustände der anderen Kinder hinein. Sie formuliert durchaus ihre eigenen Gefühle, stellt diese aber nicht in den Mittelpunkt. Vielmehr geht sie mit den Kindern in einen Austausch über das eigene Erleben, bietet den Kindern verbale Ausdrucksmöglichkeiten für deren Gefühle an. Diese wertschätzende Haltung wird durch ein aufmerksames Zuhören unterstützt: Sie nimmt alle Ausdrucksformen der Kinder, auch die nonverbalen wahr, thematisiert sie und lässt den Kindern Zeit, die Situation zu erfassen. Sie hat Anteil an den Gefühlen der Kinder und versucht, deren Absichten zu erahnen.

Engagiertheit und Flow-Erleben

Spielsituationen sind oft durch ein gemeinsames Spannungserleben gekennzeichnet, zum Beispiel weil man gewinnen oder den Turm bis zur Decke bauen will. Auch die Freude über ein entstehendes Bild kann Glücksmomente auslösen. Ein zweijähriges Mädchen malt an der Staffelei mit großem Pinsel und viel Farbe. Sie hüpft und juchzt zwischendurch, schaut den nach unten fließenden Farben nach, versucht, sie mit dem Pinsel aufzufangen, malt dann wieder konzentriert weiter, ganz still, um im nächsten Moment wieder Freudenrufe auszustoßen und die Arme in die Höhe zu reißen. Die Fachkraft geht in diesen Situationen emotional mit, lässt sich von der Begeisterung und Engagiertheit des Mädchens anstecken. Miteinander Quatsch zu machen, den Kindern auch humorvoll zu begegnen oder sich von ihrer Fröhlichkeit anstecken zu lassen, trägt zu deren Selbstwirksamkeitserleben bei.

Kooperation und Beteiligung

Ihrem Grundbedürfnis nach sozialem Eingebundensein geben die Kinder im Miteinander Raum. Sie kooperieren bei Spielen, beteiligen sich an Gesprächen oder sind aufmerksame Beobachter. Die Fachkraft unterstützt dieses Miteinander, indem sie selbst ihre Hilfe anbietet oder indem sie um Unterstützung bittet. Sie fordert die Kinder auf, sich einzubringen, sich zu beteiligen. Dabei lässt sie den Kindern Raum für Eigeninitiative.

Unterstützung und Herausforderung

„Kinder werden nicht erst zu Menschen, sie sind es schon. Ja! Sie sind Menschen, keine Puppen. Man kann ihren Verstand ansprechen – sie antworten uns; sprechen wir zu ihren Herzen – fühlen sie uns."
(Janusz Korczak)

Gerade bei Kindern, die erst beginnen, die verbale Sprache als Werkzeug zur Verständigung zu nutzen, ist genaues Hinschauen und Zuhören gefragt. Die Fachkraft versucht, die Absichten und Wünsche der Kinder zu verstehen. Sie bietet Begriffe und Formulierungen an, fragt auch nach, denn Missverständnisse bleiben nicht aus. Damit fordert sie die Kinder heraus, sich mitzuteilen und zu sagen oder zu zeigen, was sie meinen oder was sie vorhaben. Die Fachkraft versucht, solche Absichten zunächst herauszulesen und tastet sich in der Interaktion zusammen mit dem Kind allmählich an das heran, was das Kind vorhat oder will. Diese Herausforderungen gehen auch mit Ermutigungen einher.

Spiegeln und Rückmelden

Ihr Weltwissen eignen sich Kinder auch dadurch an, dass sie ihre Kompetenzen stetig erweitern und ihre vielfältigen Erfahrungen miteinander verknüpfen. Die Fachkraft unterstützt die Kinder dabei, sich dessen bewusst zu werden. Sie gibt Rückmeldungen über das, was ein Kind erreicht hat, wie es eine Situation bewältigt hat. Das ist nicht mit einem pauschalen Lob über ein Ergebnis zu verwechseln.

Finn (1;6) will sich Vanillesoße auf den Teller schöpfen. Er greift nach der Gabel, merkt aber nach wenigen Versuchen, dass sich damit nicht viel Soße auf den Teller bringen lässt. Er schaut sich um, entdeckt einen Löffel und probiert es damit. Ein Strahlen erscheint auf seinem Gesicht, er schaut zu Maria, seiner Erzieherin. Sie sagt nicht: „Das hast du aber fein gemacht", sondern ihre Rückmeldung lautet: „Ja, schau mal, mit dem Löffel hat das jetzt aber gut geklappt! Toll, dass du das ausprobiert hast!" Sie erkennt in Finn den kompetenten Lerner: Er probierte etwas aus, veränderte etwas und ist erfolgreich. Und diesen Lernprozess meldet sie ihm zurück.

Volle Konzentration ist hier angesagt.

Lebensweltbezug

Auch die Kleinkinder bringen ihre Geschichten und ihre eigene Lebenswelt mit in die Kita. Manche können schon erzählen, was sie am Wochenende erlebt haben, andere spielen Erlebnisse in ihren Rollenspielszenen nach oder bauen etwas, das sie gesehen haben. Aufgabe der Fachkraft ist es, diese individuellen Bezüge der Kinder wahrzunehmen und zu thematisieren. Das setzt voraus, dass die Fachkraft um die jeweilige Lebenssituation der Kinder weiß. Dann kann sie Handlungen der Kinder auch besser einordnen. In Interaktionen greift sie die Themen dann auf. Die Kinder bekommen dadurch auch Gelegenheit, ihre Erfahrungen mit den anderen zu teilen. Sie bekommen mit, dass beispielsweise das Wort Familie bei Delia „Mama, Papa, Bruder, Delia" bedeutet. Bei Jessica aber bedeutet es „Papa, Oma, Schwester und Jessica", denn ihre Mama lebt nicht mehr. Indem die Fachkraft die Vielfalt der Lebenswelten thematisiert, vermittelt sie Respekt gegenüber Unterschiedlichkeit. Sie eröffnet den Kindern über die thematischen Verknüpfungen den Raum. Die Kinder bekommen dadurch die Möglichkeit, ihr Handeln in einen Kontext zu stellen.

Vielleicht haben Sie beim Thema Sprachbegleitung und Kommunikation davon gehört, dass es wichtig ist, W-Fragen zu stellen, sogenannte offene Fragen, damit die Kinder nicht nur mit ja oder nein antworten. Oder man hat Ihnen den Tipp gegeben, das korrektive Feedback zu nutzen, wenn Sie ein Kind nicht direkt auf einen Fehler in seiner sprachlichen Äußerung hinweisen wollen. Die Merkmale oben zeigen, dass die Dialogorientierung viel mehr ist als nur ein Austausch von Informationen und das Einhalten von Kommunikationsregeln. Mit Ihrer Haltung und mit den Themen, die Sie dem Kind anbieten, zeigen Sie Ihr echtes Interesse am Kind, an seinen Gedanken und Gefühlen.

Prüfen Sie Ihr Wissen:

1. Nennen Sie drei Merkmale, die die Gestaltung von Interaktionen zwischen pädagogischen Fachkräften und Kindern kennzeichnen.

2. Welche Merkmale können Sie bei Carmens Verhalten in der Konfliktsituation erkennen?

3. Welche Merkmale berücksichtigen Sie bereits in der Interaktion mit Kindern? Welche noch nicht?

8.4 Ich bin da, wenn du mich brauchst – Verlässliches Begleiten

Die Haltung macht's!

Alle sind sich einig: Auf die richtige Haltung kommt es an! Doch was heißt das? Wie zeigt sie sich? Und was bedeutet *richtig*? Auf den zwei folgenden Bildern sieht man Carmen, eine Erzieherin, in Interaktion mit den Kindern. Beide Male ist sie in der Hocke, sodass sie auf Augenhöhe mit den Kindern sprechen kann. Ihr Blick ist auf das gerichtet, was ihr das Kind in dem Moment zeigt. Sie strahlt dabei das Kind an. Würden Sie sagen, dass sie die richtige Haltung hat? Woran machen Sie das fest?

Yana freut sich, dass Carmen sich mit ihr freut.

Synnie will etwas zeigen.

Offensichtlich sagen Körperhaltung und Mimik etwas aus. Aber nicht nur. Würden wir die Szene live beobachten, würde sich auch aus der Stimme und der Sprache etwas ablesen lassen. Und schließlich lassen sich auch Anhaltspunkte im Verhalten der Kinder ableiten, denn diese agieren ja mit der Erzieherin und reagieren auf deren Handlungen.

Doch woraus speist sich die Haltung? Was führt dazu, dass die Erzieherin sich in die Hocke begibt, dass sie die Mädchen anlächelt? Auf den ersten Blick scheint es klar: Sie reagiert auf die Kinder. Yana und Synnie kommen auf sie zugelaufen und Carmen geht in die Hocke. Sie lässt sich vom Strahlen der Kinder anstecken und lächelt ebenfalls. Die eigene Haltung als Reaktion auf die Umgebung? Das wäre zu einfach und es erklärt auch nicht, warum sich Menschen in gleichen Situationen dann unterschiedlich ver*halten* und eine andere Haltung einnehmen. Carmen hätte auch stehenbleiben können. Sie hätte wortlos den Gegenstand in die Hand nehmen und sich dann von Synnie oder Yana wieder abwenden können.

„Es ist immer etwas anderes, ob man eine Haltung, sei es welche immer, wirklich hat, oder ob man vor anderen, oder sogar vor sich selber, sie zu haben vorgibt."
(Hugo von Hofmansthal)

Wenn wir Carmen fragen würden, warum sie sich so und nicht anders ver*halten* und ihre Körperhaltung entsprechend angepasst hat, würde sie vielleicht antworten: „Weil ich weiß, was den Kindern guttut, weil ich ihnen zeigen möchte, dass ich mit ganzer Aufmerksamkeit bei ihnen bin." Haltung aufgrund von Wissen? Wohl auch. Carmen weiß, dass es für die Kinder wichtig ist, einen direkten Blickkontakt auf ihrer Augen-/Körperhöhe zu haben. Sie weiß, dass Yana und Synnie jetzt ihre Aufmerksamkeit wollen, um ihr etwas mitzuteilen. Neben solch fachlichem Wissen spielt auch ihre momentane Gefühlslage mit hinein: Carmen ist selbst gerade entspannt, sie hatte ein schönes Telefonat mit einer Mutter und wendet sich gut gelaunt wieder den Kindern zu. Und außerdem findet sie es richtig und gut, dass Kinder frei und selbstbestimmt ihren Tag in der Kita verbringen. Sie hält es für richtig, dass deren Interessen im Zentrum stehen. Auch hier steckt die Haltung drin: Sie *hält* ein bestimmtes Prinzip für richtig. Danach richtet sie ihr *Verhalten* aus.

Das alles steckt in Carmen und noch mehr. Denn sie reagiert ja auch gleichzeitig auf die beiden Mädchen. Yana und Synnie kommen auf sie zugelaufen, sie interpretiert das als Information: „Die Mädchen wollen mir etwas sagen und zeigen." Und Carmen wendet sich ihnen zu.

Die Haltung zeigt sich im Moment der Begegnung. Sie stellt eine Verkörperung der Gesamtbewertung dar. Mit ihrem ganzen Körper und dem damit verbundenen Handeln drückt Carmen aus, was sie fühlt und denkt, was sie über sich und die Kinder weiß und wie sie die Situation bewertet.

Auch Florian zeigt seine Haltung gegenüber Luis in der Art, wie er ihm körperlich zugewandt ist, wie er mit ihm spricht.

Haltung als Verkörperung der Gesamtbewertung einer Situation

Der Nährboden, auf dem sich eine Haltung entwickelt, besteht aus

- Wertorientierungen: Nach welchen Werten und Grundprinzipien richtet eine Fachkraft ihr Handeln aus? Was ist ihr in ihrem pädagogischen Selbstverständnis wertvoll und wichtig?

- Deutungsmustern, die aus Erfahrungen generiert sind: Welche Erfahrungen hat die Fachkraft bisher mit Kindern gemacht? Diese überträgt sie auf die konkrete Situation und bewertet das momentane Verhalten.

- allgemeinen Einstellungen: Auch diese entwickeln sich aufgrund eigener Erfahrungen und auch auf Basis von Wissen. Was hält eine Fachkraft insgesamt davon, dass Kinder in der Krippe sind? Was hält sie davon, dass Mädchen auch mal mit Autos spielen? Welche Einstellung hat sie zu den Eltern der Kinder? Wie steht sie zum Thema Ernährung?

Disposition:
Faktoren, die im Menschen innewohnend sind und potenziell Einfluss auf sein Handeln haben; dazu gehören auch genetische Merkmale oder Einstellungen

Von der Haltung zum Handeln

Alles, was eine Person in sich trägt und womit sie ihr Handeln beeinflusst, nennt man Disposition. Es sind die inneren Gegebenheiten, die letztlich zum Handeln führen. Nachfolgende Grafik soll das Zusammenwirken verschiedener Komponenten verdeutlichen.

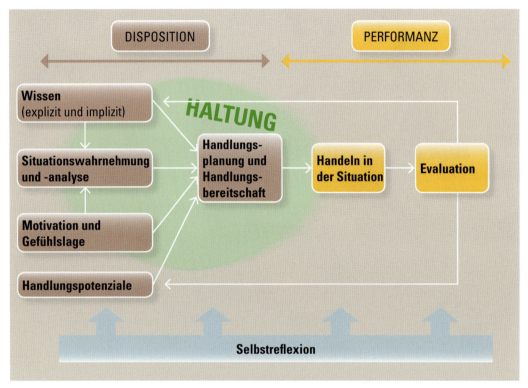

Wie Haltung im Handeln wirksam wird.

Das allgemeine Wissen und die aktuelle Motivation, in der auch die eigene emotionale Befindlichkeit steckt, beeinflussen, wie jemand eine Situation wahrnimmt und sie bewertet. Gepaart mit den grundlegenden Handlungspotenzialen, also allgemeinen Fähigkeiten und Fertigkeiten, wirken sich diese Komponenten auf die Handlungsbereitschaft aus und führen letztlich zum konkreten Handeln. Dies wird in der Grafik als Performanz bezeichnet. Die Haltung liegt wie ein Klangteppich dahinter und zeigt sich, wie oben ausgeführt, auch in der Körperhaltung.

Performanz:
die tatsächliche Leistung, die Handlungspraxis

Die biografische Reflexion — lernen, sich selbst zu verstehen

Während die Fachkraft mitten im Geschehen ist, laufen Haltung und die oben genannten Komponenten, die als Disposition zusammengefasst sind, quasi im Hintergrund mit: das Wissen der Fachkraft, ihre Motivation, ihre Handlungspotenziale, ihre aktuelle Wahrnehmung sowie ihre Bewertung der Situation. Diese haben einen direkten, aber oft unbewussten Einfluss. Um diesen Einfluss besser verstehen und auch steuern zu können, ist die logische Konsequenz, sich dessen bewusst zu werden, also hinter die Kulissen zu schauen – lernen, sich selbst zu verstehen. Das ist in der Grafik „Wie Haltung im Handeln wirksam wird" (vgl. S. 250) als Selbstreflexion betitelt.

Gerade weil sich Wissen auch aus vielen Erfahrungen im Leben entwickelt, gehört zur Selbstreflexion der Blick auf die eigene Biografie: Wie hat sich jemand selbst als Kind erlebt? Was hat gutgetan? Wie hat sich im Laufe der Berufsjahre das pädagogische Handeln verändert und warum? Gibt es Muster im eigenen Verhalten? Etwas, von dem jemand sagt: „Das ist typisch für dich"? Indem eine Fachkraft diesen Fragen auf den Grund geht, hat sie eine Chance, ihr eigenes Handeln bewusster zu steuern und auch weiterzuentwickeln, zu verändern. Sie nimmt eine reflektierte Haltung ein: Sie setzt sich mit den Geschehnissen auseinander, analysiert sie und leitet daraus ab, wie sie sich beim nächsten Mal verhalten möchte. Dieser Prozess wird in der Grafik als Evaluation bezeichnet. Das Ergebnis dieser Auswertung fließt zurück. Als Konsequenz kann beispielsweise gezogen werden, sich fachlich weiterzubilden und sein Wissen zu erweitern. Man kann sich selbst eine Beobachtungsaufgabe stellen: Was motiviert mich? Wann bin ich mit viel Freude bei den Kindern? Oder man kann sich auch entschließen, noch mehr über die Kinder zu erfahren, indem man sich mit den Eltern über deren Erlebnisse zu Hause unterhält.

„Erkenne dich selbst, bevor du Kinder zu erkennen trachtest. [...] Unter ihnen allen bist du selbst ein Kind, das du zunächst einmal erkennen, erziehen und ausbilden musst."
(Janusz Korczak)

Evaluation: fachgerechte Auswertung, Einschätzung und Bewertung

Professionelles Handeln vor dem Hintergrund einer professionellen Haltung

Das ist schon eine Mammutaufgabe, die Fachkräfte in Krippe und Kita immer wieder bewältigen: Sie sollen in der Lage sein, selbstorganisiert, kreativ und reflexiv zu handeln, passende Lösungsmöglichkeiten für jedes Kind und jede Situation zu finden und immer wieder neue Aufgaben und Anforderungen zu bewältigen. Und das in Interaktionssituationen, die

- hochkomplex und mehrdeutig,
- vielfach schwer vorhersehbar,
- im Detail nur begrenzt planbar und
- nicht oder nur begrenzt verallgemeinerbar sind.

Die Kinder kommen alleine klar.

Bei solchen Anforderungen ist der Wunsch nach einfachen Praxistipps und pädagogischen Rezepten nur verständlich. Aber auch hier stellt sich die Frage: Bieten diese „One size fits all"-Verlockungen wirklich eine Abhilfe? Wohl kaum. Denn sie können nicht berücksichtigen, was die Fachkraft in einer Situation wirklich braucht. Florian beispielsweise ist anders als Carmen. Er hat andere Erfahrungen, anderes Wissen, andere Emotionen. Was Fachkräfte brauchen, sind Unterstützung und Orientierung darin, zu professionellem Handeln zu gelangen, basierend auf einer professionellen Haltung.

Professionalität: im Allgemeinen die Begründung und Entwicklung einer eigenständigen beruflichen Identität und Gründung einer autonomen Berufspraxis

Professionell wird die eigene Haltung dadurch, dass die pädagogische Fachkraft eine reflexive, forschende Haltung gegenüber sich selbst einnimmt. Sie weiß,

- was sie macht,
- warum sie so handelt,
- was sie innerlich leitet und
- wozu das dient.

Dies mündet in professionelles Handeln. Die eigenen biografischen Erfahrungen und die Biografien anderer Menschen werden reflektiert einbezogen, wenn Fachkräfte ihre pädagogischen Impulse planen. Dazu gehört auch, sich den eigenen Orientierungsmustern zu stellen: Wie steht jemand grundsätzlich zur institutionellen Betreuung von Kindern in den ersten drei Lebensjahren? Gehört ein Kleinkind nicht eigentlich zur Mutter? Müssen alle Kinder einen Mittagsschlaf machen? Muss der Teller immer leer gegessen werden? Diese und weitere Grundeinstellungen wirken sich auf das Handeln aus. Professionell wird das eigene Handeln auch dadurch, dass eine Fachkraft fachlich begründen kann, warum sie so und nicht anders handelt und wie sie ihr Handeln regelmäßig reflektiert und überprüft. Im Laufe eines Tages in der Krippe und der Kita verändern sich Situationen innerhalb kürzester Zeit; Stimmungen wechseln, Kinder variieren in ihren Interaktionen, mal beziehen sie die Fachkraft selbst direkt mit ein, im nächsten Moment wollen sie in Ruhe gelassen werden. Da den Überblick zu behalten, die Komplexität zu erfassen, auch Spannungen auszuhalten, ist eine Herausforderung und steht für die Professionalität einer Fachkraft.

Kinder geben uns genügend Anhaltspunkte dafür, was sie brauchen: Ausgehend von den Grundbedürfnissen, sowohl die körperlichen als auch die psychischen, entstehen ihre Motive. Sie wollen essen, schlafen, in Ruhe gelassen werden, Action und sie wollen die nächste Herausforderung meistern. Oder aber sie sind froh, wenn ihnen mal jemand eine Entscheidung abnimmt, weil sie gerade Orientierung brauchen.

„Ein Kind kann einem Erwachsenen immer drei Dinge lehren: grundlos fröhlich zu sein, immer mit irgend etwas beschäftigt zu sein und nachdrücklich das zu fordern, was es will."
(Paulo Coelho)

Jetzt sind gerade wieder Klärung und Orientierung gefragt.

Das Kind steuert die Füllmenge seines Bedürfnisbehälters (vgl. Kap. 3, S. 75). In dem Wissen um diese Handlungsmotive des Kindes deutet die Fachkraft die Signale des Kindes. Verlässliches Begleiten heißt dann: Die Fachkraft ist präsent, aufmerksam, bietet sich als Unterstützung an, greift aber nicht ein (mit Ausnahme: wenn Gefahr im Verzug ist). Das Kind lädt die Fachkraft ein, ihm zu helfen oder sich zu beteiligen. Es entstehen Interaktionen, die über Impulse der Fachkraft auch weitere Herausforderungen bieten können.

Emma (2;4) läuft durch den Raum, greift nach dem Bobbycar, will damit fahren, stolpert aber und weint und protestiert. Sie schaut zu Florian, ihrem Erzieher, lacht plötzlich, nimmt sich ein Buch aus dem Regal und rennt zu ihm, setzt sich auf seinen Schoß. Florian vermutet, dass er Emma vorlesen soll. Doch damit ist sie nicht einverstanden. Sie weint wieder, wendet sich von ihm ab, läuft schluchzend an das Spieleregal, zieht verschiedene Dinge heraus, geht damit zu anderen Kindern und wieder weg, kommentiert ihr eigenes Handeln. Lachen, Jammern, Schimpfen wechseln sich ab. Emma wirkt, als sei sie auf der Suche. Zwischendurch reibt sie sich die Augen, lässt sich in die Kuschelecke fallen – ob sie wohl müde ist? Florian fragt sie, was sie braucht, bietet ihr verschiedene Optionen an: „Möchtest du dich hinlegen? Magst du in Ruhe gelassen werden? Möchtest du mit jemandem spielen?" Sie bleibt nicht lange liegen. Auf jede der Fragen antwortet sie mit nein; weiter geht das Durch-den-Raum-Irren zwischen Spielsachen, Erzieher und anderen Kindern.

Emma scheint innerlich zu kämpfen. Verschiedene Bedürfnisse sind gleichzeitig präsent, und sie ringt darum, herauszufinden, was für sie wichtiger ist: Alleine oder mit den anderen Kindern spielen? Kuscheln mit dem Erzieher? Schlafen? Florian erkennt sehr wohl, dass Emma sehr müde ist. Normalerweise ist jetzt auch die Zeit für ihren Mittagsschlaf.

Florians größte Herausforderung ist es, nicht selbst in Ungeduld oder gar Wut zu verfallen und dabei Emma seine Vorstellung von der Lösung dieser Situation aufzuzwingen. Seine Professionalität zeigt sich darin, dass er Emma aufmerksam in ihrem Herumirren begleitet. Er bleibt gelassen und macht Emma verschiedene Angebote. Er unterstützt sie dabei, selbst wieder in Balance zu kommen.

Kinder in ihrer Entwicklung zu begleiten, heißt, ihnen Erfahrungsräume zu eröffnen und dabei in Beziehung mit ihnen zu treten. Sie als (zukünftige) Fachkräfte können darauf vertrauen: Kinder lernen, sie sind motiviert, sie bringen ihr Interesse mit, sie wollen wissen und verstehen, sie wollen von Tag zu Tag handlungsfähiger werden und setzen dabei ihren ganzen Körper mit all ihren Sinnen ein. All ihr Tun hat einen Sinn. Für die Arbeit mit den Jüngsten brauchen Sie sich keinen Bildungsplan oder spezielle Fördereinheiten ausdenken. Sie müssen sie nicht beschäftigen. Denn die Kinder bilden sich selbst, indem sie Erfahrungen machen. Ihre Aufgabe als Fachkraft ist es, den Kindern Gelegenheiten zu bieten, in denen sie ihren Hunger nach Erfahrungen stillen können und Herausforderungen meistern. Das ist nicht weniger anspruchsvoll.

Wer lockt hier wohl wen?

Werden Sie neugierig auf die Lernwege der Kinder, lassen Sie sich von ihrem Eifer anstecken. Lassen Sie sich faszinieren von dem, was Kinder tun und wie sie mit Ihnen in Kontakt treten. Das ist Ihre Eintrittskarte in die Welt der Kleinkindpädagogik.

Prüfen Sie Ihr Wissen:

1. Welche Komponenten machen Carmens Disposition aus? Beziehen Sie die Begriffe auf die beiden Situationen am Anfang des Kapitels (vgl. Kap. 8.3, S. 242).

2. Umschreiben Sie die Begriffe *Haltung* und *professionelle Haltung*. Worin liegen die Unterschiede?

3. Was macht die Aufgabe pädagogischer Fachkräfte so anspruchsvoll?

4. Warum ist es wichtig, sein Handeln und sich selbst zu reflektieren? Was wäre, wenn man es nicht täte?

Vertiefung und Transfer

1. Erproben Sie ein ressourcenorientiertes Beobachtungs- und Dokumentationssystem. Tauschen Sie sich mit einer Kollegin oder einem Kollegen über Ihre Erfahrungen damit aus.

2. Finden Sie eigene Beispiele für Zonen der nächsten Entwicklung – bei Kindern und bei Ihnen selbst.

3. Wie sähe für Sie ein sinnvolles Angebot im Bereich der Motorik aus?

4. „Der Raum als dritter Erzieher" lässt sich auf Bildungsräume für alle Altersgruppen übertragen. Wo entsprechen die Räume in Ihrer Ausbildungsstätte Ihren Bedürfnissen und wo nicht? Was könnte man wie anpassen?

5. Analysieren Sie Ihre eigene momentane berufliche Entwicklung und Ausbildungssituation: Welche Erfahrungsräume haben Sie? Wer steht Ihnen als Interaktionspartner zur Verfügung? Bei welchen Gelegenheiten werden Ihre Bedürfnisse berücksichtigt?

6. Nehmen Sie eine beliebige Situation, in der Sie mit einem Kind interagiert haben (ggf. das Rollenspiel aus Aufgabe 2). Reflektieren Sie die Aspekte Ihrer Haltung, die hier zum Tragen kamen: Warum haben sie wie gehandelt? Wie haben Sie die Situation bewertet? Was hat Sie unbewusst beeinflusst?

7. Reflektieren Sie Ihren eigenen Standpunkt: Welche Chancen und welche Risiken sehen Sie für Kinder unter drei Jahren, die in einer Einrichtung betreut werden?

Lesetipps

Bücher zu Raum, Material und Angeboten
Diese Materialien verknüpfen fundiertes Wissen über kindliche Bedarfe mit Anregungen:

Bodenburg, I. (2012). *Der Entwicklung Raum geben: Ausstattungsideen für Kitas*. Berlin: Cornelsen.

Schneider, K. (2010). Angebote für Kinder in den ersten Jahren gestalten. In A. Kercher & K. Höhn (Hrsg.), *Zweijährige im Kindergarten* (10. Auflage). Kronach: Link/DKV.

van Dieken, C. & van Dieken, J. (2013). *Ganz nah dabei – Raumgestaltung in Kitas für 0- bis 3-Jährige: Arbeitsmaterial für Teamfortbildung, Ausbildung und Elternabend*. Berlin: Cornelsen.

von der Beek, A. (2008). *Bildungsräume für Kinder von Null bis Drei* (3. Aufl.). Weimar: Verlag das Netz.

Das Thema Beziehungsgestaltung
Gaschler, F. & Gaschler, G. (2011). *Ich will verstehen, was du wirklich brauchst: Gewaltfreie Kommunikation mit Kindern. Das Projekt Giraffentraum* (5. Aufl.). München: Kösel.
- Das Konzept der gewaltfreien Kommunikation nach Marshall Rosenberg wird hier übertragen auf Gesprächssituationen mit Kindern.
- Es ist kein Pädagogikfachbuch und doch finden sich in dem Ansatz genau die Elemente, die in unseren Ausführungen zur Haltung und zur dialogorientierten Interaktion beschrieben sind.

Gutknecht, D. (2015). *Bildung in der Kinderkrippe: Wege zur professionellen Responsivität*. Stuttgart: Kohlhammer Verlag.
- Mit hoher Fachlichkeit und Präzision geht die Autorin auf die Beziehungsgestaltung zwischen Fachkraft und Kind ein.

Winner, A. (2015). Das Münchener Eingewöhnungsmodell: Theorie und Praxis der Gestaltung des Übergangs von der Familie in die Kindertagesstätten, *KiTa Fachtexte*.
- Dieses Modell berücksichtigt, dass zum Ankommen in der Kita mehr gehört, als der enge Beziehungsaufbau zu einer Fachkraft.

Rund um die Bildungs- und Lerngeschichten (BuLG)
Carr, M. & Lee, W. (2012). *Learning stories: Constructing learner identities in early education*. London: SAGE.
- Das sind die Wurzeln der Lerngeschichten: anregend, die Leserschaft mitnehmend und dabei fachlich fundiert.

Haas, S. (2012). *Das Lernen feiern: Lerngeschichten aus Neuseeland*. Weimar: Verlag das Netz.
- Die Autorin widmet sich hier ganz praktischen Fragen: Was sind Lerngeschichten. Wozu dienen sie und wie entstehen sie? Entlang der Beispiele wird das Vorgehen nachvollziehbar.

Erste wissenschaftliche Erkenntnisse zur Wirkung der BuLG:

Weltzien, D. & Viernickel, S. (2012). Die Einführung stärkenorientierter Beobachtungsverfahren. *Frühe Bildung, 1*(2), 78–86.

Wustmann Seiler, C. & Simoni, H. (2013). *„Bildungs- und Lerngeschichten" in der Schweiz: Umsetzungserfahrungen und Materialien.* Zürich: Marie Meierhofer Institut für das Kind.

Für den weiten Blick aufs Kind
Schäfer, G. E., Staege, R. & Meiners, K. (Hrsg.). (2010). *Kinderwelten – Bildungswelten: Unterwegs zur Frühpädagogik.* Berlin: Cornelsen Scriptor.
- In diesem Herausgeberband werden verschiedene Perspektiven und Zugänge zur kindlichen Entwicklung beschrieben.
- Lesenswert ist z. B. Ludwig Liegles Beitrag der „Didaktik der indirekten Erziehung". Strukturiert stellt er dar, dass eine vom Kind aus gedachte Erziehung keineswegs eine Laissez-fair-Pädagogik darstellt.
- Insgesamt anregend und geeignet für den fachlichen Austausch im Team, um eigene konzeptuelle Überlegungen voranzubringen.

Zum Thema Beobachtung
Beller, E. K. & Beller, S. (2006). *Kuno Bellers Entwicklungstabelle.* Berlin: Selbstverlag.
- Die kindliche Entwicklung wird in Phasen beschrieben. Für jede Phase sind typische Merkmale aufgeführt; daher ist sie ein guter Orientierungsrahmen.
- Man kann mit ihr auch einen Entwicklungsverlauf darstellen, wenn man sie zur systematischen Dokumentation nutzt.

Mischo, C., Weltzien, D. & Fröhlich-Gildhoff, K. (2011). *Beobachtungs- und Diagnoseverfahren in der Frühpädagogik.* Köln: Link.
- Die Vielzahl der Beobachtungsverfahren wird hier systematisch aufbereitet und ausführlich dargestellt.

Zur Qualitätsdiskussion
Ahne, V. (2013). Immer Stress mit der Krippe. *Gehirn und Geist, 12*(5), 14–19.
- Dieser Artikel der Zeitschrift „Gehirn und Geist" von 2013 bezieht sich auf die Wiener Krippenstudie und greift aktuelle Diskussionspunkte differenziert auf.

Viernickel, S. (2013). *Schlüssel zu guter Bildung, Erziehung und Betreuung: Bildungsaufgaben, Zeitkontingente und strukturelle Rahmenbedingungen in Kindertageseinrichtungen.* Berlin: Der Paritätische Gesamtverband.
- Auf Basis der aktuellen Forschung nimmt die Autorin Ableitungen für die Gestaltung von Rahmenbedingungen vor.
- Wer sich mit Qualität beschäftigt, kommt um diese Expertise nicht herum; sie ist Kernbestandteil der derzeitigen politischen Diskussionen.

Internetquellen zur eigenen Recherche

www.kitafachtexte.de
- Frei verfügbare Fachartikel; Wissenschaft für die Praxis fundiert aufbereitet.

www.socialnet.de
- Eine Plattform für Fachinformationen aus Sozialwirtschaft und Non-Profit-Management.

www.erzieherin.de
- Ein Portal für die Frühpädagogik mit Berichten, Rezensionen, Veranstaltungshinweisen und vielem mehr.

www.weiterbildunsinitiative.de
- Die WiFF (Weiterbildungsinitiative frühpädagogische Fachkräfte) stellt zahlreiche Expertisen, Forschungsberichte und Handreichungen als PDF-Datei oder als gedruckte Broschüre frei zur Verfügung.

www.kindergesundheit-info.de
- Die BzgA (Bundeszentrale für gesundheitliche Aufklärung) bietet auf dieser Plattform sowohl für Eltern als auch Fachkräfte umfangreiches Informationsmaterial und Videoclips.

Anhang

Quellenverzeichnis

Adolph, K. E. & Berger, S. E. (2006). Motor development. In W. Damon, R. M. Lerner, D. Kuhn & R. S. Siegler (Hrsg.), *Handbook of Child Psychology. Vol 2: Cognition, perception, and language* (S. 161–212). New York: Wiley.

Adolph, K. E., Karasik, L. B. & Tamis-LeMonda, C. S. (2010). Moving between cultures: Cross-cultural research on motor development. In M. H. Bornstein (Hrsg.), *Handbook of Cultural Development Science* (S. 61–88). New York: Psychology Press.

Ahne, V. (2013). Immer Stress mit der Krippe. *Gehirn und Geist*, 12(5), 14–19.

Ainsworth, M. D. S., Blehar, M. C., Waters, E. & Wall, S. (1978). *Patterns of attachment: A psychological study of the strange situation*. Hillsdale, N.J.: Erlbaum.

Albers, T. (2011). *Sag mal! Krippe, Kindergarten und Familie: Sprachförderung im Alltag*. Weinheim: Beltz.

Alessandri, S. M., Sullivan, M. W. & Lewis, M. (1990). Violation of expectancy and frustration in early infancy. *Developmental Psychology*, 26(5), 738.

Anand, K. J. S. & McGrath, P. J. (1993). An overview of current issues and their historical background. In K. J. S. Anand & P. J. McGrath (Hrsg.), *Pain in Neonates* (S. 1–18). Amsterdam: Elsevier.

Andres, B. & Laewen, H.-J. (2011). *Das Infans-Konzept der Frühpädagogik: Bildung und Erziehung in Kindertageseinrichtungen*. Weimar: Verlag das Netz.

Aronson, E. & Rosenbloom, S. (1971). Space perception in early infancy: Perception within a common auditory-visual space. *Science*, 172(3988), 1161–1163.

Aslin, R. N. & Smith, L. B. (1988). Perceptual Development *Annual Review of Psychology* 39(1), 435–473.

Bahrick, L. E. & Watson, J. S. (1985). Detection of intermodal proprioceptive–visual contingency as a potential basis of self-perception in infancy. *Developmental Psychology*, 21(6), 963.

Baillargeon, R. (1998). Infants' understanding of the physical world. In M. Sabourin, F. Craik & M. Robert (Hrsg.), *Advances in psychological science: Biological and cognitive aspects*. (Bd. 2, S. 503–529). Hove, England: Psychology Press.

Barton, E. E., Reichow, B., Schnitz, A., Smith, I. C. & Sherlock, D. (2015). A systematic review of sensory-based treatments for children with disabilities. *Research in Developmental Disabilities*, 37, 64–80.

Bauer, P. J., Wenner, J. A., Dropik, P. L., Wewerka, S. S. & Howe, M. L. (2000). Parameters of remembering and forgetting in the transition from infancy to early childhood. *Monographs of the Society for Research in Child Development*, i–213.

Behne, T., Carpenter, M., Call, J. & Tomasello, M. (2005). Unwilling versus unable: infants' understanding of intentional action. *Developmental Psychology*, 41(2), 328–337.

Beller, E. K. & Beller, S. (2006). *Kuno Bellers Entwicklungstabelle*. Berlin: Selbstverlag.

Bertoncini, J., Bijeljac-Babic, R., Blumstein, S. E. & Mehler, J. (1987). Discrimination in neonates of very short CVs. *The Journal of the Acoustical Society of America*, 82(1), 31–37.

Bieber, M. (2015). Regulationsentwicklung und -probleme bei Säuglingen und Kleinkindern, *KiTa Fachtexte*.

Birch, L. L. & Marlin, D. W. (1982). I don't like it; I never tried it: effects of exposure on two-year-old children's food preferences. *Appetite* 3(4), 353–360.

Bischof-Köhler, D. (2011). Autonomie und die Geburt des Ichs. In *Soziale Entwicklung in Kindheit und Jugend* (S. 141–162). Stuttgart: Kohlhammer.

Bischof-Köhler, D. (2011). Dominanz, Ansehen und Kompetenz. In *Soziale Entwicklung in Kindheit und Jugend* (S. 182–211). Stuttgart: Kohlhammer.

Bleckmann, P. (2012). *Medienmündig: Wie unsere Kinder selbstbestimmt mit dem Bildschirm umgehen lernen.* Stuttgart: Klett-Cotta.

Bleckmann, P. (2014). Kleine Kinder und Bildschirmmedien, *KiTa Fachtexte.*

Bodenburg, I. (2012). *Der Entwicklung Raum geben: Ausstattungsideen für Kitas.* Berlin: Cornelsen.

Bowbly, J. (1975). *Bindung. Eine Analyse der Mutter-Kind-Beziehung.* München: Kindler.

Bowlby, J. (1969). *Attachment and loss: Attachment.* New York: Basic Books.

Bridi, M. C. D., Aton, S. J., Seibt, J., Renouard, L., Coleman, T. & Frank, M. G. (2015). Rapid eye movement sleep promotes cortical plasticity in the developing brain. *Science Advances, 1*(6), e1500105.

Bril, B. (1997). Culture et premières acquisitions motrices: enfants d'Europe, d'Asie, d'Afrique. *Journal de pédiatrie et de puériculture, 10*(5), 302–314.

Bulf, H., Johnson, S. P. & Valenza, E. (2011). Visual statistical learning in the newborn infant. *Cognition, 121*(1), 127–132.

Carr, M. & Lee, W. (2012). *Learning stories: Constructing learner identities in early education.* London: SAGE.

Cartmill, E. A., Armstrong, B. F., Gleitman, L. R., Goldin-Meadow, S., Medina, T. N. & Trueswell, J. C. (2013). Quality of early parent input predicts child vocabulary 3 years later. *Proceedings of the National Academy of Sciences, 110*(28), 11278–11283.

Case, R., Hayward, S., Lewis, M. & Hurst, P. (1988). Toward a neo-Piagetian theory of cognitive and emotional development. *Developmental Review, 8*(1), 1–51.

Chang, H.-W. & Trehub, S. E. (1977). Auditory processing of relational information by young infants. *Journal of Experimental Child Psychology, 24*(2), 324–331.

Chang, H.-W. & Trehub, S. E. (1977). Infants' perception of temporal grouping in auditory patterns. *Child Development, 48*(4), 1666–1670.

Christakis, D. A., Gilkerson, J., Richards, J. A., Zimmerman, F. J., Garrison, M. M., Xu, D. et al. (2009). Audible television and decreased adult words, infant vocalizations, and conversational turns: a population-based study. *Archives of Pediatrics & Adolescent Medicine, 163*(6), 554–558.

Cierpka, M. (2012). *Frühe Kindheit 0-3 Jahre: Beratung und Psychotherapie für Eltern mit Säuglingen und Kleinkindern.* Berlin: Springer.

Cierpka, M. & Cierpka, A. (2012). Entwicklungsgerechtes Trotzen, persistierendes Trotzen und aggressives Verhalten. In M. Cierpka (Hrsg.), *Frühe Kindheit 0–3 Jahre. Beratung und Psychotherapie für Eltern mit Säuglingen und Kleinkindern* (S. 263–248). Berlin: Springer.

Clark, D. L., Kreutzberg, J. R. & Chee, F. K. (1977). Vestibular stimulation influence on motor development in infants. *Science, 196*(4295), 1228–1229.

Clifton, R. K., Perris, E. E. & & Bullinger, A. (1991). Infants' perception of auditory space. *Developmental Psychology, 27*(2), 187.

Conway, A. & Stifter, C. A. (2012). Longitudinal antecedents of executive function in preschoolers. *Child Development, 83*(3), 1022–1036.

Csibra, G., Gergely, G., Bíró, S., Koos, O. & Brockbank, M. (1999). Goal attribution without agency cues: the perception of 'pure reason' in infancy. *Cognition, 72*(3), 237–267.

DeCasper, A. J. & Fifer, W. P. (1980). Of human bonding: Newborns prefer their mothers' voices. *Science, 208*(4448), 1174–1176.

Deci, E. L. & Ryan, R. M. (1993). Die Selbstbestimmungstheorie der Motivation und ihre Bedeutung für die Pädagogik. *Zeitschrift für Pädagogik, 39*(2), 223–238.

Dennis, W. (1973). *Children of the Creche.* New York: Appleton-Century-Crofts.

Diamond, A. & Gilbert, J. (1989). Development as progressive inhibitory control of action: Retrieval of a contiguous object. *Cognitive Development, 4*(3), 223–249.

Drösser, C. (2005). Tod durch versalzen. *Die Zeit, 59*(5).

Eimas, P. D. (1975). Auditory and phonetic coding of the cues for speech: Discrimination of the [rl] distinction by young infants. *Perception & Psychophysics, 18*(5), 341–347.

Eliot, L. (2010). Was geht da drinnen vor? Berlin: Berlin Verlag.

Elkonin, D. (Hrsg.). (1980). *Psychologie des Spiels.* Köln: Pahl Rugenstein.

Fairhurst, M. T., Löken, L. & Grossmann, T. (2014). Physiological and Behavioral Responses Reveal 9-Month-Old Infants' Sensitivity to Pleasant Touch. *Psychological Science, 25*(5), 1124–1131.

Fernald, A. (1993). Approval and disapproval: Infant responsiveness to vocal affect in familiar and unfamiliar languages. *Child development, 64*(3), 657–674.

Fröhlich-Gildhoff, K., Nentwig-Gesemann, I. & Haderlein, R. (Hrsg.). (2008). *Forschung in der Frühpädagogik: Materialien zur Frühpädagogik.* Freiburg: FEL.

Fuchs, G. (2010). *Kinder sich bewegen lassen.*

Gaschler, F. & Gaschler, G. (2011). *Ich will verstehen, was du wirklich brauchst: Gewaltfreie Kommunikation mit Kindern. Das Projekt Giraffentraum* (5. Aufl.). München: Kösel.

Geppert, U. & Küster, U. (1983). The emergence of 'wanting to do it oneself': A precursor of achievement motivation. *International Journal of Behavioral Development, 6*(3), 355–369.

Gergely, G., Bekkering, H. & Király, I. (2002). Developmental psychology: Rational imitation in preverbal infants. *Nature, 415*(6873), 755.

Gergely, G., Nádasdy, Z., Csibra, G. & Biro, S. (1995). Taking the intentional stance at 12 months of age. *Cognition, 56*(2), 165–193.

Gibson, E. J., & Walk, R. D. (1960). The "visual cliff". *Scientific American, 202,* 67–71.

Goswami, U. (2001). *So denken Kinder: Einführung in die Psychologie der kognitiven Entwicklung.* Bern: Huber.

Goswami, U. (2008). *Cognitive development: The learning brain.* New York: Taylor & Francis.

Granrud, C. E., Yonas, A. & Pettersen, L. (1984). A comparison of monocular and binocular depth perception in 5-and 7-month-old infants. *Journal of Experimental Child Psychology, 38*(1), 19–32.

Grolnick, W. S., Kurowski, C. O., McMenamy, J. M., Rivkin, I. & Bridges, L. J. (1998). Mothers' strategies for regulating their toddlers' distress. *Infant Behavior and Development, 21*(3), 437–450.

Gutknecht, D. (2015). *Bildung in der Kinderkrippe: Wege zur professionellen Responsivität.* Stuttgart: Kohlhammer Verlag.

Gutknecht, D. (2015). *Wenn kleine Kinder beißen: Achtsame und konkrete Handlungsmöglichkeiten.* Freiburg: Herder.

Haas, S. (2012). *Das Lernen feiern: Lerngeschichten aus Neuseeland.* Weimar: Verlag das Netz.

Hamzelou, J. (2015). Pain really can be all in your mind. *New Scientist, 225*(3004), 10.

Hanna, E. & Meltzoff, A. N. (1993). Peer imitation by toddlers in laboratory, home, and day-care contexts: implications for social learning and memory. *Developmental Psychology, 29*(4), 701.

Harris, J. R. (2009). *The Nurture Assumption: Why Children Turn Out the Way They Do* (2nd). New York: Free Press.

Harris, J. R. & Liebert, R. M. (1991). *The child: a contemporary view of development* (3rd). Englewood Cliffs, New Jersey: Prentice-Hall.

Harris, J. R. & Liebert, R. M. (1992). *Infant and child: development from birth through middle childhood.* Englewood Cliffs, New Jersey: Prentice-Hall.

Hart, B. & Risley, T. R. (1995). *Meaningful differences in the everyday experience of young American children.* Baltimore: Paul H Brookes Publishing.

Hart, B. & Risley, T. R. (2003). The early catastrophe. *American Educator, 27*(4), 6–9.

Harvard University. (2015). *Activities Guide: Enhancing and Practicing Executive Function Skills with Children from Infancy to Adolescence.* Boston: Center on the Developing Child.

Hatwell, Y., Streri, A. & Gentaz, E. (2003). *Touching for knowing: Cognitive psychology of haptic manual perception* Philadelphia: John Benjamin's Publishing.

Haug-Schnabel, G. (2011). Die Sauberkeitsentwicklung unter dem Aspekt des Erlangens von Autonomie und Kontrolle. *KiTa Fachtexte.*

Haug-Schnabel, G. & Bensel, J. (2007). Vom Säugling zum Schulkind. Entwicklungspsychologische Grundlagen. *Kindergarten heute Spezial*(99).

Hédervári-Heller, É. & Dreier, A. (2013). Ohne Bindung geht es nicht! *Betrifft KINDER, 9*(11/12), 16–23.

Hille, K., Evanschitzky, P. & Bauer, A. (2013). *Das Kind – die Entwicklung zwischen drei und sechs Jahren: Psychologie für Erzieherinnen.* Bern: Hep.

Hirabayashi, S.-I. & Iwasaki, Y. (1995). Developmental perspective of sensory organization on postural control. *Brain and Development, 17*(2), 111–113.

Hirshkowitz, M., Whiton, K., Albert, S. M., Alessi, C., Bruni, O., DonCarlos, L. et al. (2015). National Sleep Foundation's sleep time duration recommendations: Methodology and results summary. *Sleep Health, 1*(1), 40–43.

Hoff, E. (2009). *Language development* (4). Crawfordsville: Cengage Learning.

Hoff, E. & Core, C. (2015). What Clinicians Need to Know about Bilingual Development. *Seminars in Speech and Language, 36*(2), 89–99.

Höke, J. (2011). Die Bedeutung des Spiels für die kognitive Entwicklung, *KiTa Fachtexte.*

Izard, V., Sann, C., Spelke, E. S. & Streri, A. (2009). Newborn infants perceive abstract numbers. *Proceedings of the National Academy of Sciences, 106*(25), 10382–10385.

Jampert, K., Thanner, V., Schattel, D., Sens, A., Zehnbauer, A., Best, P. et al. (2011). *Die Sprache der Jüngsten entdecken und begleiten.* Weimar: verlag das netz.

Jenni, O. G., Chaouch, A., Caflisch, J. & Rousson, V. (2013). Infant motor milestones: poor predictive value for outcome of healthy children. *Acta Paediatrica, 102*(4), e181–e184.

Johnson, M. H., Dziurawiec, S., Ellis, H. & Morton, J. (1991). Newborns' preferential tracking of face-like stimuli and its subsequent decline. *Cognition, 40*(1), 1–19.

Jouhanneau, J.-S., Ferrarese, L., Estebanez, L., Audette, N. J., Brecht, M., Barth, A. L. et al. (2014). Cortical fosGFP expression reveals broad receptive field excitatory neurons targeted by POm. *Neuron, 84*(5), 1065–1078.

Kappeler, S. & Simoni, H. (2009). Die Entwicklung des prosozialen Verhaltens in den ersten zwei Lebensjahren. *Schweizerische Zeitschrift für Bildungswissenschaften, 31*(2), 603–624.

Keller, H. (2011). *Kinderalltag: Kulturen der Kindheit und ihre Bedeutung für Bindung, Bildung und Erziehung.* Berlin: Springer.

Keller, H. (2013). Attachment and Culture. *Journal of Cross-Cultural Psychology, 44*(2), 175–194.

Keller, H. (2013). Culture and Development: Developmental Pathways to Psychological Autonomy and Hierarchical Relatedness (2). *Online Readings in Psychology and Culture, 6*(1).

Keller, H., Yovsi, R. D. & Völker, S. (2002). The Role of Motor Stimulation in Parental Ethnotheories: The Case of Cameroonian Nso and German Women. *Journal of Cross-Cultural Psychology, 33*(4), 398–414.

Kellogg, W. N. & Kellogg, L. A. (1933). *The ape and the child: a study of environmental influence upon early behavior.* New York: McGraw-Hill Book Company.

Kercher, A. & Höhn, K. (Hrsg.). (2010). *Zweijährige im Kindergarten: KiGa 2 Plus – Arbeitshilfe für Leitung und Teams* (10 ed.). Kronach: Link/DKV.

Kochanska, G., Murray, K. T. & Harlan, E. T. (2000). Effortful control in early childhood: continuity and change, antecedents, and implications for social development. *Developmental Psychology, 36*(2), 220–232.

Korczak, J. (1973). *Wenn ich wieder klein bin: Und andere Geschichten von Kindern*. Göttingen: Vandenhoeck & Ruprecht.

Kuhl, P. K., Tsao, F.-M. & Liu, H.-M. (2003). Foreign-language experience in infancy: Effects of short-term exposure and social interaction on phonetic learning. *Proceedings of the National Academy of Sciences, 100*(15), 9096–9101.

Lang, R., O'Reilly, M., Healy, O., Rispoli, M., Lydon, H., Streusand, W.et al. (2012). Sensory integration therapy for autism spectrum disorders: A systematic review. *Research in Autism Spectrum Disorders, 6*(3), 1004–1018.

Lany, J. & Saffran, J. (2013). Statistical learning mechanisms in infancy. In J. L. R. Rubenstein & P. Rakic (Hrsg.), *Comprehensive Developmental Neuroscience: Neural Circuit Development and Function in the Brain* (Bd. 3, S. 231–248). Amsterdam: Elsevier.

Largo, R. H. (2010). *Babyjahre: Entwicklung und Erziehung in den ersten vier Jahren*. München: Piper.

Lewis, M., Alessandri, S. M. & Sullivan, M. W. (1990). Violation of expectancy, loss of control, and anger expressions in young infants. *Developmental Psychology, 26*(5), 745.

Link, F. (2015). Regulationshilfen im Krippenalltag – wie pädagogische Fachkräfte Kleinstkinder in ihrer Regulationsfähigkeit unterstützen können. *KiTa Fachtexte*.

Løkken, G. (2000). The playful quality of the toddling "style". *International Journal of Qualitative Studies in Education, 13*(5), 531–542.

MacFarlane, A. (1975). Olfaction in the development of social preferences in the human neonate. In Ciba Foundation (Hrsg.), *Parent – Infant Interaction. Ciba Foundation Symposium 33* (S. 103–113). Amsterdam: Elsevier.

Malaguzzi, L. (1993). For an education based on relationships. *Young Children, 49*(1), 9–12.

Mandler, J. M., Bauer, P. J. & McDonough, L. (1991). Separating the sheep from the goats: Differentiating global categories. *Cognitive Psychology, 23*(2), 263–298.

Mason, W. A. (1965). Determinants of social behavior in young chimpanzees. In H. F. Harlow & F. Stollnitz (Hrsg.), *Behavior of nonhuman primates* (Bd. 2, S. 335–364). New York: Academic Press.

Maurer, D. & Salapatek, P. (1976). Developmental changes in the scanning of faces by young infants. *Child Development, 47*(2), 523–527.

Meltzoff, A. N. & Moore, M. K. (1977). Imitation of facial and manual gestures by human neonates. *Science, 198*(4312), 75–78.

Michaelis, R. & Niemann, G. W. (2010). *Entwicklungsneurologie und Neuropädiatrie: Grundlagen und diagnostische Strategien* (4. vollständig überarbeitete und erweiterte Auflage). Stuttgart: Georg Thieme Verlag.

Ministry of Education New Zealand. (1996). *Te Whàriki: Early Childhood Curriculum*. Wellington: Learning Media.

Mischo, C., Weltzien, D. & Fröhlich-Gildhoff, K. (2011). *Beobachtungs- und Diagnoseverfahren in der Frühpädagogik*. Köln: Link.

Murray, L. (2014). *The Psychology of Babies*. London: Robinson.

Nentwig-Gesemann, I., Fröhlich-Gildhoff, K., Harms, H. & Richter, S. (2011). *Professionelle Haltung – Identität der Fachkraft für die Arbeit mit Kindern in den ersten drei Lebensjahren*. München: Deutsches Jugendinstitut.

Nishitani, S., Miyamura, T., Tagawa, M., Sumi, M., Takase, R., Doi, H. et al. (2009). The calming effect of a maternal breast milk odor on the human newborn infant. *Neuroscience Research, 63*(1), 66–71.

Otto, H. (2009). *Culture-specific attachment strategies in the Cameroonian Nso: Cultural solutions to a universal developmental task*. Universität Osnabrück.

Otto, H. (2011). Bindung – Theorie, Forschung und Reform. In H. Keller & A. Rümmele (Hrsg.), *Handbuch der Kleinkindforschung* (Bd. 4, S. 390–428).

Pascalis, O., de Schonen, S., Morton, J., Deruelle, C. & Fabre-Grenet, M. (1995). Mother's face recognition by neonates: A replication and an extension. *Infant Behavior and Development, 18*(1), 79–85.

Pauen, S. (2006). *Was Babys denken. Eine Geschichte des ersten Lebensjahres*. München: C. H. Beck.

Pempek, T. A., Kirkorian, H. L. & Anderson, D. R. (2014). The effects of background television on the quantity and quality of child-directed speech by parents. *Journal of Children and Media, 8*(3), 211–222.

Pikler, E. (2001). *Laßt mir Zeit: Die selbständige Bewegungsentwicklung des Kindes bis zum freien Gehen* (4. Auflage). München: Pflaum.

Pinker, S. (2007). *The language instinct: How the mind creates language*. New York: Harper Perennial Modern Classics.

Porter, R. H., Makin, J. W., Davis, L. B., Christensen, K. M. (1992). Breast-fed infants respond to olfactory cues from their own mother and unfamiliar lactating females. *Infant Behavior and Development, 15*(1), 85–93.

Purdon, A. (2015). Sustained shared thinking in an early childhood setting: an exploration of practitioners' perspectives. *Education 3-13*, 1–14.

Radesky, J. S., Schumacher, J. & Zuckerman, B. (2015). Mobile and interactive media use by young children: The good, the bad, and the unknown. *Pediatrics, 135*(1), 1–3.

Rattaz, C., Goubet, N. & Bullinger, A. (2005). The calming effect of a familiar odor on full-term newborns. *Journal of Developmental & Behavioral Pediatrics 26*(2), 86–92.

Rekers, Y., Haun, D. B. & Tomasello, M. (2011). Children, but not chimpanzees, prefer to collaborate. *Current Biology, 21*(20), 1756–1758.

Rochat, P. & Morgan, R. (1995). Spatial determinants in the perception of self-produced leg movements in 3-to 5-month-old infants. *Developmental Psychology, 31*(4), 626.

Roseberry, S., Hirsh-Pasek, K. & Golinkoff, R. M. (2014). Skype me! Socially contingent interactions help toddlers learn language. *Child Development, 85*(3), 956–970.

Rupp-Glogau, R. (2014). Selbstbestimmtes Essen für kleine Menschen unter drei Jahren. *TPS Sammelband*, 70–71.

Rushforth, J. A. (1994). Pain Perception. In M. I. Levene & R. Lilford (Hrsg.), *Fetal and Neonatal Neurology and Neurosurgery* (S. 601–610). Livingstone: Churchill.

Saby, J. N., Meltzoff, A. N. & Marshall, P. J. (2013). Infants' somatotopic neural responses to seeing human actions: I've got you under my skin. *PloS one, 8*(10), e77905.

Sandler, A. & Coren, A. (1981). Vestibular stimulation in early childhood: A review. *Journal of Early Intervention, 3*(1), 48–55.

Sangrigoli, S. & De Schonen, S. (2004). Recognition of own-race and other-race faces by three-month-old infants. *Journal of Child Psychology and Psychiatry, 45*(7), 1219–1227.

Schaal, B. (1988). Olfaction in infants and children: Developmental and functional perspectives. *Chemical Senses, 13*(2), 145–190.

Schäfer, G. E. (2005). *Bildung beginnt mit der Geburt: Ein offener Bildungsplan für Kindertageseinrichtungen in Nordrhein-Westfalen* (2., erw. Aufl.). Weinheim: Beltz.

Schäfer, G. E., Staege, R. & Meiners, K. (Hrsg.). (2010). *Kinderwelten – Bildungswelten: Unterwegs zur Frühpädagogik*. Berlin: Cornelsen Scriptor.

Schlack, H. G. (2012). Motorische Entwicklung im frühen Kindesalter, *KiTa Fachtexte*.

Schmidt, H. J. & Beauchamp, C. K. (1988). Adult-like odor preferences and aversions in three-year-old children. *Child Development, 59*(4), 1136–1143.

Schmitt, J., Rossa, K., Rüdiger, M., Reichert, J., Schirutschke, M., Frank, H. et al. (2015). Determinanten der psychischen Gesundheit im Einschulungsalter – Ergebnisse einer populationsbezogenen Untersuchung in Dresden. *Kinder- und Jugendarzt, 46*(6), 312–325.

Schmuckler, M. A. (1996). Visual-proprioceptive intermodal perception in infancy. *Infant Behavior and Development, 19*(2), 221–232.

Schneider, K. (2010). Angebote für Kinder in den ersten Jahren gestalten. In A. Kercher & K. Höhn (Hrsg.), *Zweijährige im Kindergarten* (10. Auflage). Kronach: Link/DKV.

Schneider, K. (2015). Raumerforschung von Kindern bis zu drei Jahren. Zur Bedeutung von Raumerleben als Grundlage von Weltaneignung, *KiTa Fachtexte*.

Schneider, K. & Wüstenberg, W. (2010). Die Welt der Dinge: Anregende Materialien für Säuglinge, Krabbel- und Kleinkinder. In W. Weegmann & C. Kammerlander (Hrsg.), *Die Jüngsten in der Kita – ein Handbuch zur Krippenpädagogik* (S. 251–265). Stuttgart: Kohlhammer.

Schneider, K. & Wüstenberg, W. (2014). *Was wir gemeinsam alles können. Beziehungen unter Kindern in den ersten drei Lebensjahren*. Berlin: Cornelsen.

Schwarz, C. (2012). Geborgenheit oder Fessel? Gedanken zum Pucken. *Hebammenforum, 13*(10), 924–927.

Schwarz, R. (2014). Die Bedeutung der Wahrnehmung für die Bewegungsentwicklung. *KiTa Fachtexte*.

Siegler, R., DeLoache, J. S. & Eisenberg, N. (2005). *Entwicklungspsychologie im Kindes- und Jugendalter*. Heidelberg: Spektrum Akademischer Verlag.

Simcock, G. & Hayne, H. (2002). Breaking the barrier? Children fail to translate their preverbal memories into language. *Psychological Science, 13*(3), 225–231.

Siraj-Blatchford, I. (2009). Conceptualising progression in the pedagogy of play and sustained shared thinking in early childhood education: a Vygotskian perspective. *Educational and Child Psychology, 26*(2), 77–89.

Siraj-Blatchford, I., Sylva, K., Muttock, S., Gilden, R. & Bell, D. (2002). *Researching effective pedagogy in the early years*. Nottingham: Department of Education and Skills.

Smith, L. & Yu, C. (2008). Infants rapidly learn word-referent mappings via cross-situational statistics. *Cognition, 106*(3), 1558–1568.

Sorce, J. F., Emde, R. N., Campos, J. J. & Klinnert, M. D. (1985). Maternal emotional signaling: Its effect on the visual cliff behavior of 1-year-olds. *Developmental Psychology, 21*(1), 195.

Spencer, C. & Blades, M. (1985). How children navigate. *Journal of Navigation, 38*(3), 445–453.

Spitzer, M. (2013). Wischen – Segen oder Fluch? Zu Risiken und Nebenwirkungen der neuen Art des Umblätterns. *Nervenheilkunde, 32*(10), 709–714.

Spitzer, M. (2015). Am Anfang war das Wort. *Nervenheilkunde, 34*(6), 466–468.

Stahl, A. E. & Feigenson, L. (2015). Observing the unexpected enhances infants' learning and exploration. *Science, 348*(6230), 91–94.

Steiner, J. E. (1979). Human facial expressions in response to taste and smell stimulation. In H. W. Reese & L. P. Lipsitt (Hrsg.), *Advances in Child Development and Behavior* (Bd. 13, S. 257–295). New York: Academic Press.

Streeter, L. A. (1976). Language perception of 2-mo-old infants shows effects of both innate mechanisms and experience. *Nature, 259*(5538), 39–41.

Streri, A. (2012). Crossmodal interactions in the human newborn: New answers to Molyneux's question. In A. J. Bremner, D. J. Lewkowicz & C. Spence (Hrsg.), *Multisensory development* (S. 88–112): Oxford University Press.

Streri, A., Coulon, M. & Guellaï, B. (2013). The foundations of social cognition: Studies on face/voice integration in newborn infants. *International Journal of Behavioral Development, 37*(2), 79–83.

Streri, A. & Spelke, E. S. (1988). Haptic perception of objects in infancy. *Cognitive Psychology, 20*(1), 1–23.

Sylva, K., Stein, A., Leach, P., Barnes, J. & Malmberg, L.-E. (2011). Effects of early child-care on cognition, language, and task-related behaviours at 18 months: An English study. *British Journal of Developmental Psychology, 29*(1), 18–45.

Thiel-Bonney, C. & von Hofacker, N. (2012). Fütterstörungen in der frühen Kindheit. In M. Cierpka (Hrsg.), *Frühe Kindheit 0-3 Jahre. Beratung und Psychotherapie für Eltern mit Säuglingen und Kleinkindern* (S. 219–248). Berlin: Springer.

Thorndike, E. L. (1911). *Animal intelligence: Experimental studies*. New York: Macmillan.

Tomasello, M., Carpenter, M., Call, J., Behne, T. & Moll, H. (2005). Understanding and sharing intentions: The origins of cultural cognition. *Behavioral and Brain Sciences, 28*(5), 675–691.

Tomasello, M. & Hamann, K. (2012). *Kooperation bei Kleinkindern*: Max-Planck-Institut für evolutionäre Anthropologie.

Trehub, S. E. (1993). Temporal auditory processing in infancy. *Annals of the New York Academy of Sciences, 682*(1), 137–149.

Trehub, S. E. (2010). In the beginning: A brief history of infant music perception. *Musicae Scientiae, 14*(2), 71–87.

Tremblay, R. E., Japel, C., Perusse, D., McDuff, P., Boivin, M., Zoccolillo, M. et al. (1999). The search for the age of 'onset' of physical aggression: Rousseau and Bandura revisited. *Criminal Behaviour and Mental Health, 9*(1), 8–23.

van Dieken, C. & van Dieken, J. (2013). *Ganz nah dabei – Raumgestaltung in Kitas für 0- bis 3-Jährige: Arbeitsmaterial für Teamfortbildung, Ausbildung und Elternabend*. Berlin: Cornelsen.

Vicedo, M. (2013). *The nature and nurture of love: From imprinting to attachment in Cold War America*. Chicago: The University of Chicago Press.

Viernickel, S. (Hrsg.). (2009). *Beobachtung und Erziehungspartnerschaft*. Berlin: Cornelsen Scriptor.

Viernickel, S. (2013). *Schlüssel zu guter Bildung, Erziehung und Betreuung: Bildungsaufgaben, Zeitkontingente und strukturelle Rahmenbedingungen in Kindertageseinrichtungen*. Berlin: Der Paritätische Gesamtverband.

von der Beek, A. (2008). *Bildungsräume für Kinder von Null bis Drei* (3. Aufl.). Weimar: Verlag das Netz.

von Hofsten, C. & Fazel-Zandy, S. (1984). Development of visually guided hand orientation in reaching. *Journal of Experimental Child Psychology, 38*(2), 208–219.

Vouloumanos, A., Hauser, M. D., Werker, J. F. & Martin, A. (2010). The tuning of human neonates' preference for speech. *Child Development, 81*(2), 517–527.

Walk, L. M. & Evers, W. F. (2013). *Fex – Förderung exekutiver Funktionen*. Bad Rodach: Wehrfritz.

Weiss, M. J., Zelazo, P. D. & Swain, I. U. (1988). Newborn response to auditory stimulus discrepancy. *Child Development, 59*(6), 1530–1541.

Weltzien, D. (2011). Begleitung von Kooperation und Spiel Null- bis Dreijähriger, *KiTa Fachtexte*.

Weltzien, D. (2014). *Pädagogik: Die Gestaltung von Interaktionen in der Kita: Merkmale – Beobachtung – Reflexion*. Weinheim: Beltz Juventa.

Weltzien, D. & Bücklein, C. (2015). *1, 2, 3 – Die Jüngsten im Blick: Wissenschaftlicher Abschlussbericht*. Freiburg: FEL-Verlag.

Weltzien, D. & Viernickel, S. (2008). Einführung stärkenorientierter Beobachtungsverfahren in Kindertageseinrichtungen – Auswirkungen auf die Wahrnehmung kindlicher Interessen, Dialogbereitschaft und Partizipation. In K. Fröhlich-Gildhoff, I. Nentwig-Gesemann & R. Haderlein (Hrsg.), *Forschung in der Frühpädagogik* (Bd. 1, S. 203–234). Freiburg: FEL.

Weltzien, D. & Viernickel, S. (2012). Die Einführung stärkenorientierter Beobachtungsverfahren. *Frühe Bildung, 1*(2), 78–86.

Wertheimer, M. (1961). Psychomotor coordination of auditory and visual space at birth. *Science, 134*(3491), 1692–1692.

Winner, A. (2012). *Kleinkinder ergreifen das Wort: Sprachförderung mit Kindern von 0 bis 4 Jahren*. Berlin: Cornelsen Scriptor.

Winner, A. (2013). Alles Bindung – oder was? Zu Risiken und Nebenwirkungen eines Modebegriffs. *Betrifft KINDER, 9*(6/7), 16–23.

Winner, A. (2015). Das Münchener Eingewöhnungsmodell: Theorie und Praxis der Gestaltung des Übergangs von der Familie in die Kindertagesstätten, *KiTa Fachtexte*.

Winner, A. & Erndt-Doll, E. (2009). *Anfang gut? Alles besser! Ein Modell für die Eingewöhnung in Kinderkrippen und anderen Tageseinrichtungen für Kinder*. Weimar: Verlag das Netz.

Wustmann Seiler, C. & Simoni, H. (2013). *„Bildungs- und Lerngeschichten" in der Schweiz: Umsetzungserfahrungen und Materialien*. Zürich: Marie Meierhofer Institut für das Kind.

Wygotski, L. S. (1980). Das Spiel und seine Bedeutung in der psychischen Entwicklung des Kindes. In D. Elkonin (Hrsg.), *Psychologie des Spiels* (S. 430–465). Köln: Pahl Rugenstein.

Zelazo, P. D. (Hrsg.). (2013). *The Oxford Handbook of Developmental Psychology, Vol. 1: Body and Mind*. Oxford: Oxford University Press.

Zentner, M. R. & Kagan, J. (1996). Perception of music by infants. *Nature, 383*(6595), 29.

Zimmerman, F. J., Christakis, D. A. & Meltzoff, A. N. (2007). Associations between media viewing and language development in children under age 2 years. *Pediatrics, 151*(4), 364–368.

Bildquellenverzeichnis

Autorinnenfotos: S. 6, 59, 117, 234, 235

canstockphoto: S. 230 © prawny (Kind mit Spielzeug), 230 © prawny (Kind)

Dach, Martina; Ulm (Fotos, aufgenommen in der Städtischen Kindertageseinrichtung Kinder-Welt-Entdecker Ruländerweg1/1, Ulm): S. 20, 22, 24, 25, 26, 28, 31, 36, 37, 39, 40, 51, 56, 58, 76, 79, 89, 90, 91, 94, 109, 114, 116, 117, 124, 125, 149, 154, 169, 174, 175, 177, 179, 180, 181, 183, 186, 187, 201, 203, 211, 213, 214, 215, 216, 237, 242, 245, 247, 249, 252, 253, 254

fotolia: S. 27 © Sandy Schulze, 29 © Pixavril, 93 © famveldman, 146 © doublebubble_rus (Hase), 146 © IconWeb (Hecke), 146 © Annika Gandelheid (Zaun), 230 © K. C. (Fussabdrücke), 230 © mizar_21984 (Lupe), 230

Kellogg, W. N., & L. A. Kellogg (1933). *The Ape and the Child: A Study of Environmental Influence upon Early Behavior*. New York: McGraw-Hill Book Company, Inc.: S. 64

Lamm, Birgit (Nso-Bauern; In: Keller, H. (2011). *Kinderalltag. Kulturen der Kindheit und ihre Bedeutung für Bindung, Bildung und Erziehung*. Berlin/Heidelberg: Springer Medizin Verlag, S. 62): S. 93

photobucket.com: S. 63 („It's a complicated world")

Többe, Tim; Münster (Illustrationen): S. 23, 26, 33, 34, 35, 53, 59, 62, 63, 75, 108, 110, 113, 121, 122, 124, 140, 158, 168, 178, 184,

Wikimedia Commons, freies Medienarchiv: S. 59 (Watia girl)

Stichwortverzeichnis

Absichten verstehen **60**
Amnesie **171 f.**
– infantile (kindliche) **172**
Angebote 235, 272
– pädagogische **239 ff.**
Anlagen **227**
Arbeitsgedächtnis 165, **187 ff.**
akustische Lokalisation 19, **38**
Aufmerksamkeits- (siehe auch Joint Attention) 38, 55, 75, 95, 142, 147, 164, **173 ff.**, **182 ff.**, 188, 190, 199 f., 206, 209, 228, 231
– entwicklung **176**
– spanne **176**
– steuerung **173 ff.**, **182 ff.**, 190
Auge-Hand-Koordination 106, **115**
Autonomie 67, 72, 82, **84 ff.**, 93, 196 f., 206, 209, 211, 233
– -bedürfnis **86 ff.**, 97
– -entwicklung 87, 97
– -erleben **86 ff.**, 206

Bedürfnis **70 ff.**, 92 f. 95, 99, 197 f., 202 f., 206, 208 f., 218, 238 f., 244, 253 ff.
begleiten 83, 154, **222 ff.**, **247 f.**, 253 f.
begreifen 42, **115 ff.**, 191, 193
Begriff 115, 174, 191, 193, 244
Beobachtung 60, 99, 204, 213, 218, 224, **230 f.**, 243, 251, 255
Beobachtungsverfahren **230 f.**, 243, 251, 255
– stärkenorientierte 232
– ressourcenorientierte 231, 255
– strukturierte 231
Bewegung 18, **25**, 32 ff., 38, 40 f., 55, 61, 86 f., 92, 95, **106 ff.**, 119 f., 123 ff., 127, 134, 181, 187, 190, 196, 198, 213 f., 215 ff., 239 ff.
Bewegungssinn 20
Beziehung 40, 49, 91 f., 177, **194 ff.**, **204 ff.**, **212**, 232, 241, 254
– soziale 91, **198**
– Aufbau von 92, **205 ff.**
– -sgefüge **201 f.**
– -sgestaltung **205 ff.**, **209 ff.**, 212 ff.
Bildschirm 55 f., 148 f.
Bindung 197, **204 ff.**, 218
– -stheorie **204 ff.**, 218
Blasenkontrolle **82**

Denken 30, 35, 96, 146, 166 ff., **173 ff.**, **181 ff.**, 190, 235 ff.
– soziales 183, 235
Dialog 92, 200, 235, 237, **242 ff.**, 256
Doktorspiel **229**
Dokumentation 230, 232, 250

Eigenständigkeit (siehe Autonomie) 84, **86 f.**
eingebunden sein 72, 84 ff., **91 f.**, 197, 206, 209, 238, 244
Eingewöhnungsmodell 91
Einrichtungen 237
Eltern 78, 81, **92**, 99, 109, 122, 131, 138, 142, 147 f., 151 ff., 159, 198, 200, 207, 211, 229, 230, 239, 249, 251
Emotionsregulation **94 ff.**, 190
Empathie 224, **243**
Entwicklungs- 21, 30, 49, 55, 68, 72 ff., 78, 83, 91, 95, 123, 185, 226, 228, 230, 234, 239 f.
– aufgabe 55, **72 ff.**, 78, 83, 91, 95
– bereich **49**, 68, 123, 226, 228, 234, 239 f.
– schritte 21, **30**, 83, **185**
– verlauf 230
Erfahrungen 12, 20 f., 23, 39 f., 46, 48, 54, 56, 78, 90, 97, 106, 120 f., 124 ff., 172 ff., 178 f., 183, 185, 205, 208, 212, 217, 227 ff., 239 f., 245, 249, 251 f., 255 f.,
Erfolgserleben 84, 86, **88 ff.**
erinnern 166, 169, **171 f.**, 189 f.
essen 28, 42, 72, **78 ff.**, 94, 96, 115, 185, 190, 199, 239
exekutive Funktionen 165, **187 ff.**
experimentieren 165

Fähigkeiten 19, 30, 135 f., 158 f., 168, 173, 181, 184, 187 f., 190, 217, 228, 250
– kognitive 159, 168, 173, 181
– phonetische und phonologische 135 f.
– lexikalische und semantische 135 f.
– morphologische und syntaktische 135 f.
– pragmatische (kommunikative) 217, 135 f.
Faktoren (Einflussfaktoren) **224**, **227**, 250
– genetische 224, 250
– Umwelt- 227
Feinmotorik 115
Flexibilität 165, 187 ff.

- kognitive 165, 187 ff.
Förderung 106, 120, 161, 239,
- motorische 106, **120 ff.**
Fremdenreaktion **206 f.**
Fremdregulation **73**, 86, 127, 188
Fürsorgeverhalten 196, **198 f.**, 202, 210, 218

Gedächtnis 78, 141, 164, **166 ff.**, 170 f., 187 ff.
- autobiografisches 172
- episodisches 171
Gedächtnisleistungen 164, 166, **168**, 172
- frühe **168 ff.**
Gedächtnisprozesse 164, **166 f.**, 173
Gedankisch 133, **146**
gehen 106, **109**, 111, 114, 120, 124, 126
Gehirn 21 ff., 30, 33 f., 41, 43, 46, **52 ff.**, 66, 78, 123, 178
- -entwicklung **52 ff.**, 78
Gehör **35 ff.**, 199
gemeinsame Intentionalität **183 ff.**, 192
Gene 204, **227**
Geruchssinn 26
Gleichgewichtssinn 19, 20, **25**, 106, **112**, 120 f.
Grammatik 133, **135 ff., 156 ff.**, 226, 234
greifen 23, 41, 52, 65, 108, **115 ff.**, 124
Grenzsteine der Entwicklung **110 ff.**, 225, 231
Grobmotorik (siehe Körpermotorik) 111
Grundbedürfnisse 72, 85 f., 92 f., 99, 197, 202, 209, 253
- physiologische (körperliche) 253
- psychische 85 f., 92 f., 209

Habituation **36**, 40, 164
Habituationsexperiment **36**, 58, 168
Haltung 81, 113 f., 201, 224 f., 242, **247 ff.**
- professionelle 224, **251 f.**, 255
- wertschätzende **244 f.**
Hand-Finger-Koordination **115**
Hand-Hand-Koordination 106, **115**
Hand-Mund-Koordination 106, **115**
Herausforderung 46, **57 f.**, 67, , 72, 83, 85 f., 88 ff., 105, 170, 202, 224, **232 f.**, 238 f., 244, **253 f.**
- optimale 224, **233**
- schaffen 58, **253 f.**
hören 19, **20 ff., 35 ff.**, 57, 112, 132, 134 ff., 138 ff., 152 f., 155 f., 173, 213, 244

Imitation 164, **169 f.**, 189
Informationsverarbeitung 164, **166 f.**
Inhibition 165, **187 ff.**
Interaktion 12, 55, **91 f.**, 97, 133, **149 f.**, 160, **185**, 194, 196, **198 ff.**, 209 ff., 217, 224, 242 ff., 251 ff.
- dialogorientierte 224, **242 ff.**
- dyadische **185**
- kollaborative **185**
- triadische **185**

Jargonphase **141**
Joint Attention 165, **176, 182 f.**, 200

Kategorie(n) 49, 54, 164, **173 ff.**, 204 f., 229, 235
Kindchenschema 47, 57, **59**
kindgerechte Sprache **142**
- Motherese 142, 199
Kommunikation 55, **158 f., 196 ff.**, 205, **212 f.**, 217, 246
Kompetenz erleben 72, **84 ff.**, 93, 206, 209
konditionieren 67 f.
Körpermotorik 55, 106, **111 ff.**, 128
Körpersinn 18, 20
Körperstimulation 196, **199**, 210
Kultur 38, 72, 79, 83 f., 106, 121, 142, 169, 196, 199, 204 f., **208 ff.**, 218, 229, 238
Kulturunterschiede **121**, 142, **198 f.**, 205, 218

Lagesinn 18, **21 ff.**
Lallphase 140 ff.
Laute 36, **48 ff.**, 65, **131 ff., 140 ff.**, 196, 198 f., 213
Lernen 21, 35, **44 ff., 52 ff., 64 ff.**, 78, 95 f., 106, 110, 120 ff., 134 ff., 144 ff., 156 ff., 169 ff., 181 ff., 198, 209, 212, 217, **226 ff., 233 ff., 250 ff.**
- Hilfsmittel des Lernens **57 ff.**, 88 f., 198
- implizites (beiläufig) 250
- intentionales (absichtlich) **51 f.**
- soziales 181 ff.
- Versuch-Irrtum-Lernen **64 ff.**, 115, 140
Lerngeschichten **231 ff.**

Mangel 73, 75, 85, 93, 123
Mehrsprachigkeit **158**
Motiv **73 ff., 84 ff.**, 202, 224, 250 ff.
- Handlungs- 253
Motivation 224, **250**

Motorik 18, 21, 41 ff., 55, 79, 106, **108 ff.**, **120 ff.**, 127 f., 241
Müdigkeit 24, **74**, 78
Mundeln 18, **21 f.**
Musik 35 ff., 42, 92, 126, 143, 215, **239 f.**
Muster **31 ff.**, 57, 60, **65 ff.**, 111, 141, 145 f., 156, 173, 181, 200, 205, 229, 251
Mustererkennung 47, 57, **65 ff.**, 115, 133, 139, 145 f., 156
Muttersprache 36, **48 ff.**, 53, 57, 59, 66, 132, 135, **138 ff.**, 146, 156, 158 f.

Nachahmen (siehe Imitation) 47, 57, **61 ff.**, 68, 79, 167, 169 f., 189, 214 f.
Neunmonatswunder 207

Objekt 30, 33, 41, 46, 54, 56, 95, 115 f., 118, 145 f., 173, 176, 182, 185, 197, 200 ff., 210 ff., 218, 235, 240
– -erkennung 30
– -permanenz 164, **169**
– -stimulation **199**, 210
– -wahrnehmung 19, **30**, 35
Orientierungsmuster 249, 252

Peers **212**, 230
Phonem **138**
Problemlösen 166 f., 190
Propriozeption **21**, 112, 116
Prozesse 134, 164 ff., 173, 187, 190, 212, 224, 232
– kognitive **164 ff.**
– der Informationsverarbeitung **166 ff.**

Räume 91 f., 197, 202, 214, 224, **238 ff.**, 254 f.
Reflex 38, 52, 67
Reflexion 11, 224, 230 f.
Regeln **173 ff.**, 181, 189 f., 227, 229, 246
Regulation **70 ff.**, **95 ff.**, 190, 202, 218
– internale 95
– externale 95
Relationalität **209**, 211
Rezeptor **20**
riechen 18, 20, **26 f.**, 39, 135
Rituale 72, **91**
Rollenspiel 211, **240**, 245, 255

sauber werden 73, **81 f.**, 99
Schlaf 45, **72 ff.**, 84, 226, 252 ff.,
– -bedürfnis **73 ff.**, 84
– -gewohnheit **211**
schlafen 45, 72 ff., 84, 226, 253 ff.
schmecken 18, 20, **28**, 39, 54
Schmerz 18, **20 ff.**, 27, 146, 243
– -empfinden 18, **23 f.**
– -wahrnehmung **23 f.**
Screening **151**
sehen 20 ff., **29 ff.**, 37, 39 ff., 48 ff., 57, 62, 78, 86 108, 112, 145 ff., 168, 173, 178, 181
– Farbe 19, 30
– Gesichter 19, 30
– Kontrast 19, 30
– Objekte 19, 30
– stereoskopes Sehen 19, 30
– Tiefe 19, 30
Sehschärfe 19, 30
Sehvermögen 21, **30**
Selbstbestimmung 84
Selbstreflexion **224**, **230**, 251
Selbstregulation 72, **94 ff.**
sensorischer Cortex **23**
sensorische Integration **41 f.**
Sexualerziehung **229**
Sicherheit 72, 82, **85 f.**, **90 ff.**, 97, 125 ff., 201, 206 f.
Sitzen 106, **111 ff.**, **118 ff.**, 195, 240 ff.
social referencing (siehe soziale Rückversicherung)
soziales Referenzieren (siehe soziale Rückversicherung)
soziale Rückversicherung 165, **183**
Sozialisation **209**
– -sziel 197, **209 ff.**
Sozialverhalten 164, 190
Spiel 50 f., 55, 64, 86 ff., 92 ff., 158, 169, **189 ff.**, 201, **213 ff.**, 229, 232, 240, 242 ff.
– -kultur 196, **213 ff.**
Sprachebene **136 ff.**, 234
– morphologisch-syntaktische **136**
– phonologische **136**
– pragmatische **137**
– semantische **136**
Sprach-
– entwicklung 64, 131, 133, **135 ff.**, **147 ff.**, **157 ff.**, 172, 226
– erwerb 135, 142, **158 ff.**, 172
– produktion **134**, 137, 144, 150, 153
– verhalten 199
– verstehen **134**, 137
– wahrnehmung 132, **138 ff.**

stehen 41, 52, 106, **111 ff.**, **120 ff.**
Steuerung 19, 30, 55, 72, 78, 96, 115, 173, 176, 187 ff.
– internale 72, 94 ff.
– externale 72, 94 ff.
– kognitive 187
Sustained Shared Thinking **235 f.**, 241, 243, 255
Synapse 56

Tastsinn 18, **21 ff.**, 28
Toddler Style 214
Toilette **81 ff.**, 90
Triangulation 182
trocken werden 81 ff.
Trotz 72, **97 ff.**

Üben 46, 54, 83, 116, 120, 122, 196
Überforderung 47, **57 f.**, 67, 72, 86, 99, 206, 233
Übergangsobjekt 27, 92
Überschuss 73, 85, 93
Umwelt 106, 112, 118 ff., 158 f., 175, 182, 196, 199, 205, 224, **227 ff.**
Unfälle 106, 123, **126 f.**
Unsicherheit 72, **86**, 99, 183
Unterforderung 58, 67, 72, 86

Variabilität 109, 111, 225, **226**, 239
– interindividuelle **109**
– intraindividuelle **111**
Verbundenheit 197, **209**

vestibulär 25
visuelle Klippe 34

Wahrnehmung **34 ff.**, 88, 106 f., 112, 120, 132, 169, 185, 250
– Gesichter- 35
– Höhen- 34
– intermodale 39 ff.
– Objekt- 35
– Tiefen- 34 f.
Wechselspiel 41, 188, 204, 208, 225, **227 f.**
Wissen **54 ff.**, 88, 164, 166, 170, 173, 178 f., 191, 224, 227 f., 234, **248 ff.**
– semantisches 54
– prozedurales 54
– episodisches 54, 170
– Welt- 46, **52 ff.**, 174, 227, 238, 245
Wörter 136, 138 ff., **140 ff.**, 227, 235
Wortexplosion 136, 150

zirkadianer Rhythmus 73, **76**
Zone der nächsten Entwicklung 224, **233 ff.**, 255